O CUSTO DA INVESTIGAÇÃO CRIMINAL

Abuso de direito criminal e a epistemologia das externalidades

Everson Aparecido Contelli

O CUSTO DA INVESTIGAÇÃO CRIMINAL

Abuso de Direito Criminal e a Epistemologia das Externalidades

2024

EDITORA *Jus*PODIVM

www.editorajuspodivm.com.br

EDITORA JusPODIVM
www.editorajuspodivm.com.br

Rua Canuto Saraiva, 131 – Mooca – CEP: 03113-010 – São Paulo – São Paulo
Tel: (11) 3582.5757
Contato: www.editorajuspodivm.com.br/central-de-relacionamento

Capa e Diagramação: Maitê Coelho e Cendi Coelho *(cendicoelho@gmail.com)*

C761c Contelli, Everson Aparecido
O Custo da Investigação Criminal: Abuso de Direito Criminal e a Epistemologia das Externalidades / Everson Aparecido Contelli – São Paulo: Editora JusPodivm, 2024.

320 p.

Inclui Bibliografia
ISBN: 978-85-442-5215-4

1. Direito Penal. 2. Direito Criminal. 3. Investigação. I. Contelli, Everson Aparecido. II. Título.

CDD 341.5

Bibliotecária responsável:
Ana Carolina Ribeiro Mois – CRB7 – RJ 007348/0

Dedico este trabalho aos pobres e aos despojados de bens materiais e do maior patrimônio imaterial, o conhecimento.

À minha doce esposa, Rosana Tenório Contelli,
pela oportunidade e incentivos decisivos.

Aos meus filhos, Daniel Frederico e Beatriz Eduarda,
pela compreensão e ternura no olhar
nas despedidas de cada semana.

Aos meus pais, Durval e Elza, pelas lições de vida,
simplicidade e humildade.

AGRADECIMENTOS

Agradeço ao orientador Professor Dr. Ilton Garcia da Costa, generoso mestre que não apenas ensina a observar os fenômenos, mas a criar possibilidades e pavimentar estradas para o progresso do sistema jurídico e da humanidade. Minha eterna admiração e gratidão.

Agradeço às instituições que serviram material não apenas teórico e intelectual – como a Universidade Estadual do Norte do Paraná, a Faculdade de Presidente Epitácio (FAPE) e a Faculdade e Grupo Reges de Osvaldo Cruz –, mas também permitiram o acesso privilegiado à "matéria prima em ebulição" como a Unidade de Inteligência Policial 8, do Departamento de Polícia Judiciária de São Paulo Interior 8, a Delegacia Seccional de Polícia de Fernandópolis e o Departamento de Polícia Judiciária São Paulo Interior 5, todos da Polícia Civil do Estado de São Paulo. Essas unidades possibilitaram extensa e única pesquisa para alcançar métricas sobre relevantes aspectos dos crimes cibernéticos no país e tantas outras pesquisas, paralelas a essa, como a que identificou os órfãos do feminicídio e possibilitou ações como o primeiro protocolo de ressarcimento de custos de despesas médicas do SUS pelos agressores em violência doméstica, o projeto em gestação Cyber Humanidade 21, os estudos de pedofilia no sujeito cognoscente policial; NECRIM 3.0; o projeto Cyberconnect já em sua segunda edição e tantas outras propostas e estudos em andamento.

Ao corpo técnico das unidades policiais onde trabalhei, pela possibilidade de comunicação, diálogo, aprendizado e, principalmente, de reflexão ante assuntos e temas ainda não debatidos, mas que interferem no sistema de justiça criminal e na construção de conteúdos que sinalizam pela esperança de um país melhor.

Minha gratidão ainda pelas relevantes contribuições dos professores Dr. Irineu Francisco Barreto Junior, da Faculdades Metropolitanas Unidas (FMU); Dr. José Eduardo Lourenço dos Santos e Dr. Mario Furlanetto Neto, ambos do Centro Universitário Eurípedes de Marília (UNIVEM), Dra. Priscila Luciene Santos de Lima, do Centro Universitário Social da Bahia (UNISBA), e Dr. Valter Foleto Santin, da Universidade Estadual do Norte do Paraná (UENP); e todo corpo técnico da UENP, especialmente a Maria Natalina da Costa, secretária do Programa de Pós-Graduação em Ciência Jurídica da UENP.

"Mantemos a todo momento uma interpretação única do mundo que nos cerca e em geral investimos pouco empenho em elaborar alternativas plausíveis para ela. Uma interpretação basta, e a vivenciamos como verdadeira. Não passamos a vida imaginando modos alternativos de ver o que vemos" (Kahneman, 2021, p. 35).

"A ciência normal não se propõe descobrir novidades no terreno dos fatos ou da teoria" (Kuhn, 1998, p. 77).

PREFÁCIO

Convidado pelo autor para prefaciar a presente obra me senti honrado.

O trabalho é resultado da pesquisa científica, com objetivo da obtenção do título de doutorado junto a UENP, Universidade Estadual do Norte do Paraná, obra agora revista e adaptada para o presente livro.

Fiquei honrado por diversos motivos, um deles é que fui o orientador da pesquisa de doutorado que resultou na tese e livro que agora se publica, outro motivo é a dedicação do autor à pesquisa, tendo inclusive conexão com sua atividade profissional, além do aceite das sugestões, redirecionamentos e ajustes praticados, a discussão de temas que podem contribuir para a comunidade, para a sociedade, entre outros, relevantes nos serviços e políticas públicas.

Inicialmente, ao ser aprovado no processo seletivo para ingresso no doutorado, o autor tinha como base uma continuidade das pesquisas elaboradas para o mestrado. Porém, como costumo dizer, o projeto que permite o ingresso não necessariamente é o projeto que se conclui o *stricto sensu*, aqui no caso foi o doutorado que teve seu redirecionamento em relação ao que foi inicialmente proposto.

De maneira que, após o ingresso, muitas discussões e o cursar da disciplina de minha regência no *stricto sensu*, chegamos à conclusão que o projeto inicial deveria ser redirecionado para um foco ainda não explorado de forma mais efetiva na área de segurança pública, qual seja, o Custo da Investigação Criminal, não do ponto de vista da perspectiva geral, mas sim em casos particulares desta problemática.

É conhecido que os investimentos públicos em segurança são significativos e que é necessário se desenvolver investigações criminais com qualidade e resultados.

Estes investimentos de fato devem ser suportados pelo Estado, que deve dar uma resposta social adequada à sociedade.

No entanto, por vezes são desenvolvidas investigações que podem ter resultado final encurtado se ocorrer colaboração ou em outras ocasiões podem demorar mais que o necessário, a partir de elementos oferecidos de forma proposital para gerar lentidão.

Mas pergunta que se tem é qual o custo de uma investigação criminal, e quem deve arcar com os custos quando ela foi propositalmente alongada por algum fator externo induzido.

É possível se quantificar economicamente, a exemplo do que é feito em outras áreas, qual é custo de uma atividade. Qual o custo da investigação criminal, será possível ou será o caso de repassar estes custos para os causadores?

Sobre estas questões o autor vai se debruçar e analisar.

O autor estrutura o livro de forma lógica passando pelas temáticas necessárias para chegar na análise e possibilidades de se ter o custo da investigação no caso de certas externalidades e se é o caso de estes custos serem atribuídos a alguém, ao Estado ou se é passível de ressarcimento.

Desta forma, o livro analisa a Segurança Pública como dever do Estado em seus diversos aspectos.

Analisa a Investigação Criminal como função essencial e exclusiva do Estado e seus desdobramentos, a inteligência nas investigações, a instrumentalidade e questões éticas.

Aborda a persecução criminal e o conjunto de atividades que devem ser realizadas, seus reflexos durante a investigações.

Verifica a responsabilidade pessoal e o abuso de direitos na investigação criminal sobre vários aspectos.

E conduz o leitor à questão dos custos de investigação criminal, com a ponderação de externalidades.

Tenho certeza que o leitor se surpreenderá com as diversas abordagens, e possibilidades de aplicação de algumas métricas para casos específicos de investigação criminal, permitindo ao Estado a análise da eficiência dos serviços e políticas públicas de segurança, neste diapasão.

O texto é um primor, apresenta uma visão ampla sobre a temática, seus diversos aspectos e possibilidades.

Leitura envolvente e tranquila, que estimula ser finalizada em um só folego.

Une a profundidade e tecnicidade.

É uma obra consistente, que traz inovação na perspectiva da questão dos custos da investigação criminal, tem profundidade para estudiosos, e empolga os novatos na temática.

Desejo boa leitura a todos.

Março de 2024.

Prof. Dr. Ilton Garcia da Costa
iltoncosta@uenp.edu.br

APRESENTAÇÃO

"Conhecimento é poder"
Thomas Hobbes (1588-1679)

Vem à lume em hora muito oportuna a obra "O Custo da Investigação Criminal: Abuso de Direito Criminal e a Epistemologia das Externalidades", da lavra do Doutor Everson Aparecido Contelli – Delegado de Polícia, afeito ao embate diuturno com a criminalidade moderna, além de conhecedor dos desafios de sua profissão.

Consigno desde logo que o presente trabalho traz, de maneira didática e com rigor técnico, diversos subsídios para as atividades policiais de investigação, não somente no âmbito teórico, mas, principalmente, nos aspectos práticos, apresentando a relevância do investimento público para o desenvolvimento de investigação criminal de qualidade e que atinja sua finalidade precípua, leia-se, o Estado cumprindo sua promessa de fornecer segurança pública eficaz à sociedade, mostrando assim que o autor exerce com maestria suas atividades profissionais, além de muito colaborar para o desenvolvimento do estudo jurídico.

Aqui fica o registro dos desafios que se colocam hoje para a instituição da Polícia Civil, a demonstrar a necessidade premente de uma conjugação de esforços com as demais instituições estatais concernentes à Segurança Pública, bem como de respeito à transparência aos princípios éticos, atentando-se para as recentes e profundas mudanças da legislação processual penal, sendo imperativo o dever de se otimizar a investigação policial, preservando-se sua eficiência ao mesmo tempo em que se evita o cometimento de abusos.

Entre os tópicos abordados chamam a atenção dada a instrumentalidade da investigação e o controle ético a partir da economia e da investigação criminal dialógica, que se constitui sempre em um grande desafio a ser enfrentado, ressaltando-se ainda a imprescindibilidade de um atendimento especializado e, principalmente, modernas técnicas de investigação. Como se não bastasse, ainda explana sobre a criminalidade cibernética e o incremento deliberado do risco.

As dificuldades práticas no exercício do mister das polícias civis estaduais e os percalços dos delegados de polícia diante de aparelhamento deficiente e das particularidades sociais e humanas dos contextos de suas atuações, além de questões controversas sobre as inovações legislativas sobre a figura do abuso de autoridade e as falsas verdades e a incompreensão sobre os limites do direito e defesa, entre outras, são trazidas à discussão com rigor científico.

Destarte, a obra em questão será de grande utilidade não somente para a Polícia Judiciária, mas também aos demais profissionais da área jurídica e acadêmicos interessados na elucidação das matérias aqui objeto de estudo. Por isso que estou certa de que a leitura atenta e o estudo dos textos aqui trazidos à lume enriquecerão, sem qualquer dúvida, a nobre atividade da Polícia Judiciária.

Fevereiro 2024

Ivana David
Desembargadora

LISTA DE FIGURAS

Figura 1 – Múltiplas ilicitudes 182

Figura 2 – Responsabilidade e externalidade 183

Figura 3 – Eficácia vertical 191

Figura 4 – Eficácia horizontal 192

Figura 5 – Eficácia vertical invertida 194

Figura 6 – Princípio garantístico *nemo tenetur se detegere* 197

Figura 7 – Limites do princípio garantístico *nemo tenetur se detegere*.... 198

Figura 8 – Gastos abusivos 246

SIGLAS E ABREVIATURAS

ADPF	Arguição de Descumprimento de Preceito Fundamental
ADI	Ação Direta de Inconstitucionalidade
AgR	Agravo Regimental
BACEN	Banco Central do Brasil
CC	Código Civil
CF	Constituição Federal
CIDH	Comissão Interamericana de Proteção aos Direitos Humanos
COAF	Conselho de Controle de Atividades Financeiras
Corte IDH	Corte Interamericana de Direitos Humanos
CP	Código Penal
CPP	Código de Processo Penal
DEINTER 5	Departamento de Polícia Judiciária de São Paulo Interior 5 – São José do Rio Preto
DEINTER 8	Departamento de Polícia Judiciária de São Paulo Interior 8 – Presidente Prudente
DIPOL	Departamento de Inteligência da Polícia Civil do Estado de São Paulo

EISP	Estudo de Impacto de Segurança Pública
FCCVD	Formulário de Comunicação de Custos da Violência Doméstica
FUNAD	Fundo Nacional Antidrogas
HC	*Habeas Corpus*
IIRGD	Instituto de Identificação Ricardo Gumbleton Daunt
INSS	Instituto Nacional do Seguro Social
NECRIMs	Núcleos Especiais Criminais
RE	Recurso Extraordinário
REsp	Recurso Especial
RIF	Relatório de Inteligência Financeira
RISP	Relatório de Impacto em Segurança Pública
SIPDH	Sistema Interamericano de Proteção dos Direitos Humanos
SPB	Sistema de Pagamentos Brasileiro
STJ	Superior Tribunal de Justiça
STF	Supremo Tribunal Federal
SUS	Sistema Único de Saúde
UIF	Unidade de Inteligência Financeira

SUMÁRIO

1

INTRODUÇÃO 25

2

SEGURANÇA PÚBLICA 35

2.1 ASPECTOS CONSTITUCIONAIS, ADMINISTRATIVOS E ORÇAMENTÁRIOS 35

2.2 DESEMPENHO DA INVESTIGAÇÃO COMO FATOR DE TRANSFORMAÇÃO SOCIAL 45

2.3 DIALOGICIDADE, FUNCIONALISMO, DIREITO MATERIAL E PROCESSUAL NA ETAPA DE CORREÇÃO DO DEVER DE SEGURANÇA PÚBLICA 50

2.4 INVESTIGAÇÃO CRIMINAL: UMA APROXIMAÇÃO DA ADMINISTRAÇÃO PÚBLICA DIALÓGICA 59

2.5 PROTEÇÃO DO BEM JURÍDICO, SEGURANÇA PÚBLICA E REPERCUSSÃO ECONÔMICA 71

2.6 PRINCÍPIO CONSTITUCIONAL IMPLÍCITO DA DIALOGICIDADE NA COMPREENSÃO DE FATOS HUMANOS INDESEJADOS COMPLEXOS 82

3

INVESTIGAÇÃO CRIMINAL 87

3.1 INVESTIGAÇÃO CRIMINAL DIALÓGICA 94

3.2 INVESTIGAÇÃO E INTELIGÊNCIA 97

3.3 A INSTRUMENTALIDADE DA INVESTIGAÇÃO E O CONTROLE ÉTICO A PARTIR DA ECONOMIA E DA INVESTIGAÇÃO CRIMINAL DIALÓGICA 103

3.4 REPERCUSSÕES E MULTIDISCIPLINARIDADE INVESTIGATIVA 112

3.5 INVESTIGAÇÃO CRIMINAL COLABORATIVA E CONSEQUÊNCIAS DO DIÁLOGO INTERDISCIPLINAR 115

3.6 O POSSÍVEL DIÁLOGO ENTRE DIREITO PENAL E CIVIL: ANÁLISE ECONÔMICA DO DIREITO e INVESTIGAÇÃO CRIMINAL 121

4

PERSECUÇÃO CRIMINAL, SOCIEDADE E DIREITO 125

4.1 PERSECUÇÃO CRIMINAL E SOCIEDADE 125

4.2 PERSECUÇÃO CRIMINAL, TEORIA CIRCULAR DOS PLANOS E DIREITO MATERIAL 130

4.3 A INSTRUMENTALIDADE CONSTITUCIONAL DA INVESTIGAÇÃO CRIMINAL 137

4.4 DIÁLOGO ENTRE DIREITO MATERIAL E PROCESSUAL E A POLÍCIA INVESTIGATIVA 138

4.5 A CRIMINALIDADE CIBERNÉTICA E O INCREMENTO DELIBERADO DO RISCO 143

4.6 O AUMENTO DO CUSTO POR RESPONSABILIDADE DAS INSTITUIÇÕES FINANCEIRAS 153

5

DIREITO PENAL, RESPONSABILIDADE PENAL E ABUSO DE DIREITO NA INVESTIGAÇÃO CRIMINAL 159

5.1 DIREITO PENAL E RESPONSABILIDADE PENAL 159

5.2 BEM JURÍDICO E ABUSO DE DIREITO NA INVESTIGAÇÃO CRIMINAL 165

5.3 ABUSO DE DIREITO 169

5.4 ABUSO DE AUTORIDADE E EQUILÍBRIO ÉTICO 173

5.5 REFLEXÕES SOBRE UMA TEORIA DAS MÚLTIPLAS ILICITUDES 181

5.6 FALSAS VERDADES E A INCOMPREENSÃO SOBRE OS LIMITES DO DIREITO DE DEFESA 184

5.7 A EFICÁCIA VERTICAL INVERTIDA DOS DIREITOS FUNDAMENTAIS E O ABUSO DE DIREITO 190

5.8 COMO DISTINGUIR O INALIENÁVEL DIREITO DE DEFESA DO ABUSO DE DIREITO? O *NEMO TENETUR SE DETEGERE* 195

5.9 *NEMO TENETUR SE DETEGERE* 199

5.10 INVESTIGAÇÃO CRIMINAL CONSTITUCIONAL *VERSUS* ABUSO DE DIREITO 205

5.11 O QUE NÃO É ABUSO DE DIREITO? 207

5.12 EM BUSCA DE UMA NATUREZA JURÍDICA 208

6

CUSTO DA INVESTIGAÇÃO CRIMINAL 219

6.1 O CUSTO DOS DIREITOS 224

6.2 O CUSTO DA INVESTIGAÇÃO CRIMINAL 229

6.3 O CUSTO DAS INSTITUIÇÕES FINANCEIRAS PARA A INVESTIGAÇÃO CRIMINAL 235

6.4 O CUSTO DAS ORGANIZAÇÕES CRIMINOSAS PARA A INVESTIGAÇÃO CRIMINAL 237

6.5 ORÇAMENTO PÚBLICO E RESPONSABILIDADE DO ESTADO: CUSTOS ESSENCIAIS 239

6.6 LIMITES DE GASTOS PÚBLICOS E AÇÃO PENAL PÚBLICA INCONDICIONADA 240

6.7 PROPOSTA METODOLÓGICA DE CÁLCULO DOS CUSTOS DA INVESTIGAÇÃO 242

6.8 SERVIÇO PÚBLICO, SEGURANÇA PÚBLICA E FATO HUMANO INDESEJADO 244

6.9 SERVIÇO PÚBLICO *UTI UNIVERSI* 247

6.10 INVESTIGAÇÃO CRIMINAL TRIBUTÁRIA E INVESTIGAÇÃO TRIBUTÁRIA CRIMINAL 254

6.11 AS EXTERNALIDADES PASSÍVEIS DE COMPARTILHAMENTO 258

6.11.1 Externalidades diretas 274

6.11.2 Externalidades indiretas 282

6.11.2.1 Externalidades indiretas e a administrativização do Direito Penal 286

6.12 ESTUDO DE IMPACTO DE SEGURANÇA PÚBLICA 287

7

CONCLUSÃO 291

POSFÁCIO 297

REFERÊNCIAS 301

1

INTRODUÇÃO

A sociedade em rede, em novo paradigma econômico-tecnológico, pós crise financeira global, evidencia consequências inéditas para instituições sociais, políticas, econômicas e de segurança pública, impactadas pela mobilidade nos índices criminais patrimoniais, pela irrefreável economia criminosa global e pelo significativo aumento, nas últimas décadas, de infrações penais praticadas em modelo empresarial e em ambientes cibernéticos. Isso exige do Estado, em nome da proteção constitucional dos envolvidos e de seus direitos fundamentais e, ao mesmo tempo, para a manutenção do monopólio da aplicação do Direito Penal, um investimento considerável, o que é possível a partir de uma análise de custos orçamentários quanto às respostas adequadas de repressão em âmbito de política criminal de segurança pública – por meio da devida e ética investigação criminal.

Quanto à dogmática jurídico-penal, faz-se necessária uma persecução pautada na proteção do bem jurídico por meio de um inquérito policial eficiente e concomitante aos eventos, em perfeita sintonia e diálogo com o direito material positivo – Direito Penal – e em colaboração com a sociedade, para ativação da justiça criminal, de maneira que se obedeça à boa-fé subjetiva e objetiva tanto pelo Estado-investigação, repudiando-se torturas e abusos de autoridade e quaisquer nulidades processuais daí decorrentes, quanto pelos investigados ou interessados em eventual relação jurídico-processual, impedidos que estão de causar externalidades por correlatos comportamentos abusivos de autointeresse, ainda que sem prejuízos orçamentários ao Estado.

Esses comportamentos abusivos, quando não perpetrados por agentes públicos, nem sempre são acolhidos por algum tipo de resposta ou adequação a um instituto jurídico, o que estabelece um novo ciclo de desconfiança nas relações sociais, potencializa o custo estatal e desestimula a função repressiva do Estado.

Mas eficiência e utilitarismo dos interesses da investigação devem encontrar limites nos direitos eventualmente violados no caminhar da *persecutio criminis*. Isso exige da Polícia Judiciária a adoção de diálogo, metodologia, organização, disciplina, perspicácia e rigor na observância da cadeia de custódia das provas. Todos esses aspectos implicam investimentos e, evidentemente, custos, moldando seus passos em parâmetros legais e, sobretudo, constitucionais para consecução do objetivo perseguido, a função de promoção de eficiência da investigação criminal em busca da verdade e em defesa dos bens jurídicos protegidos, dos interessados e alcançados pelo fenômeno criminal e como instrumento de transformação social. Uma leitura que supere a análise simplista da investigação como mera obtenção de autoria e materialidade, como retratada em doutrina do século passado, e migre para um olhar reparatório, e por que não confiscatório, quando necessário.

Não se trata de pesquisar apenas uma teoria do direito penal econômico ou de apresentar uma nova teoria da ação, mas de identificar um óbice ao funcionamento regular do sistema de justiça criminal por fatores não criminais: o crescente avanço de externalidades decorrentes do abuso de direito na investigação criminal.

No aspecto material, a insuficiência do funcionalismo e a reaproximação do modelo neokantista, com introdução de valores pautados em políticas criminais, no dogmatismo penal, pouca ou nenhuma resposta trouxe a esse não assunto – externalidades ao fato humano indesejado.

As críticas de Hassemer (2003, p. 144-147) e os inconvenientes do Direito Penal Moderno, às falhas do formalismo de proteção de bens jurídicos ao extremo e aos excessos do funcionalismo sistêmico evidenciam que o Direito Penal da atualidade, muito mais simbólico que efetivo, necessita de mecanismos disruptivos. Nessa perspectiva, conforme Kuhn (1998), o simples acúmulo de novos dados gnosiológicos da ciência normal não apresentaram as respostas que os pesquisadores aguardam para um novo paradigma, uma verdadeira revolução científica, porquanto o orçamento público é insuficiente para arcar, sem limites, os custos das investigações da atualidade, conduzindo o Estado-investigação a necessária seletividade, o que vai de encontro à promessa de proteção de todo ser humano, vítima ou autor de crime, ao direito fundamental de segurança pública.

Com efeito, a tese busca a criação, iniciando no Brasil, de um movimento disruptivo de secessão entre o comportamento humano indesejado e toda dogmática penal, daquilo que, doravante, será denominado externalidades, algumas de elevado custo orçamentário, social e cultural, no deslocamento das transformações da sociabilidade contemporânea.

Para isso, no recorte constitucional, parte-se da ideia de um substancialismo das funções da segurança pública para concluir que o envoltório do sistema de justiça criminal é menos importante que o conceito dinâmico de função pensado na eficiência da investigação criminal para promoção de bem-estar social, a um custo que, evidentemente, deva ser suportado pelo Estado.

Nesse aspecto, o estudo pretende verificar se o exaurimento da infração criminal funciona como limite da responsabilidade; examinar os custos da investigação criminal no Brasil; e avaliar se existem, a partir de uma análise epistemológica, hipóteses de externalidades alcançadas pelo abuso de direito no sistema de justiça criminal que se propõe, e qual a relevância do fragmento não penal – externalidades – à investigação criminal e ao próprio processo penal e, de maneira interdisciplinar, aos demais ramos do Direito, da Economia e sua relevância para se discutir em ciclos de políticas públicas e de políticas criminais.

Parte-se, portanto da superação de uma investigação isolada e estigmatizada, como até hoje se compreendeu, para um ambiente de uma investigação criminal dialógica, que estabelece efetivação da persecução criminal colaborativa, contribuindo para o direcionamento de uma concreta democracia social ao reconhecer que atos dos investigados não são ilimitados, já que existem custos e, por vezes, um sobrevalor nesses mesmos custos suportados pelo Estado, mas decorrentes de externalidades de segunda categoria que merecem atenção.

Para estudo do tema será necessário compreender que a pesquisa envolverá dimensões não somente jurídicas, mas também econômicas, éticas, espaciais, políticas, sociológicas e de segurança pública, no entanto, em um patamar de simples complementaridade, sem alteração ao conteúdo da produção científica da dogmática penal.

Atente-se, que a análise isolada do tema leva à imediata negação da possibilidade de compreensão, de revolução por meio deste não assunto: as externalidades e os custos da investigação criminal.

Verdade que o custo da investigação criminal parece não integrar o conceito de quebra-cabeça de Kuhn (1998), pois fora das regras desenvolvidas até o momento no país e no direito comparado sincrônico e diacrônico para solucionar o fenômeno criminal e suas circunstâncias.

O problema apresentado pela ciência – teorias da ação penal – tem conduzido os cientistas a encontrar a mesma solução a partir de um olhar para a violação do bem jurídico: o fato humano indesejado tem suas respostas prontas pela dogmática penal e as suas circunstâncias integram as consequências do crime, o que encontraria simples solução pela adoção das circunstâncias judiciais. A perspectiva do trabalho é mais abrangente.

No entanto, não é porque se citou a estrutura de Kuhn (1998) que a conclusão científica deste trabalho deva circunscrever-se à identificação de uma pretensa revolução do abuso de direito como um mecanismo de superação da teoria da ação. Isso por um motivo bastante simples e que se revelará no transcorrer dos capítulos deste trabalho. A observação ao abuso de direito criminal retira o encargo, o alcance e a aplicabilidade da dogmática penal, inserindo-o em outra dimensão analítica, demonstrando que não há uma falha nela, mas apenas que os assuntos são distintos.

De fato, o abuso de direito criminal pode ser uma espécie de quebra-cabeça que tem suas regras e problemas, porém com um recorte metodológico que o posiciona em outra ciência, com impacto nas finanças públicas, em seu subtópico despesas públicas, mas que a evolução do Estado retirou de seu âmbito de análise, seja do Direito Penal, seja das possibilidades indenizatórias do direito público ou privado, o que se pretende trazer à luz e discutir neste trabalho.

O esforço nesta tese não será em criar uma teoria, fórmulas e soluções ao custo da investigação, mas sim convidar os estudiosos da ciência jurídica a uma reflexão, despidos dos compromissos ou das adesões que hoje se confundem com a dogmática penal e toda construção teórica, com a assertiva de que não há equívoco científico na compreensão, como instituto jurídico, do abuso da investigação pelo Direito Penal ou Processual Penal simplesmente por significar um pseudoproblema desses importantes ramos do direito.

Existe erro científico quando se formula uma metodologia e a conclusão é equivocada *a priori* por simples desvio metodológico ou *a posteriori*, por falsa percepção da realidade. O tema externalidade, no entanto, é um não assunto científico que não recebeu consideração, de maneira que simplesmente houve um esquecimento ao longo da história.

A proposta do trabalho será a de reorganizar – sem menosprezar as imposições históricas de comportamentos abusivos estatais – para, na sequência, formular novos desafios a partir do refinamento de técnicas de observação ou de uma maior abertura dialógica entre teorias e ciência para superação da crise atual: ilimitado abuso de direito fundamental e custo da investigação *versus* limitação de recursos públicos e déficit de cobertura de direitos sociais, dentre eles as consequências sociais e econômicas da infração criminal para a sociedade no recorte específico das consequências abusivas do particular durante investigações.

Mas essa pretensa discussão da investigação criminal encontra óbice na atualidade no formalismo estrutural em detrimento do diálogo funcional, uma espécie de espelhamento ao evidente expansionismo do Direito Penal discriminatório.

Essa crise do Direito Penal, por evidente, repercute nos órgãos de persecução, que por vezes não dialogam entre si ou com a sociedade, de maneira que eventuais abusos estatais exigem maior proteção do indivíduo. Por conseguinte, essa repercussão torna refratária qualquer tentativa de coibir mecanismos de produção de provas, ainda que abusivas pelo particular e, ainda que perpetrada por pessoas que posteriormente serão condenadas e responsabilizadas criminalmente, sem contudo se identificar na atualidade um mecanismo técnico-jurídico de identificação e de responsabilização pelas externalidades não penais, novo paradigma a superar a crise instalada, despidos de qualquer incomensurabilidade por equivalência da teoria de Kuhn (1998).

Com efeito, a investigação criminal dialógica tem por função aproximar a Polícia Judiciária do cidadão, da acusação e da defesa, de forma ética e promovendo o diálogo interno no órgão de persecução criminal, Ministério Público, no Poder Judiciário e no Tribunal de Contas. Essa interação entre os diversos agentes envolvidos na estrutura policial e o reconhecimento da importância da comunicação entre as polícias e os demais colaboradores são ações imprescindíveis como mecanismo de desobstrução do acesso à justiça desde a primeira fase da persecução.

O funcionamento sistemático dos mecanismos de investigação criminal supera preciosismos, pois o que se busca pelo Estado-investigação é o cumprimento da missão constitucional de sua própria proteção eficiente e da coletividade, o óbice às violações de direitos fundamentais e a preservação da ampla defesa, mas com um simples limite, o do atuar ético dentro do caos pós fenômeno criminal e para além da dogmática penal.

Esse é o desafio em tempos de transição.

Investigação criminal, portanto, é um daqueles assuntos em que eficiência deve ser desincumbida em seu grau máximo, mas com idêntica limitação pela proteção ao abuso estatal e aos direitos fundamentais. Mas eficiência não se sustenta sem participação social informada no enredo entre Administração Pública e cidadão, assim como participação e diálogo entre organismos de persecução criminal, agentes públicos e demais agentes do Estado e colaboradores, inclusive em patamar orçamentário.

O que se propõe não é o reconhecimento da falência estatal em investimentos em investigação, para então partir em busca de um mecanismo fantasioso para superação da crise. Pelo contrário, a proposta está em descortinar e reconhecer, sim, a limitação do orçamento de segurança pública e do investimento público em investigação criminal, para, a partir do custo teórico de uma investigação, identificar fatores abusivos pelos particulares que drenam de forma silenciosa os recursos, fenômeno que seria observado ainda que com escassez ou suficientes investimentos.

Para alcançar respostas plausíveis e propor soluções ao gargalo de ausência de diálogo no sistema de justiça criminal brasileiro, trabalha-se o conceito de administração pública dialógica, seus fundamentos, e como essa doutrina pode ser aplicada com sucesso para se alcançar o ideal de eficiência na investigação criminal. O estudo também avança no conceito de investigação criminal, reconhecendo, na espécie, a existência de um serviço público indelegável pelo Estado e a necessidade de uma releitura neste momento.

Dessa forma, modernas técnicas de investigação densificam o dever estatal de prestação do direito fundamental de segurança pública e devem ser potencializadas pelo diálogo em seus múltiplos sentidos, inclusive quanto a fatores exteriores, necessários às estruturas das revoluções científicas.

O problema é que, a despeito da nova arquitetura espacial e temporal constituída por redes globais ou da existência de uma sociedade plástica, a segurança pública no país está concentrada em localidades, que assim como um paralelo ao conceito tecnológico de regiões metropolitanas de Castells (2016), elas se transformam em nós de comutação, mas não dialogam. Muito dessa consequência, é verdade, decorre da voracidade dos órgãos de segurança em busca de concentração de poder, o que prejudica o próprio Estado – a um alto custo –, como também é pernicioso ao cidadão e ao governante, despido do conhecimento informado, o que eleva sobremaneira o custo da investigação criminal.

O trabalho não se escusará de enfrentar o tormentoso tema do diálogo Direito-Processo, como requisito de efetividade da tutela jurisdicional, já que inafastável à adequação do processo à realidade social redesenhada no direito substancial e como isso pode interferir, desde a investigação, na contenção do fenômeno criminal.

A partir de uma pesquisa teórica e revisão bibliográfica, foram analisados e criticados os métodos utilizados para reinserção de novas alternativas decorrentes dessa pesquisa metodológica. Para tanto, utilizou-se do método dedutivo, partindo-se de premissas gerais acerca de segurança pública; investigação criminal; meios jurídicos de acesso a novas informações e formas de obtenção e de tratamento adequado do conhecimento facilitados pelo diálogo, essenciais à persecução criminal, ao custo da investigação e às suas externalidades. Essa reflexão, vale pontuar, se identifica com a área de concentração "Teorias da Justiça: Justiça e Exclusão", na linha de pesquisa "Direitos e Vulnerabilidades", diante das desigualdades das situações fáticas, a exemplo da ausência de recursos para serviços públicos básicos para superar as vulnerabilidades políticas e socioeconômicas decorrentes do custo das externalidades do sistema de justiça criminal.

Também foi empregado o método interpretativo, com análise e exegese de textos em revisão bibliográfica de livros, artigos e julgados disponíveis em meio físico e digital, avançando em termos como premissas gerais acerca de democracia, participação informada, diálogo na Administração Pública e na persecução e buscando a compreensão do direito material e dogmática penal e sua influência, bem como a compreensão da persecução criminal e quais mecanismos possibilitam e interferem na eficiência de políticas criminais do país.

Dessa forma, a pesquisa ultrapassa o direito material, verificando a influência do direito e do processo a fim de desenvolver uma instrumentalidade própria do processo penal e da investigação criminal, capaz de diminuir a crise de efetividade dos mecanismos atuais de solução de conflitos e propondo novos meios de solucioná-los de forma ética e em busca de diálogo.

Procurou-se, por meio do estudo sistemático do ordenamento jurídico, alcançar conclusões razoáveis à lógica conflituosa, com soluções que vão ao encontro dos anseios sociais, das limitações orçamentárias e da promoção de um efetivo Estado Democrático de Direito, com consequente integração e inclusão dos sujeitos atingidos pela criminalidade moderna, sem descurar da proteção patrimonial suficiente do Estado. Isso exige, neste momento da história, a reconstrução do processo penal ou, ao menos, o debate sobre as responsabilidades decorrentes do abuso de direito criminal, bem como sobre os consequentes custos da investigação e a sustentabilidade orçamentária a longo prazo.

Para além da análise teórica, lastreada em revisão da literatura, pesquisa jurisprudencial e legislação, e da análise epistemológica de externalidade, optou-se pela pesquisa prática, que reuniu o estudo de casos pontuais para subsidiar a argumentação e que revelam o fenômeno contemporâneo das externalidades, considerando-se como metodologia a pesquisa explicativa a fim de identificar fatores que contribuam para a ocorrência de determinado evento e explicitar justificativas e razões dos acontecimentos.

Com efeito, custo da investigação e sua relação com o orçamento público pode se tornar uma discussão intrigante para muitos pesquisadores de diversas ciências, mas, o que é mais polêmico, reconheça-se, será a identificação que se pretende de uma epistemologia para análise das externalidades e dos custos desnecessários, que merece esse tratamento aprofundado.

2

SEGURANÇA PÚBLICA

2.1 ASPECTOS CONSTITUCIONAIS, ADMINISTRATIVOS E ORÇAMENTÁRIOS

O estudo sobre segurança pública envolve múltiplos fatores interdisciplinares como políticas públicas, políticas criminais, criminologia, regras, normas, princípios e sua necessária repercussão no orçamento público. Apesar desses deveres prestacionais de segurança pública adequada, nem sempre os integrantes do sistema de justiça criminal detêm o conhecimento dialógico de todo o sistema jurídico, econômico e social, o que somente é alcançado a partir de soluções multidisciplinares e com acesso às diversas categorias intelectuais.

Segurança pública é identificada na Constituição Federal (CF) (Brasil, 1988) como um dever do Estado, direito e responsabilidade de todos para a preservação da ordem pública e da incolumidade das pessoas e do patrimônio.

Essa proposta de inserção da segurança pública no texto constitucional, em momento de redemocratização, possibilitou melhor debate e discussão acerca das políticas públicas delineadoras de uma segurança pública em defesa da sociedade.

No texto constitucional, são encontradas outras referências à segurança, como no preâmbulo; no art. 5º, ao definir direitos e deveres individuais e coletivos; e no art. 6º, ao tratar a segurança dentre os direitos sociais (Brasil, 1988). A palavra em si, contudo, tanto pode ser tratada como segurança no sentido de direito geral de liberdade, quanto segurança como restrição pessoal da liberdade e proteção.

Segurança pública, que por vezes alcança a incolumidade das pessoas, é indisponível e deve ser considerada um direito fundamental[1] sob seus aspectos objetivo e subjetivo (Sarlet, 2012, p. 141). Nesse sentido, decidiu o Supremo Tribunal Federal (STF), pela relatoria da então Ministra Ellen Gracie Northfleet (Brasil, 2011,p. 1)[2]:

> O direito a segurança é prerrogativa constitucional indisponível, garantido mediante a implementação de políticas públicas, impondo ao Estado a obrigação de criar condições objetivas que possibilitem o efetivo acesso a tal serviço. É possível ao Poder Judiciário determinar a implementação pelo Estado, quando inadimplente, de políticas públicas constitucionalmente previstas, sem que haja ingerência em questão que envolve o poder discricionário do Poder Executivo.

Como direito indisponível, exige-se máxima responsabilidade, porquanto alguns bens jurídicos desafiados são essenciais para a sobrevivência da sociedade, tais como liberdade, domicílio, intimidade e privacidade, exemplos dos principais

1. Omissões no fornecimento do direito fundamental de segurança pública podem ensejar, conforme ensina SANTIN, o controle do exercício eficaz desse direito por meio de ação civil pública proposta pelo Ministério Público (2004, p.200 e ss).
2. No mesmo sentido: Agravo Regimental (AgR) no Recurso Extraordinário com Agravo nº 654.823 Rio Grande do Sul (Brasil, 2013e).

direitos fundamentais eventual e momentaneamente afastados, ainda que por reserva de jurisdição, pela atividade de investigação criminal.

Note-se que, com a previsão constitucional, o objetivo do constituinte foi estabelecer os órgãos e as instituições que são responsáveis pela segurança pública, inserindo no art. 144 a previsão da Polícia Federal; da Polícia Rodoviária Federal; da Polícia Ferroviária Federal; das Polícias Civis; das Polícias Militares; Corpos de Bombeiros Militares; das Polícias Penais estaduais e distrital, bem como a possibilidade de criação de Guardas Municipais em âmbito municipal. No âmbito dos estados, do Distrito Federal e dos municípios, a responsabilidade recai ainda aos respectivos órgãos ou entidades executivas e seus agentes de trânsito, estruturados em carreira, na forma da lei (Brasil, 1988).

Dessa forma, pela interpretação do Supremo Tribunal Federal[3], não cabe ao Estado estabelecer outros órgãos integrantes da segurança pública, pelo contrário, deve investir em novas tecnologias e capacitação dos integrantes da Polícia Judiciária e Científica sempre que o objetivo estiver centrado na investigação ou que a política de Estado estiver preocupada com preservação dos direitos fundamentais de investigados e interessados acerca das provas e das evidências.

Os Estados-membros, assim como o Distrito Federal, devem seguir o modelo federal:

> O art. 144 da Constituição aponta os órgãos incumbidos do exercício da segurança pública. Entre eles não está o Departamento de Trânsito. Resta, pois, vedada aos Estados-membros a possibilidade de estender o rol, que esta Corte já firmou ser *numerus clausus*, para

3. Ação Direta de Inconstitucionalidade (ADI) nº 1.182-1 Distrito Federal e (Brasil, 2005) e Ação Direta de Inconstitucionalidade (ADI) nº 2.827 Rio Grande do Sul (Brasil, 2010).

> alcançar o Departamento de Trânsito (Brasil, 2006, p. 64 *apud* Guerra; Machado Filho, 2018, p. 168).

Ordem pública destina-se à recolocação de um sistema anterior de desordem, de caos, de desarmonia social. Bulos (2002, p. 1060) ensina que ordem pública está associada à pacífica convivência com a preservação de direitos e garantias fundamentais.

> Como a convivência harmônica reclama a preservação dos direitos e garantias fundamentais, é necessário existir uma atividade constante de vigilância, prevenção e repressão de condutas delituosas. Daí a razão de ser da segurança pública do Estado, isto é, manter a paz dentro da adversidade, pois é dentro do embate de interesses antagônicos que emerge o seu papel fundamental, qual seja, o de procurar manter o equilíbrio das relações sociais.

Com efeito, ordem pública encontra-se inserido em um sistema multidisciplinar, ao lado de ordem jurídica, ordem social e ordem política, enquanto estruturantes de um estado democrático de direito.

Ademais, ordem pública como controle de criminalidade tem conotação de uso da força ou uso do monopólio da força pelo Estado. Dessa forma, sob a perspectiva da persecução criminal e da aplicação do *jus puniendi*, Silva (2023, p. 753) justifica esse dever-poder do Estado na ordem pública ou no seu dever de manutenção.

A investigação criminal, portanto, como parcela de representação do uso da força do Estado nas atividades persecutórias tem por finalidade a manutenção ou o restabelecimento da ordem pública por meio da intervenção policial e da justiça criminal no conflito social.

Ao mesmo tempo em que ordem pública é justificadora de ações legítimas do Estado, como nas atividades persecutórias de Polícia Judiciária, o conceito é aberto e pode ensejar interpretações contrárias ao Estado Democrático de Direito. Como exemplo, as políticas criminais voltadas ao combate e ao medo, em que se afasta a atuação policial de mecanismos de debate e participação, fora de espaços públicos legitimados pelo Estado, possibilitando a atuação obscura em ações fundadas da manutenção da ordem pública, mas deslocados do objetivo maior de incolumidade das pessoas e da própria sociedade.

A disseminação de uma cultura de medo fomenta o avanço do direito penal de terceira velocidade, com implantação de políticas criminais de combate, justificadas, quase sempre, por uma crescente percepção de criminalidade, em que pouca relevância encontra o investimento em investigação criminal.

Quanto a essa percepção, Batista (2007, p. 115-116):

> Em decorrência de imagens e informações que cotidianamente, através da mídia, assoberbam a sociedade, o tema segurança pública tornou-se a neurose do momento, fazendo com que se crie uma infinidade de análises e fórmulas de resolução dos problemas. O mais comum, quando se lê ou ouve falar do assunto, é uma redução simplista da questão ao problema da criminalidade, o que origina um círculo vicioso onde a violência que tenta se combater gera mais violência e desemboca numa crescente criminalidade.

As políticas criminais, enquanto objeto de um projeto de estruturação do Estado, ao estabelecer objetivos que pretende alcançar, constituem e orientam a atuação da política de segurança. Necessário, portanto, considerar o direito à segurança pública como um direito que se relaciona aos demais direitos fundamentais (Santin, 2005, p. 188).

Di Pietro (2008, p. 109-110) ensina que pelo conceito clássico, ligado à concepção liberal do século XVIII, o poder de polícia compreendia a atividade estatal que limitava o exercício dos direitos individuais em benefício da segurança e que, adotando-se um conceito moderno, é a atividade do Estado consistente em limitar o exercício dos direitos individuais em benefício do interesse público.

Dentre os órgãos de segurança pública descritos no art. 144 da Constituição Federal (Brasil, 1988), a investigação criminal está afeta à Polícia Judiciária, distribuída entre as Policias Civis dos estados, Distrito Federal e Polícia Federal.

É certo que as atividades de inteligência e de persecução recebem importante influência das políticas públicas adotadas pelo Estado para acompanhamento e tomada de decisões, assim como o esclarecimento das infrações criminais. Ademais, o sistema penal direciona a quantidade de intervenção em contraponto com o aumento e a diminuição de garantias, em uma constante tensão entre esses interesses, fonte de discussões doutrinárias e jurisprudenciais acerca de qual seria a medida ponderada do Direito Penal, ou seja, o constante debate entre um direito penal máximo ou mínimo.

A atividade de segurança pública, pela imprescindibilidade na manutenção da paz social e do funcionamento do sistema de justiça criminal, exige orçamento suficiente para suportar os gastos. Ao contrário das áreas de saúde e educação, compreende-se como desarrazoado qualquer tipo de tentativa de pagamento pelo serviço público essencial de segurança pública, aliás, a primeira promessa e fundamentação das origens do Estado.

A investigação criminal, portanto, como um dos principais sistemas de atuação da Polícia Judiciária, deve ser compreendida como um mecanismo de atuação eficiente do Estado no controle da criminalidade. Antes disso, porém, é necessário compreender que a investigação, embora independa do processo, não se esgota com o esclarecimento do crime ou com a indicação de seu provável autor, visto que se exige da organização policial competente a adoção de técnicas e mecanismos de obtenção da informação em consonância com a Constituição Federal e com o ordenamento jurídico, de modo a possibilitar o acesso à justiça em todos os sentidos[4].

4. A investigação de excelência não é a que apenas identifica e demonstra autoria e materialidade, mas a que, com investimento necessário, se aproxima

Embora este estudo não se dedique à evolução do Estado, importante analisar as quatro falsas percepções que têm influenciado aspectos legislativos, técnico-jurídicos, econômicos, sociais, históricos, linguísticos e técnico-científicos ao longo da história recente da humanidade, e que tiveram impacto direto na segurança pública.

O primeiro ponto de relevância é a compreensão de que o contrato social não concentrou no Estado toda responsabilidade pelo monopólio da aplicação e execução da lei penal.

Na sequência, que o processo, o exercício da ação, a persecução penal e o exercício da função jurisdicional não são suficientes ou afastam por completo a responsabilidade dos jurisdicionados. Esse ponto de lucidez foi essencial para a retomada da participação informada somente depois de sedimentadas as teorias da ação e dois milênios depois de distanciado do direito criminal romano, a reflexão sobre a mediação de conflitos, o direito penal econômico[5] e do direito penal negocial.

A terceira percepção é que os direitos fundamentais não são deveres apenas do Estado, mas integram relações de horizontalidade e verticalidade entre particulares, criando ônus e deveres recíprocos.

Por último, o ônus das provas de acusação e o direito ao silêncio da justiça criminal não incluem o financiamento público de externalidades[6] decorrentes do uso abusivo do direito

da verdade, ainda que para demonstrar que o fato não existiu ou que o evento não constituiu infração penal; que o investigado não concorreu para a infração penal ou que simplesmente demonstre circunstâncias que excluam o crime ou isentem o réu de pena, nos termos do art. 386 do Código de Processo Penal (Brasil, 1941). Ademais, existe uma necessária preocupação do Estado-investigação com recuperação de ativos.

5. Conforme ensina Valter Foleto Santin "em sentido amplo, o Direito Penal Econômico pode incluir normas de proteção das relações tributárias, societárias, cambiais, monetárias, falimentares e de consumo" (2012, p.40).

6. Externalidades são comportamentos que causam impacto econômico e social, sem, contudo, receber valoração na dosimetria da pena. Como será

criminal com impacto direto nas finanças, na segurança pública e no bem-estar da população.

Dentro dessa análise, o custo da investigação criminal encontra maior proximidade com os aspectos jurídicos e orçamentários, embora as respostas atuais tendam a se fixar apenas no sistema jurídico, o que gera perplexidade ao não considerar a sustentabilidade orçamentária.

Conforme ensina Castells (2016, p. 11), sobre o ilimitado crescimento da economia criminosa global, a "crescente incapacidade das instituições políticas baseadas no Estado-nação em lidar com problemas globais e as demandas locais", decorrência de mudanças multidimensionais e estruturais em meio a agonia e incerteza de tempos conturbados.

Basta observar que Secretarias de Segurança Pública do país têm dificuldade em alcançar o significado de custo de uma investigação criminal. Não por inépcia, mas exatamente por se constituir um não assunto.

Embora seja possível perquirir e obter respostas sem muito esforço sobre o orçamento da segurança pública e das despesas com investigação, quanto cada uma das polícias civis e federal gastou, ou mesmo valores de incentivos orçamentários do Governo Federal em investigação criminal de maneira macro, ainda não se pesquisou sobre o custo de uma investigação criminal. Tal desinformação não é uma exclusividade do Brasil, mas também de países europeus como Portugal, que insere a atividade de investigação na rubrica Justiça (Portugal, 2022), sem a mínima argumentação sobre o efetivo custo da investigação.

---

analisado no item 6.11 deste trabalho, existem aquelas externalidades que são normais e previsíveis em qualquer tipo penal – que, eventualmente, são valoradas na dosimetria, a exemplo do custo de reparação no crime de dano ou furto – e aquelas que são anormais – a exemplo do comportamento deliberado que aumenta o custo da investigação criminal, com consequência no orçamento público, sem receber valoração na dosimetria.

Essa dificuldade em calcular o custo de uma investigação é contornada por assertivas abrangentes, necessárias para aprovação da Lei do Plano Plurianual, da Lei de Diretrizes Orçamentárias e da Lei Orçamentária Anual, com inserção de aspectos sobre políticas públicas para investimento em um ou outro fenômeno criminal, mas insuficientes para o controle da execução orçamentária e a avaliação da legalidade das despesas.

Portanto, para delimitação do tema não se estuda, nesta tese, o orçamento da segurança pública, mas o tópico custo de uma investigação. Parece evidente que a análise deste ensejará uma maior compreensão daquela.

Entender e debater sobre o custo de uma investigação é essencial para compreender a investigação criminal e o primeiro passo para superar a crise do Direito Penal, sinalizando uma nova jornada para a segurança pública. Quando se examina o custo do serviço público, de complexa aferição, logo se pensa em outras pastas fora da segurança pública, como saúde e educação. Mas note-se que, a despeito de toda pesquisa científica acerca dos custos da saúde, da distribuição desses custos, do financiamento e da judicialização – de igual complexidade orçamentária –, quando se examina a execução orçamentária e o custo de uma intervenção médica isso toma outro contorno, mesmo porque existem padrões estabelecidos, como uma tabela de valores. Em outros termos, se alguém quiser saber no Brasil quanto custa uma cirurgia cardíaca isso é perfeitamente possível, porém quando alguém pergunta qual o custo de uma investigação de homicídio, de associação criminosa, ou mesmo de um simples furto ou acidente de trânsito a resposta é outra. Bem, esta última resposta apenas ainda não existe[7].

7. Todo o planejamento para execução de uma operação policial, ainda que para desconstrução de apenas uma célula de organização criminosa por mais plástica e dinâmica que seja, deveria ensejar o custo da investigação, não apenas para estabelecer critérios de controle orçamentário, mas também para gerar novos cenários de possibilidades de intervenção ou de

Então, a pesquisa será desenvolvida para estabelecer uma planilha de cálculo? Não, o objeto do trabalho não é esse na etapa preliminar da pesquisa. Objetiva-se discutir, primeiro, como são as despesas da rubrica investigação, e, segundo, se existem gastos normais e prometidos pelo Estado para permitir aos pesquisadores de todas as áreas outras percepções acerca do custo. Quem sabe ao final deste trabalho alguém queira comparar o orçamento de segurança pública para investigação criminal com o investimento *per capita* ou o investimento por crime por investigação ou por condenação. Ou, quem sabe, alguém da área da criminologia formule uma pergunta sobre seletividade e orçamento. Ou, quem sabe, ainda, alguém queira saber o custo de uma cena de crime desfeita, seja por particulares, seja, em hipóteses excepcionais, por agentes públicos, o que poderia, ao menos de forma teórica, ensejar uma transferência orçamentária de recursos entre instituições (daquela instituição cujos agentes desfizeram a cena do crime para aquela que sofreu o gasto orçamentário).

Essas e outras respostas necessitam de um tratamento a partir da construção de uma epistemologia para externalidades que identifique os custos desnecessários na investigação criminal, assim como as consequências, sob outro olhar, para o orçamento público acerca dos efeitos financeiros da produção de uma prova com vício e que enseja, como amiúde ocorre no país, a anulação perante tribunais superiores, com consequente perdimento de operações policiais inteiras. Nessas hipóteses, o cientista jurídico analisa teorias da nulidade, da recepção e da adequação constitucional e teoria das provas e consequências processuais, mas o tema custo da investigação criminal não tem sido recorrente, até mesmo porque não se sabe até o momento

decisão de intervenção a partir da disposição em investir nesse essencial serviço público de certo retorno.

qual seria esse custo em relação à investigação e às operações policiais[8].

Mas para avançar na análise de segurança pública é preciso compreender que despesas orçamentárias com entidades de policiamento ostensivo que pretendem investigar não se incluem no custo da investigação criminal para efeito deste trabalho. Primeiro, porque não se sabe no Brasil quanto é gasto com esses mecanismos não formais e, segundo, porque a complexidade é muito maior que a análise do custo do inquérito policial, que tem toda sua formatação, metodologia, princípios e regramento processual estabelecidos pelo Código de Processo Penal (CPP).

Estabelecidas essas premissas e distinções, passa-se ao estudo da segurança pública, tema macro em que está inserido, sob o enfoque orçamentário, o custo da investigação criminal[9].

2.2 DESEMPENHO DA INVESTIGAÇÃO COMO FATOR DE TRANSFORMAÇÃO SOCIAL

A promessa de prestação de segurança pública exige a disposição prestacional estatal em cumprir três parâmetros básicos: eficiência, eficácia e efetividade.

O princípio da eficiência, introduzido formalmente no texto constitucional, como princípio da Administração Pública, pela

8. A ciência jurídica apresenta suas justificativas como obrigatoriedade da ação penal, antes mesmo de analisar o custo de uma investigação, sem enfrentar, no entanto, temas como seletividade e outros fatores que influenciaram nas escolhas de caminhos investigativos, custos das investigações ou uma análise em perspectiva sobre as consequências de eventual decisão dos tribunais superiores que invalide provas.

9. Importante considerar a distinção entre custo da segurança pública e custo da investigação criminal. Enquanto o primeiro abarca custos outros como o do policiamento ostensivo, o segundo constitui um recorte daquele custo global.

Emenda Constitucional nº 19, de 4 de junho de 1998 (Brasil, 1998a), representa importante mecanismo de controle de resultados. Idêntica previsão está na Lei nº 9.784/1999 (Brasil, 1999a), no art. 2º, que direciona o modo de atuação do agente público, assim como o modo de organizar, estruturar e disciplinar a Administração Pública.

Dessa forma, o Estado-investigação deve atuar de maneira eficiente em suas atividades administrativas de meio, rotineiras, vale dizer, em suas contratações, gestão de pessoal e patrimonial. Porém, quando atua na atividade-fim, conforme atribuição constitucional de apuração das infrações penais, a importância desse princípio sobreleva.

Conforme Contelli (2016b, p. 15-16):

> Na missão de exercitar a persecução criminal por meio da investigação criminal, a Administração Pública deve desenvolver ferramentas que acompanhem a evolução da sociedade, porquanto os delitos refletem exatamente o momento histórico e uma investigação criminal pautada em ferramentas tradicionais não serão suficientes ao esclarecimento dos novos arranjos criminosos, muitos de estrutura empresarial.
>
> A máxima eficiência, porém, não importa no abandono das técnicas tradicionais de investigação, pelo contrário, a máxima eficiência está em utilizar na quantidade exata o mecanismo mais eficaz para que se alcance a finalidade.

Considera-se, ainda, sobretudo em momento de crise econômica, que o agente se atente ao princípio da economicidade, verificando se a medida é economicamente viável, necessária e adequada ao alcance da verdade, realizando, em paralelo ao *economic law*, uma análise econômica acerca da necessidade e da viabilidade da utilização da prova. De outra forma, uma verdadeira análise econômica da investigação criminal.

A partir da utilização, com eficiência, dos recursos disponíveis na área de segurança pública, espera-se que o gestor de segurança seja eficaz nos resultados próximos, a fim de alcançar efetividade em segurança pública, vale dizer, o bem-estar da sociedade e a qualidade de vida da população.

Mas esses resultados próximos ou sociais da investigação criminal dependem, essencialmente, do nível de dialogicidade entre meios, pessoas, metodologias e resultados, dado que nem sempre os resultados da intervenção em segurança pública apresentam procedimentos eficientes ou efetivos na promoção da transformação social e bem-estar comunitário e, principalmente, de bens jurídicos essenciais.

A investigação, entendida dessa forma, é fator de transformação social, de implementação de direitos fundamentais, participação, cidadania, embora necessite observar, em casos delimitados pelo ordenamento, a reserva constitucional de jurisdição, daí a complexidade do tema. O evento criminoso não atua como um gatilho imediato para atuação estatal para sua repressão. Requer, antes, uma avaliação técnica, denominada investigação criminal a partir do fenômeno criminal.

A prática da infração criminal, embora tratada como normal por Durkheim (1995), no sentido de necessária à evolução da sociedade, inegavelmente causa prejuízos não apenas ao Estado, enquanto detentor do direito subjetivo de punir e do orçamento público, mas também às vítimas, esquecidas que foram ao longo da História pelo processo penal.

Nesse sentido, Durkheim (1995, p. 95):

> Se há um facto cujo caráter patológico parece incontestável, é o crime. Todos os criminologistas concordam neste ponto. Se explicam essa morbidez de maneiras diferentes, são unânimes em reconhecê-la. [...] Apliquemos, com efeito, as regras precedentes. O crime não se observa só na maior parte das sociedades desta ou daquela espécie, mas em todas as sociedades de todos os tipos. Não há nenhuma em que não haja criminalidade. Muda de forma, os actos assim, qualificados não são os mesmos em todo o lado; mas sempre e em toda

> parte existem homens que se conduziram de modo a incorrer na repressão penal.

E complementa Durkheim (1995, p. 99):

> O crime é, portanto, necessário; está ligado às condições fundamentais de qualquer vida social, mas, precisamente por isso, é útil; porque estas condições de que é solidário são elas mesmas indispensáveis à evolução normal da moral e do direito.

Uma inevitabilidade violadora e com altos custos econômicos, mas, principalmente, sociais que, por isso, devem ser compreendidos não somente sob o aspecto da dogmática penal. Dentro dessa inevitabilidade, ainda que mínima, ocorrendo uma tentativa de latrocínio, por exemplo, pelo menos dois direitos fundamentais individuais das vítimas foram violados. O direito à vida digna e o de proteção do patrimônio, prejudicando, inclusive, princípios fundamentais da República Federativa do Brasil, no que tange à prevalência de uma vida digna em todos seus aspectos e à segurança jurídica.

Iniciada a persecução criminal, os mecanismos de investigação, dentro de uma perspectiva utilitarista, devem ser suficientes, adequados e proporcionais e, quando necessário, podem interferir em direitos e garantias do investigado, quase sempre com ordem judicial.

Esse conflito em que se encontram violações às vítimas, garantias do investigado e poder punitivo do Estado constitui inevitável acomodação de forças pela investigação, que, se não forem corretamente manejados, podem ocasionar desconforto e desequilíbrio social. O desequilíbrio em quaisquer das pontas dessas relações jurídicas, a bem da verdade, pode refletir a política de segurança pública adotada pelo Estado e a concessão de mais ou menos cidadania.

Nesse papel de reequilibrar os sujeitos de direito da investigação – acusação e defesa –, assim como de empoderamento das vítimas, está a figura do Estado-investigação. De fato, a dialogicidade que se espera na investigação não está em relações voltadas a combinar resultados, o que desequilibraria a balança, mas consiste, basicamente, em colocar todos no mesmo pé de igualdade, vale dizer, um procedimento robusto para eventual judicialização com possibilidade de condenação ou de absolvição, ainda quando esses interesses forem divergentes da violação material ou moral da vítima, com ferramentas de proteção desta. Esse equilíbrio que se espera da investigação será essencial na preservação de direitos fundamentais, promovendo maior participação social dos interessados do conflito, fator de efetividade e de transformação social.

Quando se analisam as técnicas de investigação, é surpreendente verificar que excessivo número de intervenções independe de ordem judicial, a exemplo das requisições de informações cadastrais a concessionárias, a prisão em flagrante delito, a concessão excepcional de medida protetiva de urgência e de parcela das medidas de recuperação de ativos.

A investigação criminal, não raro, busca na persecução criminal a obtenção de medidas de urgência, cautelares, as medidas assecuratórias, muitas das quais de inegável caráter restritivo à liberdade, à propriedade, à intimidade e a vida privada submetidas à reserva de jurisdição. Contudo, essa limitação a direitos fundamentais do investigado, ainda que com caráter de provisoriedade, sempre deve estar revestida de proporcionalidade, com a ressalva de que é necessário conhecer e sopesar o direito violado e o benefício que se pretende.

Nesse sentido, o próprio legislador ordinário valeu-se da forma das penas privativas da liberdade, de reclusão ou detenção, como requisito de admissão de violação à intimidade e à privacidade, na concessão de interceptação telefônica. Esse limitador de intervenção explicita a necessidade de diálogo entre interesses violados, direitos fundamentais, recondução da vítima ao mais próximo do *status quo* da atividade criminosa.

Olhar a investigação criminal como simples formalismo, como atividade voltada a si mesma ou despida de conteúdo ou de repercussão social, enfraquece o sistema de justiça criminal e promove a inefetividade das políticas de segurança pública.

Por evidente, a segurança das relações jurídicas em conflito ocasiona repercussões positivas em todo o tecido social, repercute no controle de criminalidade de massa e na organizada e, ao alcançar o equilíbrio, proporciona a efetivação de direitos fundamentais.

Se para Durkheim (1995) o crime é normal, é natural que em um Estado com o monopólio de aplicação da lei penal, a resposta também seja normal, óbvia, ou ao menos necessária, previsível e de espontânea previsão de investimentos, para alcançar a segurança jurídica das relações. Contudo, quando se discute restritivamente essa posição de "normalidade", Durkheim não está a afirmar que além do crime, também o abuso de direito é normal, porquanto pode desequilibrar as relações.

2.3 DIALOGICIDADE, FUNCIONALISMO, DIREITO MATERIAL E PROCESSUAL NA ETAPA DE CORREÇÃO DO DEVER DE SEGURANÇA PÚBLICA

A investigação criminal é um fenômeno situado no processo penal, com repercussão social e econômica em que eventual omissão do dever-poder de segurança pública pode implicar o acionamento de mecanismos de correção, como a intervenção federal, o incidente de deslocamento de competência e a complementaridade dialógica dos mecanismos globais e regionais de proteção dos direitos humanos.

Nesse sentido a dialogicidade está em identificar a relação entre a investigação criminal, os seus atores, os sujeitos e os diversos ramos do direito com a fase de persecução criminal, assim como produzir a interconexão entre Estado-investigação, vítimas, autores de crime e sociedade, a partir de um diálogo franco.

Com efeito, esse diálogo parte da noção de comunicação e do propósito de relacionamento dos diferentes subsistemas sociais que, ao mesmo tempo em que devem influenciar a persecução, nesse estágio de desenvolvimento sofrem consequências das investigações.

É chegado o momento em que a sociedade e os sistemas sociais poderão sofrer e se modificar, o que repercute em investigações policiais que remexem o tecido social.

Assim como a teoria dos sistemas de Luhmann, estudada no Brasil por Rodrigues e Neves (2012), ultrapassa barreiras transdisciplinares para apresentar uma forma de comunicação entre sistemas sociais autopoiéticos, a investigação criminal não existe em si mesma, não é o ponto de chegada ou de partida, mas a conexão entre a realidade, as mazelas sociais, os abusos de autoridade, a criminalidade e a sociedade.

O funcionalismo deve servir à sociedade, na função proteção, incentivo de progresso e criação de um futuro com segurança jurídica para as presentes e as futuras gerações. Nesse sentido, Rodrigues e Neves (2012, p. 59-60) ao afirmarem que os "sistemas sociais e consciências estão em estado de interpenetração, ou seja, cada um desses sistemas é condição de possibilidade do outro".

Em outros termos, investigação e realidade social, investigação como procedimento e direito material, como sistemas não são "isolados, incomunicáveis, insensíveis, imutáveis, mas sim que as 'partes' ou os 'elementos' de tais sistemas interagem uns com os outros e somente entre si" (Rodrigues; Neves, 2012, p. 24). Essa aliás, a ideia de um fechamento operacional dos sistemas.

Esse funcionalismo que parte da autopoiese inicial não pode isolar a investigação criminal à própria sorte, mas produzir respostas consentâneas com a realidade factual, social e orçamentária experimentada. No entanto, na prática, muitas vezes ou quase sempre, os sistemas não dialogam entre si a ponto de a investigação não se comunicar sequer com própria instrução processual penal, e muito menos, ou com raras exceções, há comunicação entre direito processual penal e direito material, um retrocesso de autonomia científica. Talvez por isso não haja espaço para a comunicação entre investigação criminal e orçamento público.

Na linha da teoria circular dos planos de Carnelutti (1958), tem-se que não há sentido discutir uma instrumentalidade quando, na prática, os influxos do direito material não atingem a fase da persecução, assim como esta não direciona a efetivação daquela.

Com efeito, a investigação não flutua no sistema jurídico de maneira isolada, em busca de uma neutralidade, ou melhor dizendo, de uma insensibilidade que a distancie do direito material, processual e da repercussão orçamentária e econômica.

Por acreditar em uma inflexível e inafastável proteção de direitos e garantias fundamentais, muitos institutos necessitaram de um incremento diante das graves violações promovidas pelo próprio Estado ao longo da História e, por vezes, comportamentos abusivos sequer abrem a possibilidade de discussão e reflexão, pois quase sempre encontram barreira do *nemo tenetur se detegere*.

Ao mesmo tempo em que se deve reafirmar a necessidade de não retrocesso quanto às frequentes investidas do Estado-investigação em face dos menos favorecidos ou do uso político, e sem desconsiderar que o monopólio de aplicação de lei penal situa-se nas mãos do Estado, é chegada a hora de averiguar se existem externalidades distintas do ilícito penal, seja ao verificar o comportamento ilícito correlato ao direito material penal (direito positivo), seja nos limites de defesa e acusação, principalmente durante a investigação criminal.

É possível que parcela da doutrina, a partir desse chamado à discussão, alcance a conclusão de que a liberdade foi e é perseguida durante todos os tempos e merece integral proteção, não sendo lícito pensar em limites.

Na hipótese de inexistirem limites, seja do comportamento, pois tudo estará abarcado pela culpabilidade e consequente responsabilidade criminal, seja nos mecanismos de investigação, então será necessário enfrentar um outro desconhecido problema. Por que no Brasil e no mundo nunca se discutiu sobre o custo da investigação abusiva e como é a distribuição da conta para o Estado e a sociedade? Uma sentença penal condenatória ou absolutória – própria ou imprópria – merece um capítulo de sentença, com análise contábil a tratar desse não assunto, denominado custo da investigação criminal? Capítulo este que dialogue com o sistema tributário, civil, administrativo e as respectivas instituições, como Procuradorias de Estado, as Controladorias e as Cortes de Contas[10] dos Estados e Municípios.

Portanto, é necessário analisar a dialogicidade entre segurança pública, repercussão social e econômica da infração criminal e de seus mecanismos de ativação, seja para acusação ou defesa.

A investigação criminal como componente da realização das relações jurídicas do direito é um sistema autopoiético que reduz sua complexidade para atender aos sistemas que operam fechados em sua própria base operativa. Esse fechamento estrutural ocasiona tanto severos problemas de dialogicidade entre o próprio sistema jurídico quanto pode atingir outros sistemas que às vezes sequer são pensados a partir do resultado das investigações.

10. Até o término da redação desta tese, não há notícia no Brasil de avaliação, pelas Cortes de Contas, sobre o não assunto custos individuais da investigação criminal, sejam decorrentes de comportamentos estatais, sejam decorrentes de comportamentos privados abusivos ou não abusivos.

Com efeito, sistemas como segurança pública, de recorte estrutural administrativo, em muitas ocasiões não se comunicam com o sistema de justiça criminal, de maneira a não gerar repercussão social ou possibilitar o debate a respeito do custo da investigação.

Não há falar em políticas públicas de segurança pública sem nenhum diálogo com a efetividade da implementação desse sistema ou sem qualquer tipo de foco em transformação social.

Na proposta a partir de uma dialogicidade, o sistema jurídico constitui a base de fundamentação e consolidação da segurança pública por meio da aplicação da lei penal, ao lado de um recorte de segurança pública como mecanismo de intervenção social, todos em um ciclo comunicativo voltados à proteção, à política de inclusão, de transformação social e de segurança jurídica à liberdade e aos demais bens jurídicos.

Identificado o descompasso entre a investigação criminal e os objetivos da segurança pública, a omissão nesse dever-poder de segurança pública exige mecanismos de correção, porque os efeitos colaterais começam a aparecer, muitas vezes dentro do próprio sistema caótico, obviamente impactando todos os demais sistemas e promovendo o caos social, a desagregação e a reiterada e evidente violação de direitos fundamentais e de direitos humanos.

É importante também pensar em termos econômicos, no quão custosa se torna uma investigação direcionada abusivamente para o fracasso ou para a colocação em risco da liberdade de inocentes. Isso acontece diariamente no Brasil e o direito material e processual é insuficiente para apresentar respostas. Algumas dessas externalidades não aferíveis se traduzem não apenas em violações econômicas, mas também à dignidade da pessoa humana, no descrédito das instituições e em sanções internacionais para o Estado, como com frequência se percebe no país[11].

Mostra disso, no Brasil, estão os institutos denominados incidente de deslocamento de competência e a complementaridade dialógica dos mecanismos globais e regionais de proteção dos direitos humanos.

Note-se que os órgãos de persecução, como as polícias civis, constituem barreiras às violações aos direitos humanos, e suas ações preservam o prestígio do Estado, posto que toda vez que não desincumbem com eficiência e efetividade as funções primordiais da investigação criminal, presente a disfunção, os resultados podem ser devastadores. Isso gera um custo em duplo sentido, seja do Estado para com o indivíduo, seja deste ao impor custos não necessários ao Estado, compreendido em todos os seus elementos: poder soberano, povo, território e finalidades (Silva, 2023).

O instituto da intervenção, que tem permeado de forma arriscada o sistema de segurança pública, evidencia, embora com acionamentos incompreendidos como o ocorrido em 2018 no Rio de Janeiro[12], que eventuais descalabros nos Estados da Fe-

11. A Lei nº 11.340/2006, denominada Lei Maria da Penha (Brasil, 2006) é um bom exemplo de consequências positivas dessas externalidades não aferíveis em tempo hábil no sistema de justiça criminal. Mas antes dessa lei, muitas consequências negativas atingiram os interessados do processo individual, a exemplo dos custos impostos exclusivamente ao Estado e à farmacêutica bioquímica, Maria da Penha Maia Fernandes, que foi submetida a uma simulação de tentativa de assalto, pelo próprio marido, Marco Antonio Heredia Viveros. Todos os contornos que envolvem o caso Maria da Penha não podem ser traduzidos em uma sentença penal condenatória e em uma ação de indenização. E os custos econômicos e sociais dessa investigação, inclusive de descrédito ao Estado brasileiro?

12. A disputa entre traficantes de organizações criminosas rivais no Rio de Janeiro, deflagrada em 2017, fez com que o Exército realizasse uma incursão iniciada em 21 de setembro de 2017 na comunidade da Rocinha. Essa situação de instabilidade, estopim da intervenção federal na Secretaria de Segurança Pública do Rio de Janeiro em 2018, desvela a relevância em se analisar a dialogicidade entre fatores sociais, políticos e de segurança pública e seus

deração podem ter relação com a ausência de diálogo entre os mecanismos de segurança pública preventivos e repressivos e os resultados evidenciados.

Esses desajustes em âmbito doméstico, que podem inclusive levar o Estado a uma intervenção federal ou, até mesmo, ao deslocamento de competência, se comunica com os mecanismos internacionais de proteção dos direitos humanos, patamar somente acionável diante do princípio da complementaridade. É certo que a carência da segurança pública tem nítida relação com o fracasso da sociedade e, somente em última análise, com a ineficiência desses organismos do Estado.

Saídas menos conflituosas passam pelo dever-poder de dialogicidade, muitas vezes de patamar político, para dissolver o dissenso, controlar a responsabilidade do Estado e, principalmente, realizar a verdadeira justiça.

Assim como a exclusão social tem sua função delineada por fatores de maior ou menor grau a que o país está submetido – no Brasil os fatores excludentes sempre superam os de inclusão – o Sistema Interamericano de Proteção dos Direitos Humanos (SIPDH) é rotineiramente desafiado, nos países das Américas, pela crescente violação desses direitos, mais do que por fatores que reforçam o sistema ou por condições de fortalecimento da luta pela proteção das violações humanitárias.

Vestindo a primeira armadura de proteção dos direitos humanos e filtro natural dessas violações, com função de instrumentalizar a judicialização desses conflitos sempre que necessário, o Brasil dispõe da Polícia Judiciária vinculada basicamente aos Estados-membros ou à União, no caso da Polícia Federal, como mecanismo de proteção doméstica.

As conclusões do inquérito policial, que outrora era identificado como singelo e dispensável caderno de informações,

---

descompassos como a malfadada intervenção promovida no Rio de Janeiro em 2018.

nessa nova dimensão de mecanismo que busca a verdade poderão ser utilizadas, inclusive, perante cortes internacionais. É o caso, por exemplo, do sistema regional representado pela Corte Interamericana de Direitos Humanos (Corte IDH), ao ser provocada pela Comissão Interamericana de Proteção aos Direitos Humanos (CIDH), perante o Tribunal Penal Internacional ou organismos regionais, a depender da extraterritorialidade do agente provocador da infração criminal e da competência de seu país de origem e do sistema regional a que estiver afeto.

Com efeito, ao se referir à Polícia Judiciária fala-se em um guardião dos direitos humanos que é, sem dúvida, relevante na contribuição do acesso à justiça na esfera da jurisdição internacional para a proteção de tais direitos, órgão de investigação criminal e de proteção que deveria ser melhor identificado, revelado e utilizado pelo Sistema Interamericano de Proteção aos Direitos Humanos, com o imprescindível auxílio das organizações não governamentais, como mais uma forma de coligir esforços para a efetivação de um projeto de acesso universal à justiça.

Coelho (2017, p. 43) ensina que a Constituição Federal promoveu a "processualização do procedimento", visto que expande as garantias de acesso à Justiça a todas as relações judiciais e extrajudiciais.

O SIPDH tem por finalidade proteger os indivíduos contra violações vinculadas à dignidade da pessoa humana; à tortura; aos direitos à saúde; às relações e às condições do trabalho; à preservação da vida, dentre outras. E é exatamente a Polícia Judiciária que tem a atribuição constitucional de apurar infrações penais relacionadas aos crimes dolosos contra a vida, à violência de gênero, à tortura ou à dignidade sexual; de apurar crimes relativos a erros médicos e, até mesmo, eventos de corrupção – fator de diminuição de recursos e uma das maiores mazelas do Estado brasileiro –; de investigar e instrumentalizar inquéritos policiais relacionados ao trabalho escravo; de apurar e produzir elementos para proteção individual em todos os tipos penais, ressalvadas as infrações militares.

Com isso, a Polícia Judiciária tem a missão precípua de atuação ética pautada na busca do respeito aos direitos humanos, e seu objetivo é afastar toda espécie de impunidade, trilhando suas ações em busca dos direitos à verdade e à justiça.

Nessa instituição, a oxigenação que o novo inquérito policial tem recebido, aliada ao sistema de controle social sobre as apurações e à maior participação popular nas instâncias de poder de investigações policiais, possibilita a criação de uma identidade democrática para essa forma legítima de apuração de casos, que eventualmente podem ser submetidos, ainda que para responsabilização do Estado, à Corte Internacional de Direitos Humanos.

Evidentemente que um projeto de Polícia Judiciária democrática não deve estar situado apenas no modelo de controle social a que estão submetidos os países periféricos. Com isso, importantes projetos, em especial da Polícia Judiciária, evidenciam um órgão policial em busca de eficiência em suas investigações dentro de uma perspectiva evolutiva do sistema de justiça criminal brasileiro, mas, que com um recorte de vanguarda, acompanhando a transição para a modernidade da sociedade globalizada, busca a universalidade de proteção dos direitos humanos.

Nessa transição para a modernidade, a Polícia Judiciária atentou para a proteção prioritária a determinados grupos, como as mulheres em situação de violência de gênero, com a implantação das Delegacias de Defesa da Mulher no ano de 1985 no Estado de São Paulo; os grupos vulneráveis de pessoas idosas, com a Delegacia de Proteção ao Idoso; e a implantação dos Núcleos Especiais Criminais (NECRIMs), mecanismo de participação social e democrática, o que em nada fere o princípio da universalidade, pelo contrário, pois tais medidas atribuem equivalência de direitos entre maiorias e minorias.

Essa evolução da Polícia Judiciária a coloca em um caminhar conjunto e comunicativo com a sociedade moderna, em um processo temporal e complexo que considera os direitos humanos mutáveis, adaptáveis e aperfeiçoáveis (Oliveira; Lazari, 2014, p. 41) reveladores da historicidade desses direitos (Costa; Rezende, 2019, p. 284), que não são estacionários. Todos esses avanços exigem despesas públicas, as quais não podem ser retiradas por comportamentos abusivos, ainda que derivado dos investigados.

2.4 INVESTIGAÇÃO CRIMINAL: UMA APROXIMAÇÃO DA ADMINISTRAÇÃO PÚBLICA DIALÓGICA

Ao operador do direito que atua na segurança pública na condução da investigação criminal, dialogar é preciso no caminhar da interpretação e da aplicação normativa.

No processo de criação de normas, de pronto se imagina ser o legislador o grande responsável por esse processo. No sistema do *civil law*, efetivamente a presença do legislador, até mesmo de forma simbólica, parece representar a exclusividade na criação da norma. Porém, é preciso analisar que esse é um sistema composto por normas e enunciados. Ao legislador cabe a formalização e a materialização de enunciados. Ao Judiciário incumbe a criação e a inovação (Costa; Gonçalves, 2016, p. 213).

Conforme ensina Bercovici (2013, p. 269):

> Contrapondo-se a muitas das posições de Carré de Malberg, Léon Duguit critica a concepção de direito que entende como proveniente da vontade estatal. Para ele, o direito não é uma criação do Estado, mas se impõe ao Estado e aos indivíduos pela vida social. A lei não é criada pelo legislador; pelo contrário, ele a constata na realidade, no direito objetivo, cujo fundamento é a solidariedade social. O Estado, para Duguit, que se autointitula um realista, é um fato, é força. Contrário ao que

chama "teorias metafísicas", entende o Estado como dominação dos mais fortes.

Em sistemas de justiça, o poder de interpretação e aplicação da lei, em regra, reside na figura do Estado-juiz, mas não somente. No sistema de justiça criminal brasileiro, a toda evidência, a última palavra na criação da norma individual reside no magistrado ao aplicar a norma concreta.

Müller (2008), ao formular a teoria estruturante do direito, propôs que a norma jurídica decorre da aplicação concreta do direito aos conflitos sociais e, portanto, é criação do magistrado a partir da realidade do caso concreto. A relevância dos textos positivados está na formação de premissas democráticas de partida e no fechamento da correlação entre texto de norma, norma e realidade.

Com efeito, a norma é conformada pela realidade social, porquanto esse conceito de norma significa mais do que simplesmente o texto normativo ou simples subsunção lógico-formal. Nesse aspecto, Alexy, (2012, p. 51) ensina que o conceito de norma não se restrinja à ciência do Direito.

Nessa ambiência o Estado-juiz e, por conseguinte, o Estado-investigação deixam de ser meros reprodutores da regra de direito material para possibilitar, dentro do âmbito de decisão, a criação da norma individual do caso concreto. Essa fase atual de argumentação jurídica e de prevalência da tópica exige do intérprete a superação do paradigma legalista pelo processo reflexivo de decisão.

Na assertividade dessas decisões difíceis apresentadas ao Estado-investigação de forma rotineira, o intérprete, muitas vezes, terá que recorrer a padrões exteriores ao direito positivo, conforme ensinamentos de Dworkin (1978, p. 22). Decisões assim sobressaem ao âmbito formalista do sistema de estrita legalidade para um novo ambiente proximal de realidade aumentada, inteligência computacional, operações colaborativas lógicas e criminalidade digital sem fronteira.

A sociedade de risco na complexidade dicotômica guerra e paz exige do profissional de segurança pública uma mobilidade holográfica nunca antes vista, com reformulações e ampliação de conceitos como competência e conexão. Esse movimento tem por finalidade atender ao rompimento das barreiras dos crimes cibernéticos, retrato não futurista, mas realidade presente, já que alguns tipos penais no Brasil, a exemplo do estelionato, não mais são perpetrados em único local, estado da Federação ou país.

A investigação de hoje deve estar apta a atuar e apresentar respostas dialógicas imediatas às infrações criminais eventualmente decorrentes da interferência da guerra híbrida não cinética. De fato, a investigação criminal não se constitui em simples reunião de provas ou de elementos mínimos, como em outros sistemas em que esse papel não reside na presidência de um delegado de polícia. As contingências determinaram o papel de delegado de polícia intérprete, com a implantação, no país, de um modelo dialógico, comunicativo e colaborativo para a solução e o fornecimento de respostas adequadas de patamar jurídico, de gestão da investigação e de proteção das pessoas submetidas à investigação criminal no país.

No Brasil, a investigação criminal, de forma proposital ou não, transita entre um sistema de investigação essencialmente jurídico e sistemas de gestão de provas, interessando aspectos como legitimidade e eficiência. Nessa presidência, o delegado de polícia está com seus pés ora na gestão, ora na aplicação jurídica – as vezes metódica da lei, de hermenêutica constitucional e jurisprudencial e quase sempre desenvolvendo um papel *sui generis* de aplicação da norma. Para se chegar a essa conclusão, basta verificar o poder de representação de medidas cautelares, o de firmar acordos de colaboração premiada e, até mesmo, o poder de estabelecer medidas protetivas de urgência.

Em todas essas hipóteses, atua o responsável pela investigação criminal como o criador da norma, inclusive com sérias repercussões que podem alcançar a restrição de liberdade ou a retenção patrimonial, com independência de ordem judicial, obviamente com sua carga de provisoriedade submetida a revisão judicial.

Em termos de sistema, a regra, em particular quando se fala em privação da liberdade, deveria partir de um sistema fechado. Ocorre que na investigação criminal, sistemas fechados e pautados em um funcionalismo estrutural podem não apresentar a dinamicidade e a dialogicidade que as contingências impõem à investigação.

Por outro turno, é bem verdade que um sistema absolutamente aberto, em especial quando se fala em privação de liberdade, pode levar à arbitrariedade. Por isso, a necessidade de utilizar uma instrumentalidade constitucional a partir de um estruturalismo funcionalista que, ao mesmo tempo em que promova o diálogo e a dinâmica entre estrutura e função, controle e evite alternativas e subterfúgios que violem essa estrutura.

Com efeito, em um sistema fechado não conseguiremos alcançar as respostas de persecução penal adequadas ao enfrentamento da criminalidade, em especial aquela de feição empresarial e organizada. Em um sistema absolutamente aberto, o abuso de autoridade pode superar o caráter preservativo da investigação criminal.

A partir dessas premissas e considerações, conclui-se que a investigação criminal moderna não deva se ocupar apenas de demonstrar o binômio autoria e materialidade em um mimetismo sintético de simples reunião de elementos de informações e de provas, sob pena de total ineficácia.

Em um sistema de criminalidade de massa e da criminalidade moderna em permanente plasticidade, essa investigação deve dar os contornos da revelação da verdade possível, ao mesmo tempo em que deve se ocupar de reunir provas e, ainda, de interpretar, aplicar o direito e, quando necessário e possível, criar a norma individual para o caso concreto, em perfeita sintonia com todo o sistema de justiça, obviamente sempre sob o controle judicial.

Contudo, essa sintonia apenas é alcançada quando o intérprete, a partir da ideia de uma teoria circular dos planos, interpreta e aplica o direito por meio da moldura constitucional e perfeita simetria e compreensão de todo o sistema, de maneira que o direito material interfere no direito processual, e a reciprocidade também é verdadeira.

Para absorver essa nova realidade, necessário um modelo de administração pública que atenda às singularidades da investigação criminal. Daí decorre o interesse do estudo por um modelo com aspectos multidisciplinares, o que pode ser representado pela administração pública dialógica, consolidação da gestão pública para a abertura da via administrativa à participação política do cidadão, em superação à marca da unilateralidade da ação administrativa.

Administração pública dialógica é um modelo em conformidade com o Estado Democrático de Direito, que apregoa um atuar conjunto com os particulares, inserindo-os na atuação estatal. Nesse sentido, ensina Lima (2013, p. 100):

> A questão da necessidade de uma interação comunicativa entre o particular e a Administração é antiga, pois apenas através de uma ambiência de reciprocidade de comunicação é possível cotejar um diálogo autêntico e eficaz entre os sujeitos da relação jurídica administrativa.
>
> Contudo, a ambiência de reciprocidade comunicativa exige o sucumbir da reserva, do silêncio da indiferença e da autossuficiência decisória por parte da administração pública. É dizer, impõe o reconhecimento de que a atuação administrativa não pode ser promovida sem o cotejo da perspectiva dos destinatários; portanto, sem o permeio do diálogo.

A dialogicidade da administração prima pela preservação da pluralidade de interesses, alinhando um diálogo a partir da racionalidade, ainda que diante de uma textura conflituosa da sociedade de risco.

Ainda conforme Lima (2013, p. 101), essa é uma forma de promover a gestão pública:

> Com a dialogia, por certo, a atuação administrativa imprime uma releitura na análise do interesse público a ser encampado ou defendido no seio da administração pública, pois o espaço dedicado à pluralidade de interesses é preservado, fazendo com que, na expressão de pensamento dos diversos segmentos da sociedade, exsurja um diálogo primado na racionalidade, ainda que conflitivo, afastando, assim, por inevitável consequência, uma expressão monológica do Poder Público e, dessa forma, impõe uma nova forma de promover a gestão pública. Em outras palavras: na administração pública dialógica há uma margem de intervenção comunicativa, que é permeada por ampla discussão dos atores sociais envolvidos, entre as entidades ou organizações da sociedade civil e os gestores públicos com vista a definir as medidas administrativas a serem encampadas pelo Poder Público, dando-se especial atenção aos entes do terceiro setor, já que atuam na esfera pública não estatal e, assim, possuem uma maior aproximação com a ambiência comunitária que anima a existência das políticas públicas, justamente por necessitar delas.

Com efeito, a administração pública dialógica constitui a superação dos modelos de administração pública patrimonial; burocrática e gerencial.

A administração pública dialógica representa a densificação da participação social nos mecanismos de administração do Estado e uma recolocação do modo de olhar para o cidadão, decorrência de uma espécie de mutação do Direito Administrativo. Quanto a tais mutações, Moreira Neto (2001, p. 33) ensina:

> Assim, o Direito Administrativo nasceu como um direito do Estado enquanto administrador, passou a ser

> um direito do Estado e dos administrados, e tornou-se hoje, com seu núcleo constitucional e como seu prolongamento, um direito comum dos administrados face do Estado administrador.

Contelli (2019, p. 46) afirma que se compreende como administração pública dialógica um modelo de prestação administrativa fundamentado no Estado Democrático de Direito, que possibilita a efetiva interatividade comunicativa dos particulares nas instâncias decisórias do Poder Público.

Conforme ensina Lima (2013, p. 102), a administração pública dialógica se caracteriza, essencialmente, por empreender em concepção democrática da função administrativa nos seus mais diversos segmentos; fomentar a consensualidade ao resolver questões públicas; destacar a politização do cidadão na decisão estatal; e cuida da reciprocidade comunicativa.

Para Lima (2013, p. 104), o diálogo:

> Encerra a tônica das relações entre o cidadão e a administração pública. Esta não atua para a sociedade, mas, sim, com a sociedade, de maneira que a linha de atuação expresse o congraçamento de interesses devidamente decantados pelo envolvimento e compromisso dos cidadãos na atividade administrativa. Diversamente da administração pública burocrática a dialógica não se limita ao atendimento e ao controle do procedimento legal adotado ou exigido, pois nela persiste a noção de cidadania participativa, que prestigia uma atuação estatal mediada pela experiência ou vivência do administrado, e, dessa forma, ela se afigura mais consentânea com o próprio fim da atuação administrativa, porque não se afasta do caminho tracejado pelos valores decorrentes do diálogo esclarecedor das partes envolvidas e decorrente do envolvimento político do cidadão na consecução das atividades administrativas, tudo numa ambiência que não se limite ao frio contexto das prescrições estáticas das normas jurídicas.

A tônica, portanto, está no afastamento de um modelo formalista, engessado, para o estabelecimento de novos arranjos e possibilidades de efetivação de uma verdadeira cidadania participativa.

O imperativo de construção de um Estado Democrático de Direito impõe a adoção de um modelo dialógico de administração pública, porquanto a estrutura autocrática-centralizadora ou simples razões de Estado pautadas em justificativas econômicas não serão suficientes para promoção da cidadania participativa.

Lima (2013) identifica em sua obra dez fundamentos constitucionais[13] para a adoção da administração pública dialógica, a exemplo do primado da cidadania previsto no art. 1º, inciso II, e da participação de seguimentos da sociedade nos colegiados dos órgãos públicos, prevista no art. 10, ambos da Constituição Federal (1988).

O modelo aqui discutido sintetiza a teoria do discurso na validade das normas de ação, em que concordariam, na qualidade de participantes de discursos racionais, os cidadãos possivelmente afetados por elas (Habermas, 2003, p. 321).

Na razão comunicativa de Habermas (2003), o racional está afeto ao ato comunicacional, uma nova compreensão da formação social, considerado e identificado como um processo dialógico.

Nas lições de Botelho (2010, p. 63):

> No paradigma da comunicação proposto por Habermas, o sujeito cognoscente passa a ser definido não mais pela sua relação com objetos, em que pressupõe-se conhecê-los ou agir através deles, visando dominá-los. O sujeito define-se durante um processo de

---

13. São eles: art. 1º, inciso II, art. 10; art. 29, inciso XII; art. 37, § 3º; art. 58, § 2º, inciso II; art. 187, caput; art. 194, parágrafo único, inciso VII; art. 198, inciso III; art. 204, inciso II e art. 206, inciso IV (Lima, 2013, p. 106-109).

> desenvolvimento histórico, submetido, portanto, às contingências históricas e culturais, sendo levado a entender-se junto com outros sujeitos, que partilham o mesmo horizonte do mundo da vida [...].

Analisando o direito comparado sincrônico, têm-se no Código de Procedimento Administrativo Lusitano, Decreto-Lei n. 4, de 7 de janeiro de 2015 (Fontes, 2017), o direito de participação, que impõe crescente transparência da administração pública, assim como aproximação das relações entre cidadãos e Poder Público:

> Artigo 11.º Princípio da colaboração com os particulares. 1 - Os órgãos da Administração Pública devem atuar em estreita colaboração com os particulares, cumprindo-lhes, designadamente, prestar aos particulares as informações e os esclarecimentos de que careçam, apoiar e estimular as suas iniciativas e receber as suas sugestões e informações. 2 - A Administração Pública é responsável pelas informações prestadas por escrito aos particulares, ainda que não obrigatórias. Artigo 12.º Princípio da participação. Os órgãos da Administração Pública devem assegurar a participação dos particulares, bem como das associações que tenham por objeto a defesa dos seus interesses, na formação das decisões que lhes digam respeito, designadamente através da respetiva audiência nos termos do presente Código.

A imposição dialógica constitui uma ferramenta para promover a participação e ao mesmo tempo a eficiência dos serviços, com consequente redução de custos dos serviços.

Reafirmando a tendência de um avançado modelo dialógico, obviamente não excludente de um modelo gerencial, mas que se volta a maior participação social, explica Contelli (2019, p. 49) que:

> Direcionando para um modelo de maior participação dialógica, a Lei 13.245/2016 alterou dispositivos do Estatuto da Ordem dos Advogados do Brasil, facultando

> aos advogados maior acesso aos elementos de provas durante a fase investigatória. Em última análise, significa não propriamente o contraditório no Inquérito Policial, mas a possibilidade dialógica de participação do interessado perante o Poder Público. Tal fato afasta a investigação do modelo de administração pública patrimonial, de gestão pública autocrática, de atuação funcional pessoal e sem a participação administrativa, característica do Estado Legal de Direito; por outro lado, dá lugar a um modelo de administração pública dialógica, de gestão pública democrática, atuação funcional consensual, participação administrativa necessária, decorrente do Estado Democrático de Direito.

Longe da aplicação de um verdadeiro contraditório, reservado para o processo, não é possível negar a existência de algum diálogo, ainda que na forma de maior participação informada.

Ainda segundo Contelli (2019, p. 54-55):

> Nesse caminhar comunicativo, importante observar a Lei 13.140/2015 (BRASIL, 2015), marco regulatório da autocomposição no Brasil, com intensa repercussão sobre as atividades de persecução criminal e as políticas de segurança pública do país, ao disciplinar a mediação como meio de solução de controvérsias entre particulares e, também, a autocomposição de conflitos no âmbito da administração pública. Além de imprimir segurança jurídica, alinhando-se ao movimento global de autocomposição, o dispositivo legal reafirma o importante papel de pacificação social desenvolvido fora da relação jurídica processual e avança para uma nova perspectiva de disseminação da cultura de soluções consensuais, inclusive na ambiência dos órgãos da Administração Pública.

Extrai-se dessa linha de fundamentação que a Administração Pública, antes de realizar mera atividade fundada em razões de Estado, deve atuar de forma colaborativa com os administrados, com os diversos colaboradores e por que não, entre os diversos órgãos, instituições e entes em nome e em busca de um ideal de verdade, justiça e racionalidade funcional, ainda que essas relações ocorram durante a persecução criminal.

Em contrapartida a esse dever do Estado, surge para vítimas, autores de infrações criminais e legitimados da relação jurídica processual, o dever-poder de atuar com lealdade. Nele, se busca não um cego e romântico processo de colaboração voluntária de investigados ou vítimas, mas um atuar pautado em uma linha imaginária de controle, que não pode ser ultrapassada pelo Estado ou pelos demais participantes do sistema de justiça criminal, sob pena de violação, rompimento ou, até mesmo, nascimento de um dever de indenizar ou de compensar os custos[14] processuais, orçamentários e sociais do excesso[15].

Ressalte-se, com efeito, que investigação criminal é uma atividade realizada, em essência, no âmbito prestacional da Administração Pública, e essas mutações da atividade administrativa tendem a influenciar o caminhar comunicativo para o estabelecimento de novos arranjos investigativos.

Conforme analisado, o processo de investigação criminal no Brasil encontra aspectos relacionados à interpretação da norma individual ou à gestão científica da investigação. Por delegação do Poder Judiciário, o exercício da investigação por meio do inquérito policial corresponde a um atuar em patamar administrativo; vale dizer, apesar de interpretar o direito, as atividades de polícia judiciária são consideradas sem força de

14. Custos esses que não se confundem com custos por danos causados, o que o Código Civil já cuida ao estabelecer a responsabilidade civil do cidadão perante o Estado.

15. No vale-tudo do evento criminoso e suas circunstâncias, a inexistência de pontos de controle levam à barbárie, eliminam a confiança nas relações e estimulam a criminalidade. É como se a persecução e o atuar do Estado não representassem meios preventivos e repressivos. Esses pontos de controle situados fora do *iter* são os limites, uma espécie de *sanctorum* em que o caos da atividade criminosa encontra equilíbrio em determinados comportamentos não admissíveis em face do patrimônio público se decorrentes de comportamentos abusivos.

imutabilidade, embora algumas detenham definitividade. Assim sendo, não geram a coisa julgada material, o que evidencia que nosso sistema de persecução, durante a investigação, é um sistema de Direito Administrativo, a despeito das peculiaridades da aplicação da lei.

Nesse processo de reconhecimento da investigação criminal como uma atividade administrativa, têm-se que o presidente da investigação realiza inúmeras atividades representando diretamente ao magistrado. Isso pode, inclusive, gerar a prevenção do juízo, de maneira que a carga de maior intensidade na investigação, embora resida na cooperação com o Poder Judiciário, não deixa de ser considerada uma instância administrativa que, inclusive, seu resultado pode ser contrariado na fase de instrução.

Sem atuar de forma excludente, o modelo de administração pública dialógica, não constitui a superação em absoluto do modelo gerencial. Essa administração pública, no processo de apuração de infrações criminais, embora seja entendida como uma atividade essencialmente administrativa, exige do Estado o dever-poder de uma investigação criminal também dialógica.

Tem-se, a partir de um conceito de administração pública dialógica, de recorte proximal à interação com o cidadão e à participação social nas instâncias de poder, que lançar suas balizas para a fixação de uma persecução que doravante denominaremos investigação criminal dialógica.

Nesse modelo dialógico de investigação, além da inserção da participação informada do cidadão, considerando-o aqui vítima e investigado, tem-se que a dialogicidade pretendida ultrapassa o patamar dos sujeitos de investigação e do sujeito vítima da atividade criminosa para alcançar um agir comunicativo sincero entre todos os sujeitos da persecução; entre sujeitos da instrução e entre os colaboradores do Estado-investigação. Esse modelo também supera a ausência de diálogo entre órgãos ou instituições que cuidam de segurança pública no país, tais como

Polícias Civis; Polícia Federal; Polícias Militares; Polícia Rodoviária Federal; Guardas Municipais e Sistemas Penitenciários – Nacional ou Estaduais; Polícia Penal, sempre em busca do cumprimento efetivo da promessa constitucional de fornecimento do direito fundamental de segurança pública.

Ao cuidar de um modelo dialógico de investigação criminal, porém, não se está a afirmar um modelo sugerido, mas um dever-poder do Estado, sob pena de violação de direito fundamental de segurança pública.

Ademais, exigir a investigação criminal dialógica é concretizar os princípios da eficiência e da publicidade, já que a não comunicação ocasiona ou estimula ações secretas de alto custo para a sociedade. Além disso, ela atende à dignidade da pessoa humana, na medida em que o não esclarecimento de uma infração criminal pode atingir não somente a vítima, mas toda sua família, na esperança de segurança jurídica, até mesmo para uma dialogicidade transversa com outras áreas, como com o direito civil.

A investigação criminal dialógica também mantém a higidez do pacto federativo, porquanto evita acionamentos desnecessários de incidente de deslocamento de competência; e atende à soberania nacional, evitando a aplicação da complementaridade na judicialização de demandas em face do Brasil perante organismos internacionais, com suas consequências negativas ao país e a sua economia.

2.5 PROTEÇÃO DO BEM JURÍDICO, SEGURANÇA PÚBLICA E REPERCUSSÃO ECONÔMICA

A segurança jurídica constitui direito fundamental garantido aos brasileiros e estrangeiros residentes no país, e a afronta a esse preceito ocasiona sensação de insegurança, o que é fomentado pelo uso da força do particular contra os demais e de excessos da defesa diante da atual ausência estatal de limites impostos.

A palavra "segurança" impressa no art. 5º da Constituição Federal (Brasil, 1988) tem múltiplos sentidos: o de segurança jurídica (previsibilidade e coerência); segurança econômica; segurança pessoal e, quando complementado com o art. 144 da CF (Brasil 1988), integra o sentido de segurança pública, a que todo Estado tem o dever de garantir.

A segurança pública é outro direito fundamental – essencial como a segurança jurídica –, que pode servir exatamente para reequilibrar relações abaladas pelo uso exacerbado da força ao longo da História, inviabilizando empresas e pessoas físicas, vítimas que são da criminalidade de massa, organizada ou cibernética; faceta esta que não será abordada neste trabalho, que se interessa por outro tipo de vítima, o detentor da promessa constitucional do devido processo legal, da segurança jurídica e pública, denominado Estado-juiz e Estado-investigação, ambos subsidiados financeiramente pelo Estado-detentor do orçamento público.

O monopólio estatal do uso da força, diante de um fato humano indesejado e atendendo às premissas de mandados de criminalização – por meio de uma devida investigação criminal, do devido processo legal e de eventual responsabilização penal ou certeza da absolvição – recompõe a paz social, seja atuando de forma preventiva, repressiva ou reparatória[16]. Além disso, restabelece a fratura ao direito fundamental legitimador da escolha do bem jurídico protegido pela norma penal, o que sempre implica desgaste da segurança jurídica, desafiada pelo fato humano indesejado e, por consequência, afronta o direito

16. A sociedade atual exige respostas reparatórias diante dos prejuízos experimentados, principalmente pelos crimes eletrônicos. Ademais, outras formas de investigação podem ser influenciadas pelo custo da investigação, como pode ocorrer na investigação defensiva, nos procedimentos de investigação criminal e naquelas realizadas pelas Comissões Parlamentares de Inquérito.

fundamental de segurança pública que busca amparo, seja no direito material (Direito Penal objetivo), seja no Direito Processual Penal.

Dessa forma, toda infração criminal alcança, de forma negativa, o direito fundamental de segurança pública, cuja intensidade é de difícil mensuração sempre que envolve a sensação subjetiva de segurança. Essa sensação de insegurança tem efeitos diretos no ânimo de legislador, movido pela razão imediatista de "garantir a segurança dos cidadãos" com aumento de forma não científica do aparato de combate ao crime e decisões, por vezes teratológicas, mas de fácil assimilação social, o que quase sempre provoca gastos[17] absolutamente desnecessários[18].

Existem questões complexas no exame do orçamento público de segurança pública, que destoa de toda lógica econômica das demais pastas. Por um lado, a aferição do custo da sensação de segurança, que por vezes se confunde com o investimento em aparato visível de promessa de sensação de segurança, encarceramento e persecução aos pobres e à miséria, com fundamento em uma investigação criminal influenciada (*rectius* pressionada) pela política criminal e pelos resultados da política de aprisionamento.

Por outro lado, o custo da investigação criminal regida por aspectos orçamentários ainda mais complexos. Tais aspectos incluem a observância de uma instrumentalidade constitucional; a busca de uma verdade; o princípio da eficiência e seu contraponto nas legítimas limitações constitucionais ao utilitarismo – o complemento eficiência-legitimidade –; a dialogicidade

17. Necessário compreender que leis processuais penais e leis penais, de categoria ordinária, não há uma maior preocupação orçamentária em sua aprovação, porquanto desconectadas que estão de um modelo baseado no Custo da Investigação Criminal.

18. Gastos desnecessários é um termo menos hostil, separado que está de outros eventos criados por interesses institucionais, pessoais ou empresarias da lógica do risco e do medo para o combate que se impõe na população em busca de retorno econômico.

do sistema de justiça criminal; a investigação criminal com características de independência e imparcialidade[19]; a análise *cum grano salis* à não seletividade, ao devido processo legal, à cadeia de custódia, à legitimidade probatória, à participação dos sujeitos processuais e não processuais; e a expectativa subjetiva da sociedade em fazer justiça a todo custo.

Observe-se que quando se examinam parâmetros para aferição do custo da investigação, necessário que o cientista leve em consideração esses fatores subjetivos, bem como as legítimas limitações constitucionais[20] e suas externalidades. Não é porque é mais eficiente, ou porque é a verdade, que o caminho mais curto é trilhado pelo Estado-investigação, que terá seus passos direcionados pela validade e utilidade da prova. Tal apontamento não se constitui em uma crítica negativa, até porque a investigação criminal é científica e não pautada pelo populismo, oportunismo ou utilitarismo, mas é essencialmente destinada, com uma instrumentalidade constitucional, à sobrevivência de qualquer sociedade democrática, servindo, sim, de instrumento de pacificação e de mecanismo jurídico de segurança jurídica à condenação ou à absolvição, observados os requisitos constitucionais e internacionais, como os parâmetros disciplinados pela Corte Interamericana de Direitos Humanos.

Com efeito, a devida investigação e o devido processo penal são representações e condensações de outra faceta da segurança, aquela descrita no art. 5º da Constituição Federal (Brasil, 1988), denominada segurança jurídica. Essa faceta é desempenhada ao lado de toda garantia de proteção à dignidade da

19. Nos termos estabelecidos pela Corte Interamericana de Direitos Humanos no caso Favela Nova Brasília *vs*. Brasil (Corte IDH, 2017).

20. Em investigação, é comum o paradoxo exceção ao princípio da verdade real. A verdade alcançada por violação à devida investigação criminal deve ser desentranhada dos autos, daí impossível pensar em custo da investigação partido de simples fórmulas matemáticas.

pessoa humana e dos direitos humanos e consequentes limitações contra ao abuso estatal impostas pelo direito ao silêncio.

O princípio constitucional *nemo tenetur se detegere*, como direito fundamental, é essencial para a higidez da devida investigação criminal e do devido processo legal, sem os quais não se reconhece a prevalência de qualquer Estado que pretenda ser considerado à luz do direito e da democracia.

Mas, se por um lado, o acionamento do sistema de justiça criminal exige observância dos direitos humanos, inclusive aqueles formalmente incorporados ao texto constitucional e às disposições legais, por outro, o preceito primário, tema estudado no Direito Penal, também tem sua construção histórica em busca da certeza e da segurança jurídica e encontra suas limitações, dentre as quais nos históricos princípios da anterioridade e da legalidade.

A despeito da segurança jurídica experimentada pelo atual estágio científico, não se desconhece a falha no uso político ou simbólico do Direito Penal, uma falha do funcionalismo sistêmico em concentrar toda a responsabilidade da desobediência à norma ao sistema de justiça criminal, em particular aos exatos contornos do Direito Penal.

Sem desconhecer a complexidade do fenômeno criminal e seus fatores de influência – como os estudados na criminologia pelas teorias etiológicas e os fatores de generalização de criminosos e "indivíduos normais", teorias sociológicas e macrossociológicas da criminalidade ou as decisões racionais e sua repercussão no direito penal econômico –, temos que o crime, para o objeto desta tese, em busca de identificar o quebra-cabeça (Kuhn, 1998) tem, sim, consequências patrimoniais, seja ao Direito Penal objetivo ou ao Processual Penal, para além daqueles custos reconhecidamente experimentados pelos sujeitos passivos secundários.

Com efeito, antes de avançar sem compreender o quebra-cabeça ou como faremos os testes será impossível entender o objeto de estudo deste trabalho, qual seja, o custo da investigação criminal:

> Quebra-cabeça indica, no sentido corriqueiro em que empregamos o termo, aquela categoria particular de problemas que servem para testar nossa engenhosidade ou habilidade na resolução de problemas. [...] O critério que estabelece a qualidade de um bom quebra-cabeça nada tem a ver com o fato de seu resultado ser intrinsecamente interessante ou importante (Kuhn, 1998, p. 59).

O problema é que nosso quebra-cabeça é e não é, ao mesmo tempo, de direito material, processual penal, constitucional, administrativo, econômico, tributário e orçamentário. É impossível a resposta ao estudo se o pesquisador olhar apenas para o Direito Penal (simbólico) ou responder apenas sob o enfoque do Direito Processual.

Como ensina Kuhn (1998, p. 60), a ciência normal tende a se adaptar ao terreno dos fatos ou da teoria, o que dificulta a descoberta de novidades:

> Já vimos que uma comunidade científica, ao adquirir um paradigma, adquire igualmente um critério para a escolha de problemas que, enquanto o paradigma for aceito, poderemos considerar como dotados de uma solução possível. Numa larga medida, esses são os únicos problemas que a comunidade admitirá como científicos ou encorajará seus membros a resolver. Outros problemas, mesmo muitos dos que eram anteriormente aceitos, passam a ser rejeitados como metafísicos ou como sendo parte de outra disciplina. Podem ainda ser rejeitados como demasiado problemáticos para merecerem o dispêndio de tempo. Assim, um paradigma pode até mesmo afastar uma comunidade daqueles problemas sociais relevantes que não são redutíveis à forma de quebra-cabeça, pois não podem ser enunciados nos termos compatíveis com os instrumentos e conceitos proporcionados pelo paradigma. Tais

> problemas podem constituir-se numa distração para os cientistas, fato que é brilhantemente ilustrado por diversas facetas do baconismo do século XVIII e por algumas das ciências sociais contemporâneas. Uma das razões pelas quais a ciência normal parece progredir tão rapidamente é a de que seus praticantes concentram-se em problemas que somente a sua falta de engenho pode impedir de resolver.

A análise ao abuso de direito proposto para aplicabilidade na investigação criminal não é uma afronta a toda construção científica do Direito Penal ou ciência normal. Aliás, não se pretende, e essa não é a construção, propor uma nova teoria ao Direito Penal, mas apenas alertar que o efeito simbólico e a atual dinâmica da dogmática penal têm suas falhas, altos custos. Nessa perspectiva, a mudança de olhar pode ser uma alternativa racional ao extremismo do funcionalismo sistêmico, já que nesse estágio parece improvável o retorno ao funcionalismo teleológico.

O fracasso persistente do uso do Direito Penal simbólico na resolução do quebra-cabeça deu origem a uma crise apta a manter a economia criminosa global, com valor estimado em dinheiro lavado entre 2% e 5% do PIB mundial, aproximadamente algo entre US$ 800 bilhões e US$ 2 trilhões (UNODC, c2023). Esses números indicam que os mecanismos do Direito Penal são insuficientes, o que abre espaço para o teste de um paradigma.

Uma vez mais, o que se propõe é a discussão sobre a possibilidade de muitas das respostas ao sistema de justiça criminal e à segurança pública serem encontradas por meio de um simples exame do abuso de direito, a partir da investigação criminal ou da permissão em refletir sobre uma alternativa, mantendo-se absolutamente intacto o Direito Penal como o conhecemos até o momento e deixando-se para um momento posterior, se assim preferir os cientistas, a revelação da maneira de desfazer esse problema criado pela dogmática penal.

Mas para que isso alcance algum significado pragmático e científico é necessária uma digressão. É preciso compreender que as consequências que levaram a crise do sistema funcionalista, em sua maioria, são patrimoniais, não identificadas com o bem jurídico protegido, mas, sim, com o conceito de externalidade, que será apresentado neste trabalho de reflexão.

Em decorrência dos princípios da ofensividade e da intervenção mínima toda infração criminal lesa ou gera perigo a um determinado bem jurídico penal. A teoria do bem jurídico penal tem sua relevância na superação da noção de crime como pecado para a afirmação de que é um instituto de tutela de bens materiais ou imateriais, reproduzidos e resguardados pela norma penal, sob o esquadro constitucional, o que força o Estado a uma política criminal de sua proteção. Note-se, proteção ao bem jurídico penal e, não na reprodução do crime como razão fundante do contrato social ou a pena como medida simplesmente preventiva.

Com a superação da ideia do Direito Penal romano de pena "entendida como reação pública correspondente ao Estado a sua aplicação" (Prado, 2005, p. 71); dos bárbaros germânicos no "dever de compensar o prejuízo, objetivando a vingança privada" (Prado, 2005, p. 73); e do direito eclesiástico com a harmonização entre interesses sociais e individuais, o atual Direito Penal tem o bem jurídico como objeto de tutela, com a nítida distinção entre proteção constitucional de bens e interesse público secundário[21]. Aliás, mesmo no Direito Penal antigo, o crime e a sanção não correspondem à ideia de proteção patrimonial do Estado – ressalvada a hipótese de a própria Administração figurar como sujeito passivo –, mas àquilo que atualmente corresponde, no Direito Administrativo, ao interesse público primário, ou seja, a defesa da coletividade.

---

21. O interesse público secundário tem a função de proteção patrimonial do Estado.

O Direito Penal, portanto, superou as teorias contratualistas ou a Escola Clássica italiana, não mais identificando o delito como simples lesão a direito subjetivo. Apesar de a própria teoria finalista de Welzel minimizar a ideia de bem jurídico pela de proteção ético-social e da assertiva de Jakobs de simples proteção da norma no lugar de proteção de bens jurídicos e das teorias constitucionais, com consequente inserção de tutela de interesses penais coletivos e transindividuais, todos esses interesses protegidos, definidos ou não com uma categoria de bem jurídico, em nada se confundem com o bem jurídico penal ou com os interesses identificados em algumas externalidades.

Os direitos subjetivos do Estado, ou para melhor delimitar, os interesses da Fazenda Pública em nada se confundem com o Direito Penal e a tutela de bem jurídico-penal.

No entanto, apesar dessa nítida distinção, ao prometer segurança pública[22], o legislador constituinte não visualizou, assim como não se analisa nos atuais projetos de leis de legislação penal, que a infração penal ou o correspondente às externalidades poderiam também ser examinadas pelo prisma das consequências orçamentárias[23], decorrentes de comportamentos normais ou abusivos[24].

22. O Direito Penal é principal suporte da segurança pública, que, por vezes, por meio de políticas criminais, influenciam o legislador a modular o próprio Direito Penal, mas, atualmente, sem se valer da exploração das externalidades.

23. Reafirma-se que não estamos a nos referir às despesas com saúde ou mesmo com seguridade social.

24. Esses comportamentos abusivos podem violar interesse. Não se trata de uma criação de interesse para sustentar esta tese, porquanto os bens jurídicos, ao contrário de Binding, que considerava bem tudo aquilo que fora simplesmente eleito pelo legislador (Binding *apud* Gomes, 1979, p. 77), é preciso também compreender, como Liszt, que o direito apenas eleva a categoria de bem, os interesses vitais decorrentes das relações entre os indivíduos ou entre os particulares e a sociedade organizada em Estado e vice-versa (Liszt, 2006, p. 6).

Não é a nossa perspectiva, mas é possível que a ideia das externalidades, se aceita, se identifique como um interesse relevante e, de *lege ferende*, venha a ser considerada infração penal, o que promoveria um verdadeiro paradoxo a toda essa construção. Obviamente, se isso ocorrer – o crime de provocar externalidades –, além de desconstruir toda a tese, indicará, mais uma vez, a representação do legislador se valendo do Direito Penal simbólico para, de forma simplista e populista, resolver aquilo que não compreende, que não pretende compreender ou, simplesmente, emprestar o Direito Penal a funções administrativas, em evidente violação ao princípio da proporcionalidade e da intervenção mínima, transferindo o problema financeiro para as futuras gerações.

Necessário, portanto, um novo caminhar em distanciamento da tendência utilitarista de administrativização do Direito Penal. Mas o rompimento começa agora. Conforme ensina Busato:

> Assim se processam as mudanças. O surgimento de um novo ponto de vista, uma nova maneira de enxergar um mesmo objeto provoca transformações. Isso ocorre em todos os campos de atividade do ser humano e foi identificado e classificado de maneira bastante convincente e detalhada por Thomas Kuhn em sua teoria sobre a estrutura das revoluções científicas. A quebra dos paradigmas, diante da insuficiência para resolver determinados problemas, provoca a "crise" que desencadeia a busca por novos referenciais. Esta espécie de iconoclastia traz a chamada "nova ciência", que se traduz na proposta de um novo paradigma para a resolução do problema. Esse é o caminho natural de evolução das coisas. Viver em um momento de crise de paradigmas significa incluir no cotidiano um permanente desafio. Ninguém duvida que estamos em um momento de "crise" no âmbito do Direito penal. Essa situação ao mesmo tempo provoca nos cientistas e nos operadores do Direito penal a desagradável sensação de insuficiência dos mecanismos que têm à mão, como também gera a

> incomum oportunidade de descoberta do novo. Viver o momento de crise de paradigmas científicos é ao mesmo tempo angustiante e gratificante (Busato, 2007, p. VII-VIII).

Caso efetivamente exista uma crise no Direito Penal, esse é o momento de voltarmos os olhos para outras alternativas que enfrentem as consequências acessórias ao fenômeno criminal, não apenas para um viés de sustentabilidade orçamentária mas, principalmente, para reafirmar a confiança e a base ético-jurídica nas instituições e nas relações sociais, violadas que são pelos comportamentos abusivos[25].

Com efeito, ocorrendo a infração criminal, a segurança pública é atingida como o desgaste de uma engrenagem para o regular funcionamento do Estado. É possível analisar o Estado representado por uma máquina, cujas engrenagens têm um componente denominado segurança pública. Quando ele assume o monopólio da aplicação da lei penal, evidentemente o faz como demonstração de controle, de força e de legitimidade, cujos custos, ainda que altos e calculados, não devem ser um problema, senão de limite de gastos, sendo a totalidade suportada pelos cofres públicos. Mas quando existe o rompimento das engrenagens[26], passamos a visualizar a presença de externalidades deletérias, que causam um custo extraordinário, que exigem um refletir neste momento histórico, sob pena de perpetuarmos a ausência de limites necessários ao abuso, não

25. Note-se, que toda infração criminal faz surgir consequências que exigem análise. O Direito Processual Penal não deveria ser considerado uma consequência e não pode ser. Vale observar que nenhuma medida cautelar de restrição de liberdade pode ter quaisquer resquícios de antecipação de pena. No campo fenomênico, entretanto, é possível afirmar que o manejo da investigação criminal e do processo penal pode, sim, causar consequências deletérias ao investigado. Não se desconhece que a provisoriedade das medidas assecuratórias, por evidente, atingem a segurança individual das pessoas, por vezes de maneira irreparável, o que é uma contradição à provisoriedade.

26. A seletividade, conforme será analisado, é uma das consequências.

apenas contra o Estado, mas contra os cidadãos que deixam de receber outros serviços públicos diante da reserva do possível[27].

Dessa forma, quando se diz que segurança pública como engrenagem é rompida, as consequências são produzidas em desfavor da segurança individual, afugentando investimento e novas oportunidades de trabalho e emprego no respectivo país.

2.6 PRINCÍPIO CONSTITUCIONAL IMPLÍCITO DA DIALOGICIDADE NA COMPREENSÃO DE FATOS HUMANOS INDESEJADOS COMPLEXOS

Os princípios da Administração Pública são identificados em expressos e implícitos. Os primeiros são encontrados em dispositivos diversos da Constituição Federal (Brasil, 1988) e, ainda, em seu art. 37: os princípios da legalidade, da impessoalidade, da moralidade, da publicidade e da eficiência.

Também existe espaço de coexistência com os denominados princípios implícitos, como o da responsabilidade civil do Estado, da responsividade e da autotutela. Ao lado destes e diante das razões expostas neste trabalho e do dever de prestação de um serviço público com aderência a realidade fática, é que se defende a existência do princípio implícito da dialogicidade. Esse princípio refere-se às diversas facetas do diálogo, seja do ponto de vista da comunicação institucional, como o diálogo de fontes, o diálogo direito infraconstitucional e o direito constitucional – incluindo seu patamar de direitos humanos; seja como o diálogo apresentado pela teoria circular dos planos

27. Caso os recursos públicos fossem suficientes, possivelmente o estudo das externalidades poderia permanecer guardado, como sempre esteve, por mais algumas décadas. De maneira científica, reafirma-se, não é a ausência de recursos que faz surgir as externalidades. Esses interesses, conforme apresentado, existem no mundo fenomênico. A escassez de recursos e a progressão da necessidade de investimentos para o enfrentamento da criminalidade cibernética e organizada, de alto custo, apenas antecipa a discussão para esta década.

para o ambiente criminal – direito material e processual penal –; seja como o dever constitucional de realização desse mesmo serviço público com eficiência. Tais elementos indicam a necessidade de reflexão sobre o princípio da dialogicidade, mecanismo necessário para compreender que a dogmática penal não está isolada das disposições constitucionais, infralegais e, inclusive, econômicas e orçamentárias (Contelli; Costa, 2023, p. 44).

A relevância de um princípio da dialogicidade no sistema de justiça criminal está baseada na constatação de que esses mesmos princípios ocupam lugar de relevância no ordenamento jurídico, posição nuclear, diante de sua capacidade de maior abstração e generalidade em comparação às regras.

Para a análise neste trabalho e sem aprofundar na teoria dos princípios e na crítica acerca dos equívocos na distinção com as regras (Silva, 2013, p. 614), preocupa-nos a possibilidade do exame de eventuais conflitos.

No que tange às regras, a sua estrutura, embora admita exceções, está atrelada à definitividade enquanto princípios que garantem direitos ou impõem deveres, porém *prima facie* (Silva, 2017, p. 45):

> Isso significa que, se um direito é garantido por uma norma que tenha a estrutura de uma regra, esse direito é definitivo e deverá ser realizado totalmente, caso a regra seja aplicável ao caso concreto. É claro que [...] regras podem ter - e quase sempre têm - exceções. Isso não altera o raciocínio, já que as exceções a uma regra devem ser tomadas como se fossem parte da própria regra excepcionada.

E acrescenta Silva (2017, p. 76):

> No caso dos princípios não se pode falar em realização sempre total daquilo que a norma exige. Ao contrário: em geral essa realização é apenas parcial. Isso, porque no caso dos princípios há uma diferença entre aquilo que é garantido (ou imposto) prima facie e aquilo que é garantido (ou imposto) definitivamente.

Em outros termos e complementando com Alexy (1995, p. 204), os princípios se constituem naquelas normas que possibilitam a realização de algo, na maior medida possível diante das possibilidades fáticas e jurídicas (Silva, 2017, p. 46), com uma realização em diversos graus, o que também pode ser representado como mandamentos de otimização.

Avançar no tema sobre os conflitos entre regras e princípios demanda uma marcha não perseguida por este trabalho, mas que Silva (2017, p. 51) adianta ser esse, talvez, "o ponto mais complexo e menos explorado da teoria dos princípios", cuja resposta ou está no sopesamento, em uma dimensão de peso para verificar a que deve prevalecer e o plano de validade.

Também a colisão entre os próprios princípios demanda uma incursão que não encontra solução na invalidade, mas naquilo que Silva (2017, p. 50) denomina fixação de "relações condicionadas de precedência", embora seja bastante comum que a máxima realização de um princípio seja restringida pela realização de outro, como no infindável debate sobre liberdade de impressa e proteção da privacidade, no qual não se pode afirmar existir uma exceção de um ao outro (Silva, 2017, p. 50).

Nos ensinamentos de Silva (2017, p. 50), com suporte em referência de Alexy, temos que:

> Esse conceito costuma ser expresso da seguinte forma: " (P1 **P** P2) C". Isso significa, pura e simplesmente, que nos casos de colisão entre dois princípios – P1 e P2 – o princípio P1 prevalece sobre o princípio P2 apenas nas condições daquele caso C. É possível – e provável –, contudo, que em uma situação C' seja o princípio P2 que prevaleça sobre o princípio P1, ou seja: (P2 P P1) C'. A despeito de se tratar nos dois casos, dos mesmos princípios não é possível formular, em abstrato, uma relação de precedência entre eles. Essa relação é sempre condicionada à situação concreta.

É muito provável que a ausência de diálogo sobre essa proposta de análise em valorar o custo da investigação criminal decorra não da colisão entre princípios – princípio do silêncio; princípio da eficiência; princípio da legalidade; princípio da economicidade –, mas, sim, da ausência de diálogo e da compreensão de muitos institutos, ou, ainda, da pseudointerpretação de existência de princípios absolutos, de conservadorismo, sem valorar a necessidade de uma simples subsunção no aspecto da validade, precedida da correta compreensão dos institutos jurídicos como mecanismo de identificação e alocação em cada "caixinha" do rol dos suportes fáticos dos preceitos fundamentais, em que as externalidade ainda não ocupam lugar.

Valorar o princípio da dialogicidade na investigação criminal não é sugestão ou possibilidade, mas um dever-poder que em algum momento da História será alçado a princípio constitucional expresso – ao lado do princípio da eficiência.

A maior dificuldade nesta pesquisa, após compreender a dimensão das externalidades, será identificar se existe um suporte fático abstrato, ou seja, se atos ou fatos relacionados às externalidades encontram correspondência em alguma norma e suas consequências. O propósito, além disso, é identificar como, sob a perspectiva do suporte fático concreto, o que é exercício e dever da promessa constitucional de segurança pública, o que corresponde ao direito de defesa e como se materializaram as externalidades criminais não compreendidas na culpabilidade ou protegidas pelo bem jurídico da dogmática penal.

Consideram-se fatos humanos complexos aqueles comportamentos que, além de constituir crime, manipulam, por exemplo, a investigação criminal para atribuir responsabilidade a um inocente ou provocar um gasto descomunal do Estado.

Nesse sentido, ao encontro da dialogicidade, a expansão do direito penal negocial, também como mecanismo de sopesar a condição necessidade-utilidade da ação penal. A despeito do acordo de não persecução criminal, da transação e de tantos outros mecanismos, percebe-se que esses ainda não foram pensados para limitar as externalidades.

E todos esses e outros institutos do Direito Penal Negocial estão sob risco de influência de comportamentos abusivos tanto pelo Estado – abuso de poder ou abuso de autoridade –, quanto por meio dos particulares com o abuso de direito criminal.

Por evidente, não existe hipótese de transação penal ou de acordo de não persecução com relação a um inocente. De qualquer forma, a investigação deve ser levada a efeito até mesmo para possibilitar os mecanismos negociais, como ocorre na colaboração premiada. Porém e se durante essa investigação sobrevierem externalidades? Os mecanismos negociais ainda não estão preparados para suportar tal hipótese. Quando muito, o acordo de colaboração, pelo caráter negocial, pode prever formas de ressarcimento, embora isso nunca tenha ocorrido por um único impasse: a ausência de aferição do custo da investigação criminal.

Essas externalidades se identificam com fatos humanos indesejados complexos, que exigem uma resposta ou, ao menos uma alternativa ou ponto de debate público, em busca de novas soluções, com reflexos em todos os institutos penais e processuais penais, a começar pela investigação criminal, com uma dialogicidade necessária conforme será analisado no capítulo 3.

3

INVESTIGAÇÃO CRIMINAL

A investigação criminal integra a *persecutio criminis* de primeira, cuja instrumentalização ocorrerá por meio do inquérito policial e do termo circunstanciados, sob a presidência do delegado de polícia, com a imprescindível cooperação e atuação colaborativa de todos os policiais civis e federais, analistas e demais agentes do Estado, com o propósito de apuração das infrações penais e de sua autoria, conforme preceitua o art. 4º do Código de Processo Penal (Brasil, 1941) e a Lei nº 9.099/1995 (Brasil, 1995).

Nos termos do § 1º do art. 2º da Lei nº 12.830/2013 (Brasil, 2013a), a investigação criminal objetiva a apuração das circunstâncias, da materialidade e da autoria das infrações penais.

Ensina Sannini (2021, p. 105) que a polícia exerce função essencial com duplo sentido, isto é, proteger bens jurídicos constitucionais e concretizar o respeito às normas legais:

> Conclui-se, assim, que a polícia exerce uma função essencial para a manutenção do Estado Democrático de Direito, não somente na proteção de bens jurídicos constitucionais, mas também na concretização do

respeito às normas legais, as quais ela deve submeter-se integralmente e jamais se apartar, afinal, estão umbilicalmente ligados.

Para o escopo deste estudo, além dos aspectos constitucionais e legais, compreender a investigação criminal necessariamente perpassa por uma base ética essencial, o que não se coaduna, por exemplo, com uma proposta de quesitação de legítima defesa da honra[1] em crimes de feminicídio diante da ofensa constitucional à dignidade da pessoa humana, ao direito à vida e à igualdade, bem como à vedação de discriminação.

Cuida-se, conforme apresentado, de um sistema de aplicação jurídico, funções essenciais e exclusivas do Estado e, ao mesmo tempo, de um sistema científico de gestão da investigação.

Sob a análise do Código de Processo Penal, a investigação criminal deve ser formalizada em um inquérito policial, cujos parâmetros de investigação estão estabelecidos no Título II, entre os arts. 4º ao 23, assim como as técnicas tradicionais podem ser localizadas nos demais dispositivos, a exemplo do Título VII, que trata das provas.

Contudo, o Decreto-Lei nº 3.689, que disciplina o Código de Processo Penal, é de 3 de outubro de 1941, e, desde então, a sociedade e o sistema jurídico passaram por inúmeras

1. Conforme decisão na Arguição de Descumprimento de Preceito Fundamental (ADPF) nº 779 (Brasil, 2023, p. 2), na legítima defesa, instituto técnico-jurídico amplamente amparado no direito brasileiro, a chamada "legítima defesa da honra" corresponde, na realidade, "a recurso argumentativo/retórico odioso, desumano e cruel utilizado pelas defesas de acusados de feminicídio ou agressões contra mulher para imputar às vítimas a causa de suas próprias mortes ou lesões", contribuindo imensamente para a naturalização e a perpetuação da cultura de violência contra as mulheres no Brasil. Em outros termos, esse ranço retórico, além de não encontrar guarida na Constituição Federal de 1988, ainda constitui mais um exemplo de comportamento abusivo pela defesa na investigação e na instrução processual para a de institucionalização da desigualdade entre homens e mulheres e de tolerância e naturalização da violência doméstica.

modificações, inclusive com novos cenários constitucionais, políticos, culturais, tecnológicos e econômicos, alterando, por evidente, o roteiro que a investigação criminal deve trilhar.

Nesse processo de proximidade diacrônica, em que sistemas praticamente distintos ocupam o mesmo espaço – sistema de justiça criminal de 1941 e sistema de justiça criminal posterior à Constituição Federal de 1988 –, a investigação criminal contemporânea, após superar ou recepcionar, até mesmo no olhar, o sistema jurídico vigente através da moldura constitucional, o presidente da investigação deve avançar para encontrar soluções sistêmicas e dialógicas para o enfrentamento de fenômenos criminais não presentes na década de 1940, quais sejam, da criminalidade organizada e cibernética.

Ressalte-se, no entanto, que criminalidade organizada e cibernética têm apenas um custo econômico adicional, o que, por evidente, não exclui altos custos para investigar a denominada criminalidade de massa e seus efeitos orçamentários.

Com efeito, a denominada sociedade tardia ou pós-moderna de Bauman (2001), a polarização de poder, a concentração de riqueza, o desconforto consumista e o significativo avanço tecnológico projetaram a criminalidade a um novo e impreciso ambiente criminal. Em um mundo com tais características, o roteiro previsto nos arts. 6º e 7º do CPP (Brasil, 1941) não é mais suficiente, embora continue sendo necessário à investigação criminal de novos delitos. Os processos não são excludentes, mas soluções essencialmente estanques já não bastam para o enfrentamento da criminalidade organizada, o que exige novos investimentos públicos.

Ao mesmo tempo em que é preciso incrementar a instrumentalidade constitucional da investigação criminal, revestir de garantias os sujeitos da persecução, punir eventuais abusos cometidos pelos agentes do Estado e preservar o contraditório e a ampla defesa da fase subsequente, a persecução criminal de primeira fase deve ser proporcional e suficiente ao enfrentamento dessa nova criminalidade. No entanto, apenas argumentos jurídicos, técnicas de retórica ou mesmo uso do simbolismo penal pelo gestor público não serão suficientes para uma investigação qualificada.

Portanto, a superação do positivismo exacerbado, exige-se do operador do direito e do policial, nesse ambiente de incerteza, o atuar científico e intuitivo na condução da investigação criminal e em sua instrumentalização, com as novas técnicas que oxigenam a capacidade de certeza e de segurança jurídica sempre presentes no inquérito policial, insculpido sob fundamentos de uma investigação criminal moderna e garantidora de direitos fundamentais.

Quanto ao conceito mais amplo de investigação criminal, inclui a segunda fase da persecução, pelo que decorre sua redução nos dias atuais, seja por fatores relacionados a não legitimidade do juiz criminal a desenvolver investigações no Brasil, conforme sólida e reiterada jurisprudência do Supremo Tribunal Federal, seja sob a limitação pelo sistema acusatório, concentrando, em termos de persecução, a investigação criminal, essencialmente em primeira fase e sob responsabilidade da Polícia Judiciária, ainda que em futuro muito próximo venha a dialogar com modelos de investigações defensivas.

Note-se que o operador do direito deve estar atento à dialogicidade com a investigação criminal defensiva ou acusatória, até por medida de economicidade na utilização dos ferramentais do Estado-investigação.

Ademais, sob o ponto de vista internacional, o Brasil é signatário de diversos tratados que cuidam de investigação criminal, a exemplo da Convenção das Nações Unidas contra o Crime Organizado Transnacional, denominada Convenção de Palermo, incorporada por meio do Decreto nº 5.015/2004 (Brasil, 2004). Tal documento prevê modernas técnicas investigativas, a exemplo da entrega vigiada, técnica que consiste em permitir que remessas ilícitas ou suspeitas saiam do território de um ou mais Estados, os atravessem ou neles entrem, com o conhecimento e sob o controle das suas autoridades competentes, com a finalidade de investigar infrações e identificar as pessoas envolvidas na sua prática. Esse conteúdo, inclusive, influenciou a adoção, no Brasil, da entrega vigiada na Lei de Drogas (Lei nº 11.343/2006) e da ação controlada na Lei de Crime Organizado (Lei nº 12.850/2013), importante passo para uma investigação criminal moderna, mas que não se concretiza sem comunicação.

O art. 20 da Convenção de Palermo (Brasil, 2004) incentiva a utilização de técnicas especiais de investigação, como a vigilância eletrônica ou outras formas de vigilância e as operações de infiltração, por parte das autoridades competentes no seu território, a fim de combater eficazmente a criminalidade organizada.

O Brasil, portanto, deve não somente utilizar os dispositivos modernos de investigação criminal previstos no ordenamento, como promover estudos e pesquisas científicas com a finalidade de treinar e desenvolver modernas técnicas de investigação criminal, além de fomentar inovações legislativas factíveis.

No livro "Direitos e aplicação da lei: manual de formação em direitos humanos para as forças policiais", redigido pelo Alto Comissariado das Nações Unidas para os Direitos Humanos (2021, p. 79), são princípios da investigação:

> Durante as investigações, audição de testemunhas, vítimas e suspeitos, revistas pessoais, buscas de veículos e instalações, bem como interceptação de correspondência e escutas telefônicas:
>
> - Todo indivíduo tem direito à segurança pessoal;
> - Todo indivíduo tem direito a um julgamento justo;
> - Todo indivíduo tem direito à presunção de inocência até que a sua culpa fique provada no decurso de um processo equitativo;
> - Ninguém sofrerá intromissões arbitrárias na sua vida privada, família, domicílio ou correspondência;

- Ninguém sofrerá ataques à sua honra ou reputação;
- Não será exercida qualquer pressão, física ou mental, sobre os suspeitos, testemunhas ou vítimas, a fim de obter informação;
- A tortura e outros tratamentos desumanos ou degradantes são absolutamente proibidos;
- As vítimas e testemunhas deverão ser tratadas com compaixão e consideração;
- A informação sensível deverá ser sempre tratada com cuidado e o seu caráter confidencial respeitado em todas as ocasiões;
- Ninguém será obrigado confessar-se culpado nem a testemunhas contra si próprio;
- As atividades deverão ser conduzidas em conformidade com a lei e apenas quando devidamente justificadas;
- Não serão permitidas atividades de investigação arbitrárias ou indevidamente intrusivas.

Com efeito, os princípios da investigação do Alto Comissariado das Nações Unidas devem ser considerados pelo Estado-investigação na adoção de novas técnicas. Todo o custo para suportar uma investigação criminal eficiente, tecnológica e, principalmente, constitucional deve ser suportada pelo Estado. Em nenhum momento desta obra se pensou em alternativa diferente a essa, ressalte-se, com ênfase necessária a afastar falsas compreensões do objeto de estudo e reflexão[2].

A investigação criminal, portanto, encontra sua fundamentação e delimitação, essencialmente, em tratados internacionais, na Constituição Federal, no Código de Processo Penal, em leis processuais penais extravagantes, assim como na legislação

---

2 Os gastos para a manutenção diária da propriedade privada por meio da segurança pública e de um sistema de justiça, com consequente aparelho repressivo estatal não podem ser cobrados individualmente, porque integram gastos necessários inerentes ao gestor publico que deve defender direitos sociais por meio das investigações criminais.

infraconstitucional não penal, não se permitindo que sua regulação ocorra por meio de leis estaduais.

Sob uma perspectiva dialógica, a investigação criminal recebe, ainda, influência do Código Civil; do Código de Processo Civil; da Lei de Mediação; da Lei de Improbidade Administrativa; da Consolidação das Leis do Trabalho e outras leis trabalhistas; do Código Tributário Nacional; dentre outros textos que repercutam, de alguma forma, na preservação do bem-estar da vítima, do autor do crime, na proteção da sociedade e do Estado e no esclarecimento e demonstração de materialidade e da autoria. Para o objeto deste estudo, acrescentem-se as influências orçamentárias, financeiras e econômicas com seus impactos nos custos da investigação.

Portanto, compreende-se por investigação criminal o conjunto de técnicas de raciocínio que podem ser instrumentalizadas em um procedimento administrativo em busca de uma verdade científica. Nesse sentido, Contelli (2016b, p. 21) conceitua:

> Investigação criminal consiste em um conjunto de técnicas e de raciocínio que podem ser instrumentalizados por meio de um procedimento administrativo, desenvolvidos na primeira fase da persecução criminal, composto de atos interligados que objetivam a elucidação da infração penal e a descoberta do criminoso.

Mas esse conceito é insuficiente quando despido de dialogicidade, em especial no enfrentamento da criminalidade organizada e cibernética.

Ainda, a investigação criminal tem por finalidade a formação da convicção e certeza acerca da existência do crime e do criminoso.

Sem analisar o conceito filosófico de certeza, extrai-se de Malatesta (1995, p. 153) que a investigação deve ser considerada uma ligação entre a prova concreta e uma verdade concreta:

> A prova não faz mais que refletir no espírito humano a verdade objetiva [...] Sempre que se fala de substância

> de provas, não se fala da relação da prova com a verdade abstrata ou uma verdade concreta qualquer, cuja verificação não está em vista. Não, fala-se da relação determinada da prova concreta com a verdade concreta que se queira verificar. [...] É nesta relação das provas com a verdade que se queira verificar, que assenta seu critério objetivo, destinado a classificá-las segundo sua natureza substancial.

Ilações ou meros juízos de valor não integrarão a investigação criminal científica, que busca um juízo de convicção e certeza.

A investigação criminal, porém, não é sinônimo de inquérito policial, identificado como instrumento.

Ensina Tourinho Filho (2004, p. 196), que "inquérito policial é o conjunto de diligências realizadas pela Polícia Judiciária para a apuração de uma infração penal e sua autoria, a fim de que o titular da ação penal possa ingressar em juízo".

O inquérito policial, necessariamente, será presidido pelo delegado de polícia, e as investigações decorrentes desse procedimento serão denominadas investigação criminal, embora algumas informações e conhecimentos obtidos no nesse procedimento sejam tratados em forma de conhecimento de inteligência.

3.1 INVESTIGAÇÃO CRIMINAL DIALÓGICA

Define-se investigação criminal dialógica como o conjunto de atividades de persecução penal em busca da verdade científica possível, a partir de pesquisas, investigações, aplicações de técnicas, procedimentos, interpretação do direito e gerenciamento de atividades conectadas e dialogadas não apenas com os fatos, mas também com a realidade social, com os direitos e interesses fundamentais, com o bem jurídico e com sujeitos, agentes e instituições, sem se afastar da repercussão e da análise econômica do fenômeno criminal na vida das pessoas, da coletividade e do orçamento público.

Assim como o sistema jurídico depende de fato, valor e norma, a investigação criminal dialógica não se resume ao simples uso de técnicas e pesquisa em uma busca tão somente de verdade real da autoria e da materialidade. Aqueles que se limitam exclusivamente a esse ideal estão desperdiçando dinheiro da sociedade e deixam ao lado importantes fenômenos de interesse do Direito Penal objetivo, do Direito Processual Penal e, principalmente, da ebulição dos fenômenos e fatos sociais.

Exige-se do operador do direito e do pesquisador um olhar para além da simples instrumentalidade, a fim de atingir interesses e promover a função essencial do Estado-investigação, que é a tutela à proteção de pessoas e bens, que acompanha a transformação social e mantém incólume a própria sobrevivência da sociedade, que não se curva ao obscurantismo, longe de comportamentos populistas ou de perseguição de minorias e de algum modelo de *lawfare*[3].

3. "A estratégia de guerra *lawfare* consiste em uma espécie de utilização do abuso de direito para realizar falsas acusações, prejudicar reputações, promover assédio judicial e influenciar a opinião pública com objetivo de calar o adversário, compreendido como inimigo. Pode-se compreender como o uso da investigação criminal, por meio do cumprimento formal da lei, como ferramenta de guerra para alcançar um fim político-social" (Martins; Martins; Valim, 2019, p. 24). O Projeto de Lei nº 1419, de 2022, retirada de tramitação em 19/04/2023, pelo autor, o Senador Rogério Carvalho (PT/SE), pretendia alterar as Leis nº 8.137, de 27 de dezembro de 1990, e a Lei nº 12.846, de 1º de agosto de 2013, a fim de prever medidas de combate à prática do *lawfare* no âmbito societário em prejuízo à economia e às pessoas jurídicas nacionais. Em sua justificativa, citando o Ministro Zanin, resumidamente, o autor da proposta afirma que "*lawfare* consiste no 'uso estratégico do direito para fins de deslegitimar, prejudicar ou aniquilar um inimigo'. Noutras palavras, trata-se da utilização da lei como uma sofisticada e dissimulada 'arma de guerra', criando efeitos semelhantes aos tradicionalmente almejados numa ação militar convencional, causando dano, retirando a legitimidade ou forçando o adversário a desperdiçar tempo ou recursos financeiros" (Brasil, 2022a, p. 4).

O uso da investigação criminal com um olhar apenas nos manuais, sem se atentar para a dialogicidade, pode contribuir para esses comportamentos não desejados pela sociedade e para a limitação da higidez do subsequente devido processo legal.

O formalismo exacerbado tem contribuído para que o mero cumprimento de um rol de requisitos, encadernações ou cumprimento de leis se constitua em investigação criminal, ainda que despido e distante da realidade social, da alteridade e dos compromissos para com a coletividade. Por vezes, embora excepcionalmente, revestido de comportamentos abusivos por parte dos agentes da lei ou dos investigados.

Com efeito, investigar não é cumprir um *checklist*. O trabalho de investigação vai além e exige dos agentes do Estado a escolha dialogada[4] da melhor técnica de trabalho e do gerenciamento colaborativo com todos os envolvidos no procedimento de investigação, sob pena de todo o esforço se esvair em um conjunto sem sentido de papéis ou de arquivos eletrônicos, em uma instrução processual fadada ao insucesso.

O tema diálogo – como participação – chama o pesquisador a refletir sobre a democracia e o seu futuro no Brasil, assim como exige um suporte ontológico que perpasse uma democracia em Habermas (2003) para investigar os conceitos fundamentais da teoria discursiva, o aspecto de política deliberativa, o procedimentalismo democrático, a esfera pública e a sociedade civil, sob o ângulo de uma teoria da ação comunicativa.

Para tanto, a partir da análise das virtudes ético-políticas de Aristóteles com a finalidade de tentar demonstrar que há uma relação comunitária de justificação da aproximação entre os órgãos de persecução criminal, estão a ética e a razoabilidade. O ser humano como animal político possibilita a conclusão de

4. Dialogada não é sinônimo de revelação de investigações com prejuízo ao sigilo.

que as relações de cordialidade podem coexistir na seara jurídica, em nome do bem coletivo, como forma de alcançar conclusões seguras e comunitaristas, no entanto, com respeito de atribuições e papéis no sistema jurídico.

Ademais, investigação criminal dialógica encontra relação com diálogo de fontes, democracia informada e informação para governança participativa e orçamentária.

3.2 INVESTIGAÇÃO E INTELIGÊNCIA

A investigação e a inteligência não podem ser consideradas disciplinas que não se comunicam, embora o tema em si já cause desconforto tanto no analista de inteligência quanto no cientista jurídico.

Conforme afirma Contelli (2016b, p. 22), inteligência pode ser compreendida como:

> o conjunto metódico de coleta e análise de informações destinadas a um tratamento adequado para a formação de conhecimento capaz de possibilitar ao Estado estruturar políticas públicas e estratégias administrativas.
>
> A inteligência policial visa a utilização de diagnósticos e prognósticos ao enfrentamento da criminalidade [...]

Contudo, as informações coletadas de forma multidisciplinar e interinstitucional podem possibilitar a atuação e a formação de investigações policiais quando se permite um trabalho com dialogicidade. É o que ocorre com muita frequência com a produção de inteligência financeira, inclusive com validação, pelo Supremo Tribunal Federal do uso dos relatórios de inteligência financeira (RIFs).

Esse trabalho é essencial no enfrentamento da criminalidade cibernética organizada, que neste momento clama por soluções. A despeito de operar uma rede de feição global, os pontos locais – no Brasil, as delegacias de polícia – ainda não formaram aquilo que Castells (2016) identifica como nós na rede ao citar exemplos de centros financeiros e tecnológicos. Ao menos no Brasil, ainda não desenvolvemos a contento esses nós na rede, deficiência que continua a multiplicar ainda mais os custos da investigação[5], da inteligência policial e da própria operação da economia nacional.

O recolhimento de informações ou do conhecimento obtido pelos setores de inteligência auxiliam ou inspiram o início de uma investigação, em paralelo ao que ocorre com a denúncia anônima. Evidentemente que uma denúncia anônima de forma isolada não é suficiente para a instauração de um inquérito policial, não obstante autorize o Estado-investigação a iniciar uma investigação preliminar.

De forma idêntica, o fragmento de informação ou o conhecimento obtido nos setores de inteligência das instituições, até mesmo de organizações não governamentais, pode auxiliar, indiretamente, nas investigações policiais.

Sob o atuar da dialogicidade, admite-se, de forma hígida, investigações policiais ocorrendo mesmo antes da prática do crime ou durante atos preparatórios, a exemplo do encontro fortuito de provas em interceptações telefônicas, o que quebra o dogma de que toda investigação é destinada a apurar fatos passados. Com efeito, esse paradoxo investigação-passado, inteligência-futuro, tende a se romper a partir da adoção de um modelo dialógico de investigação criminal.

Note-se que é preciso pensar as organizações criminosas como verdadeiras empresas – de fato ou irregulares –, mas

5 O projeto denominado *CyberConnect* realizado pela Polícia Civil de São Paulo tem esse duplo sentido. Formar os nós da rede a partir de delegacias Seccionais do interior e observar a economicidade na distribuição de recursos para financiar o esclarecimento de milhares de crimes cibernéticos. https://www.metropoles.com/sao-paulo/operacao-mira-grupos-que-desviaram-r-50-milhoes-em-golpes-virtuais Acesso em: 29 mar. 2024.

empresas que não se dissolvem ao término de cada inquérito policial. A divisão de individualização, momento consumativo, indiciamento como barreira de cúmulo material[6] e continuidade delitiva em nada se confundem com a estrutura completa e integral da organização, que, muitas vezes, sequer é afetada por maiores que sejam as investigações criminais relacionadas aos seus integrantes.

Não se desconhece que investigar é pesquisar e demonstrar condutas de pessoas. Contudo, a contingência da atualidade demonstra outro panorama, inserido em um limbo de atuação estatal. É nessa ambiência que crescem as organizações criminosas.

Onde não há diálogo entre instituições e agentes de Estado, sempre há uma organização criminosa para dialogar e cooptar cada vez mais pessoas, inclusive agentes corruptos do Estado e de organismos não governamentais.

As informações produzidas a partir de uma metodologia e de uma cultura de análise de custos da investigação criminal – antes de constituir um pressuposto para o escopo maior do projeto que se centra nos serviços realizados por comportamentos abusivos e suas externalidades – possibilitará que o país disponibilize informações precisas para subsidiar avaliações objetivas da situação da segurança pública do país e do desempenho das investigações criminais. Isso permitirá aos respectivos usuários a adoção de decisões baseadas em evidências, preditivas e, em consequência, a elaboração de políticas públicas, políticas

6. A permanência do tipo penal de integrar organização criminosa e a proibição de *bis in idem* que veda dupla imputação em idêntica organização cede diante do indiciamento. Ou seja, a partir do momento em que alguém é apontado pelo Estado-investigação como suposto autor de crime, novos comportamentos serão considerados um tipo penal independente daquele que prevê integrar organização criminosa, a permitir o acúmulo material de crimes, ainda que idêntico ao da organização criminosa. Conclusão contrária prestigia o abuso de direito criminal.

criminais e programas de segurança pública[7] próximos da realidade.

Os gestores de segurança pública, por não ter uma cultura, metodologia ou tradição de mensurar o custo da investigação criminal, não possibilitam aos usuários governamentais e, principalmente, à sociedade, por meio de seus representantes, estabelecer uma discussão econômica sobre os impactos das investigações e das decisões na Economia.

Imaginemos que determinado país pretenda desenvolver um mecanismo eficiente de investigação criminal levando-se em conta o movimento de migração da criminalidade que, considerando a confusão entre real e virtual (Lévy, 1999, p. 51), a exemplo dos crimes cibernéticos, tem deslocado parcela significativa de crimes para o ambiente virtual.

Imaginemos, ainda, que para o enfrentamento qualificado desses crimes se incorporem técnicas especiais de investigação e ferramentas digitais de análise de vínculo, e que, considerando a diferença entre provas tradicionais e virtuais, eles requeiram cadeia de custódia com certificação, o que exige expansão de bancos de dados e ferramentas de extração. Imaginemos, ainda, que todos esses mecanismos – atualmente básicos para qualquer tipo de investigação criminal cibernética qualificada – integrem, de maneira simplista, o texto legislativo por meio de uma lei ordinária que aperfeiçoe os crimes, o processo penal e a investigação criminal. Seguindo a lógica tradicional de aprovação de leis penais, não teremos uma análise de inteligência prévia e, até mesmo, um planejamento orçamentário[8], de maneira que eventual aprovação legislativa fará a transferência da responsabilidade ao Estado-investigação, na quase totalidade aos Estados e Distrito Federal, sem nenhum tipo de

7. Além de servir ou influenciar em indicadores internacionais de classificação de risco de crédito.

8. Leis penais não passam por um exame orçamentário aprofundado.

contrapartida orçamentária, esse um dos motivos de aprovações de leis criminais no país sem nenhum controle.

O custo da investigação, ao mesmo tempo que trará parâmetros para a doutrina, a jurisprudência e o legislador sob a perspectiva da análise econômica do direito, terá uma função acessória de limitador de leis penais de afogadilho, sem parecer algum quanto à fonte de custeio.

Por questão óbvia e técnico-jurídica, não é possível aprovar uma lei que garanta fornecimento de um determinado procedimento cirúrgico sem ao menos uma perspectiva de gastos no serviço público. Por mais falho que seja um sistema e com todas as ressalvas que se discute sobre o sistema de saúde pública[9], parece evidente que, mesmo com as limitações orçamentárias e da reserva do possível, ao menos em termos estratégicos, a autoridade de saúde pública possa projetar cenários de aplicabilidade da lei, o que não ocorre – e nunca ocorreu – no país quanto ao custo da investigação criminal.

E para realizar o teste de validade da informação acima, basta analisar a aprovação das leis penais e processuais penais das três últimas décadas. Qual foi a previsão orçamentária para aprovação da Lei de Interceptação Telefônica[10] no país? E o custo para realizar e implementar a escuta especializada e o depoimento especial[11]?

---

9. As metodologias de segurança pública têm muito a avançar com os exemplos do extraordinário sistema de saúde pública brasileiro. A falha que o sistema de segurança pública do país tem encontra a maioria das suas soluções olhando com outra perspectiva ao Sistema Único de Saúde (SUS) no Brasil.

10. Lei nº 9.296/1996, que trata das interceptações telefônicas, técnica investigativa que regulamenta o inciso XII, parte final, do art. 5º da Constituição Federal (Brasil, 1996).

11. Lei nº 13.431, de 4 de abril de 2017, que estabelece o sistema de garantia de direitos da criança e do adolescente vítima ou testemunha de violência e altera a Lei nº 8.069/1990 (Estatuto da Criança e do Adolescente) (Brasil, 2017a).

Note-se que essa não é tão somente uma análise de limitação, mas de avaliação de custos para que a sociedade possa cobrar políticas públicas e investimentos em investigação criminal. É muito comum a sociedade civil cobrar de forma individualizada o esclarecimento de um crime, mas raro é o levante público para perguntar, ora, mas quanto este estado-membro ou Distrito Federal aplicou em orçamento destinado para a investigação criminal[12].

Considere agora que um analista e gestor de inteligência de outro país fosse contratado hoje para produzir prognósticos de segurança pública brasileira perante o Ministério de Justiça e de Segurança Pública. Na primeira semana de trabalho, ele solicita dados – básicos – sobre a quantidade de crime organizado, homicídios praticados por integrantes de organizações criminosas e o investimento, nos últimos cinco anos, em investigação criminal, incluindo as técnicas de colaboração premiada e escuta ambiental. O mesmo técnico, caso contratado para resolver problemas cardíacos, se realizar a mesma pergunta sobre a quantidade de cirurgias e custo, até mesmo unitário, receberá a resposta talvez em minutos. Por que dois temas tão sensíveis e integrantes de direitos fundamentais – saúde e segurança pública, no recorte investigação criminal – recebem tratamento tão díspares?

A resposta para todas essas perguntas é muito simples. O país não tem a tradição ou mesmo a metodologia de análise de custos da investigação criminal. Isso possibilita a aprovação imediata de qualquer lei penal e processual penal, sem um estudo orçamentário sobre o custo da investigação, e tudo aquilo que não é aferido de maneira unitária, consequentemente, não possibilita a formação de cenários de inteligência mais abrangentes.

12. A pergunta não se refere ao orçamento global da segurança pública.

Existe uma lacuna na inteligência de segurança pública brasileira que precisa e pode ser alterada a curto prazo, com a implantação da análise sobre custos básicos. Ainda que com todas as dificuldades de um cálculo preciso, necessitamos, ao menos, de diretrizes ou luzes para direcionar o usuário da segurança pública no país[13].

3.3 A INSTRUMENTALIDADE DA INVESTIGAÇÃO E O CONTROLE ÉTICO A PARTIR DA ECONOMIA E DA INVESTIGAÇÃO CRIMINAL DIALÓGICA

Tradicionalmente, a investigação criminal decorre da adoção das orientações descritas no art. 6º do Código de Processo Penal (Brasil, 1941) e nos demais dispositivos de produção probatória cujas atividades são desenvolvidas pela autoridade policial após o conhecimento da infração penal. Tais providências podem consistir em análise dactiloscópica, adoção das dinâmicas de campanas, medidas invasivas de intervenção em domicílio, em contas bancárias ou em sigilo telefônico, dentre outras. Em decorrência do sistema penal e constitucional de garantias, a infração criminal deve ser certa, determinada, e observar o princípio da anterioridade e o princípio da taxatividade da norma incriminadora (*nullum crimen nulla poena sine lege stricta*); assim como os tipos penais, mesmo os de condutas abertas, devem ser precisos, não se admitindo interpretação analógica em desfavor do réu.

Quanto à investigação, embora se exija um fato determinado ou determinável e uma individualização, a forma de

13. Idêntico impacto aos estados da Federação é possível verificar ao se analisar os custos econômicos da criminalidade, conforme publicação da Secretaria Especial de Assuntos Estratégicos da Presidência da República (Brasil, 2018, p. 9): "Os custos econômicos da criminalidade recaem desproporcionalmente sobre as Unidades da Federação (UFs) que têm níveis de renda mais baixos".

raciocínio ou suas técnicas são complexas. Isso porque, a depender do suporte ou do instrumento utilizado como *modus operandi*, infindáveis meios podem ser empregados para se alcançar os objetivos da investigação, cabendo, nesse ponto, a atuação perspicaz e disciplinada do agente do Estado (investigador) em busca dos meios mais eficazes à elucidação da infração criminal.

Nesse caminhar, o utilitarismo encontra limite exatamente na manutenção da higidez probatória, com observância rigorosa da cadeia de custódia, dos direitos fundamentais e, em algum aspecto, no princípio da economicidade[14], pois nem tudo o que é possível factualmente é permitido no que tange ao aspecto orçamentário[15].

Dessa forma, serão citados apenas como exemplos algumas espécies de investigações policiais utilizadas rotineiramente, com a ressalva de que o objeto de estudo está centralizado na investigação criminal e sua dialogicidade com o sistema de justiça criminal, controle ético e com os custos do direito e da investigação criminal.

Seguindo esse critério, considera-se que coleta e análises de exame de DNA é uma técnica básica de investigação, porquanto realizadas há algumas décadas. Com efeito, e seguindo tal critério, compõem o rol de técnicas básicas de investigação criminal: interceptação telefônica; uso de informantes; reconstituição; coleta de vestígios, indícios e oitiva das partes na maioria dos crimes; técnicas de interrogatório; confronto balístico; exames toxicológicos rotineiros; a quebra de sigilo fiscal e bancário, dentre outros.

---

14. Necessário que o princípio da economicidade se comunique com o da obrigatoriedade, presente na investigação criminal.

15. A análise baseada no princípio da obrigatoriedade leva à conclusão diversa, até porque não se analisam valores econômicos.

Antes de ingressar no item seguinte, importante notar que as modernas técnicas de investigação funcionam em patamar de complementaridade, na medida em que as técnicas tradicionais podem ser mais eficazes, a depender do caso concreto, e que muitas delas, a despeito de incorporadas há anos no ordenamento jurídico, ainda não foram perfeitamente compreendidas, tratadas e adotadas. Como exemplo, a imprescindível técnica de recognição visuográfica de local de crime, em que os agentes da investigação, sem substituir o papel pericial, recolhem informações valiosas à investigação criminal, informações estas que não são recolhidas pelos peritos, não por falta de capacidade, mas por ausência de conhecimento sistêmico da investigação.

Atualmente, desponta no estado de São Paulo importante trabalho desenvolvido por agentes do Instituto de Identificação Ricardo Gumbleton Daunt (IIRGD) na coleta, tratamento e análise de fragmento dactilar em confronto científico com os bancos de dados da Polícia Civil daquele estado, exemplo de dialogicidade e superação de entraves que o olhar binário não consegue superar. O mesmo tem ocorrido na não compreensão do significado da coleta do depoimento especial perante a autoridade policial e o Poder Judiciário.

Nesse aspecto, o Brasil terá que avançar muito para alcançar um agir comunicativo entre os agentes de diversas instituições. Com efeito, experiências de consenso e técnicas dialógicas resultam em efeitos extraordinários em investigações, afinal, os autores da persecução fragmentada devem unir esforços em torno da incorporação do modelo dialógico de administração pública.

O reconhecimento facial, a despeito de toda resistência aos algoritmos, que não passa de simples técnica de inteligência policial, tem auxiliado no esclarecimento diário de crimes e na localização de pessoas e, complementado por técnicas tradicionais, reduz significativamente o custo da investigação, com resultados obtidos de forma não invasiva.

Além da análise individualizada de técnicas de investigação, importante compreender que a investigação policial tem ainda funções reparatórias, confiscatórias e tributárias, tema que será debatido em trabalho a parte a esta pesquisa.

O certo é que a sociedade moderna, inserida em um ambiente de incerteza e de avanço tecnológico, posiciona o Estado-investigação diante de uma multiplicidade de infrações criminais, o que exige dos agentes públicos uma abertura metodológica nas técnicas de investigação e de tratamento da informação obtida, com a finalidade de alcançar a excelência da persecução criminal da atualidade.

Os crimes, em sua maioria, são os mesmos ao longo da história, o que muda é o suporte ou o instrumento por meio da qual é realizada a prática criminosa. Assim sendo, o sistema de justiça criminal deve dialogar com os novos mecanismos de análise e soluções de crimes, no mundo real, virtual ou em plataformas de metaverso. Não importa onde o crime ocorra, seja em uma ilha, seja no espaço, o Estado-investigação deve inserir recursos tecnológicos, humanos e financeiros para alcançar a verdade e garantir a proteção aos indivíduos.

Nesse aspecto, cita-se o exemplo das interceptações telefônicas, que são realizadas há décadas. Acontecimentos relacionados a investigações divulgadas pela mídia, contudo, provocam uma sensível redução no fluxo de conversações entre investigados, especialmente aquelas de interesse à investigação criminal, o que, por evidente, além de interferir na eficiência da técnica, impacta os custos ao se optar por outros mecanismos de levantamento de sigilo.

Dessa forma, e considerando as novas ferramentas de informática à disposição dos criminosos, são necessárias constantes interceptações, em particular de telemática, a fim de alcançar a infinidade de redes sociais e mecanismos de troca de mensagens, alguns considerados refratários às ordens judiciais, como *sites* de fornecimento de *e-mail*, cujos provedores estão em diversas partes do mundo e alguns adotam a política de não fornecimento de informações às autoridades constituídas.

Superando essa defasagem das interceptações telefônicas, a interceptação telemática em mecanismos de redes sociais e comunicadores de troca de mensagens tem retornado resultados favoráveis às investigações, até mesmo com a recuperação de informações mais importantes, diante da possiblidade de acesso ao arquivo passado e histórico de conversas entre os usuários.

Portanto, modernas técnicas de investigação podem decorrer tanto do surgimento de uma nova ferramenta de pesquisa, da forma de organização e apresentação da informação processada, assim como pela alteração de raciocínio do investigador em busca de uma informação alocada em uma técnica antiga de investigação.

Assim como o investigado recebeu nova roupagem na persecução criminal, deixando a posição de objeto de investigação para sujeito de direitos, a preocupação com as novas técnicas não se circunscreve, tão somente, à ferramenta disponibilizada, mas encontra centralidade na figura indispensável do pesquisador, compreendido neste trabalho como o investigador ou, no patamar de Polícia Judiciária, investigador de polícia, agente de polícia federal ou inspetor de polícia civil.

Nessa ciência investigativa, para além dos protocolos de atuação, o mais peculiar e cativante é que não existe uma forma especial para a investigação, daí a necessidade premente de constante diálogo entre investigador e fontes de informações, seja por meio de outros policiais, outras agências ou com empresas que detenham o conteúdo. Mas, observe-se, que o simples modelo de requisitar dados e de formular quesitos sem dialogar está fadado ao insucesso investigativo.

Esse mimetismo kafkiano ao qual é submetido o sistema de justiça criminal em todos os países não poderá prosperar sem a inserção da análise do custo da investigação criminal, ainda que para valorar e auditar o trabalho da Polícia Judiciária, e dosar e repercutir na culpabilidade quando da dosimetria da pena[16] ou na revelação de mecanismos fora do Direito Penal a solucionar esse problema.

Investigar é preciso. Pensar o custo da investigação, ainda um não assunto, pode ser preciso.

E, conforme analisado, a investigação criminal nem sempre resulta na instauração de um inquérito policial, e isso pode ocorrer por diversos fatores, inclusive pela certeza da não ocorrência de fato criminal.

Informações captadas pelo disque-denúncia não raro são inconsistentes e, a despeito da investigação criminal preliminar custosa, verifica-se que não há fato típico ou que o crime efetivamente não ocorreu. Mas essas milhares de ordens de serviços e de prestação de serviço público sigiloso acabam não sendo contabilizadas em termos econômicos.

Contudo, existindo elementos mínimos da infração criminal, desde que o crime não seja de menor potencial ofensivo ou dependa do preenchimento de condição de procedibilidade, existe o dever de instauração do inquérito policial. E, nesse caso, as investigações serão anexadas após a formalização aos autos, sob pena de responsabilidade criminal e funcional da autoridade policial, a teor do § 12, do art. 7º, introduzido pela Lei nº 13.245/2016 (Brasil, 2016a) ao Estatuto da Ordem dos Advogados do Brasil.

Com efeito, em complemento à Súmula Vinculante 14 do STF[17], o legislador ordinário inseriu dispositivo que exige que as investigações formalizadas sejam incluídas ao procedimento

16. Alguns países, como o Brasil, não admitem essa valoração no que tange às denominadas externalidades indiretas.

17. "É direito do defensor, no interesse do representado, ter acesso amplo aos elementos de prova que, já documentados em procedimento investigatório realizado por órgão com competência de polícia judiciária, digam respeito ao exercício do direito de defesa" (Brasil, 2009).

legítimo de investigações, de onde não poderão ser extraídas, sob pena.

Com isso, o único instrumento de persecução criminal administrativo no Brasil que dialoga com a comunidade e é submetido a diversas instâncias de controle, inclusive popular e pode ser valorado sob enfoque econômico, é o inquérito policial e o termo circunstanciado, sua simplificação.

Dessa maneira, a formalização das investigações por meio de inquérito policial, do qual não podem ser extraídas cópias ou substituídas, passa a integrar direito do advogado, do investigado e da acusação, assim como consubstancia segurança jurídica às investigações criminais.

Outros procedimentos produzidos pelos interessados na instrução – acusação e defesa – não têm o mesmo compromisso para com a dialogicidade e com a economicidade, pois seus objetivos são unidirecionais. Quando o advogado descarta a investigação defensiva ou quando o promotor de justiça arquiva seus procedimentos, isso em nada interfere no sistema, já que se constituem em peças de interesse e de posição exclusivas de um dos lados, cujos custos nunca são revelados.

O inquérito policial e o termo circunstanciado, por seu turno, são preservadores e preparatórios, por isso não são simplesmente dispensáveis como os demais procedimentos.

Assim como a instrumentalidade do processo proposta por Dinamarco (2003), a investigação criminal não deve se preocupar tão somente com o escopo jurídico, mas também com as dimensões sociais e políticas. Pelo recorte epistemológico deste trabalho, assim, a investigação criminal deve incluir a análise econômica[18].

18. A economicidade não pode ditar o rumo das investigações, no entanto, esse fator deve ser levado em consideração pelos diversos integrantes do sistema de justiça criminal sob pena de um esvaziamento de recursos públicos e surgimento de distorções no sistema jurídico como parece ocorrer com

Mas a instrumentalidade busca a otimização do sistema ou da efetividade da investigação criminal.

O tempo constitui grande obstáculo à obtenção das expectativas dos interessados e, especificamente, no processo criminal o tempo pode, inclusive, produzir espetáculos de autotutela.

Há uma dialogicidade tempo-espaço que não pode passar despercebida pelo pesquisador. De fato, é necessário que a efetividade do processo não ocorra apenas no acesso a ele, mas que alcance outras dimensões, inclusive a teleológica e a instrumental de todo o discurso, como adverte Dinamarco (2003, p. 372):

> O que se impõe, portanto, é um novo "método de pensamento" a ser perenemente aplicado na interpretação dos textos, dos casos particulares e do sistema processual em si mesmo. Superada a fase "conceitual" do direito processual civil e não mais sendo objeto de preocupações a sua autonomia nem prevalecendo a visão interna do sistema, cada vez mais nítida se torna a necessidade de encarar o processo de uma perspectiva teleológica, instrumentalista, com o reconhecimento de sua importantíssima missão perante a sociedade e as suas instituições políticas. E, com essa preocupação, a mensagem que o presente estudo contém é, em síntese, a da justiça, da pacificação, da liberdade e da participação democrática através dessa instrumentação que a técnica do direito põe à disposição dos indivíduos e dos agentes do poder.

É certo, porém, que o desejo de otimização e de efetividade da investigação criminal encontra limites exatamente no risco de violação instrumental a direitos e garantias fundamentais, tais como liberdade, intimidade e privacidade. Disso decorre que a instrumentalidade do processo penal é mais acentuada que no processo civil (Lopes Jr., 2015, p. 53).

---

a seletividade e a necessidade de o legislador editar leis penais simbólicas que escondam as deficiências orçamentárias.

Com efeito, a investigação criminal de simples resultados deve retroceder um passo para avaliar os custos jurídicos e sociais, com um controle ético a partir da investigação criminal dialógica, sem se afastar do olhar às posturas de *compliance* dos demais interessados em termos de persecução, processuais, de direito material – civil, penal, trabalhista ou tributário – e, principalmente, dos interesses e das pautas econômicas que ditam o atuar, por exemplo, de instituições financeiras e provedores de aplicação.

Pensar em uma investigação criminal tradicional, conforme demonstrado, é satisfazer-se com o simples esclarecimento do binômio materialidade-autoria. O dialogar da investigação criminal proposta neste trabalho consiste em repercutir os efeitos da investigação em diversas áreas, seja da própria Administração Pública, impondo condutas ao administrador, seja modificando processos de empresas eventualmente utilizadas na prática criminosa, interferindo no processo de controle ético.

Esse alcance da investigação criminal deve ocorrer não como uma via de mão única, mas em uma multiplicidade de possibilidades de acesso a partir da notificação da empresa, inclusive para futura análise de direito material quanto ao instituto, que passaremos a denominar exasperação do dolo[19].

Com efeito, quando a dialogicidade de uma investigação alcança uma empresa, novas infrações criminais doravante perpetradas podem estar sujeitas a um novo olhar investigativo, dessa vez podendo alcançar o tormentoso tema de direito material que consiste na demonstração interna do dolo ou da decisão de delinquir. Dessa forma, conformidade de condutas não pode servir como simples ajustamento de posturas éticas de

19. A exasperação do dolo proposta pela investigação criminal dialógica tem a finalidade de modelar e compreender a estruturação do comportamento penal e não penal.

uma empresa, um *slogan*, sem sentido técnico-jurídico algum ou de nenhuma repercussão à sociedade, senão de *marketing*.

Para a investigação criminal dialógica, a conformidade interfere na demonstração de novos tipos penais e pode constituir parte integrante de novas investigações criminais, em que empresas, não somente relacionadas a autores de crimes, mas também a vítimas de crimes – como instituições financeiras e suas reiterações de recusas de dados – se encontram em um novo patamar de pressuposição de condutas lesivas ou contraditórias às regras de *compliance* ou de orientações correspectivas expedidas pelo Estado quando da conclusão de inquéritos policiais.

E se multiplicam os exemplos de repercussão das conclusões de inquéritos policiais na postura de pessoas e de empresas, a exemplo, a comunicação para suspensão de porte de armas de pessoas relacionadas a ameaças no contexto de violência doméstica, com a ressalva de que eventual descumprimento pode levar o notificado a ser submetido a um procedimento de análise de dolo ou culpa tanto quanto ao crime como com relação a eventual ressarcimento civil ou fiscal com relação aos custos das investigações. Idêntico raciocínio é aplicado nas investigações tecnológicas, diante do comportamento abusivo de algumas instituições financeiras que operam no país.

3.4 REPERCUSSÕES E MULTIDISCIPLINARIDADE INVESTIGATIVA

A investigação criminal no Brasil integra a persecução criminal eficiente como uma das obrigações prestacionais do Estado diante da promessa constitucional de segurança pública, um direito fundamental. Embora não corresponda a esfera pública, correlato a Habermas (2003), exige-se sim dos agentes públicos a compreensão de que a investigação não está na zona de disponibilidade individual do pesquisador (investigador), de modo que, em se tratando de esfera pública, o Estado não pode permanecer inerte diante da possibilidade investigativa ou mesmo do exemplo comunicativo. Ao passo que desencadeada a investigação, sigilosa e de reduzida participação de todas as partes, o conhecimento obtido não pertence ao investigador, mas ao Estado como detentor do direito subjetivo e, em consequência, à sociedade, porquanto financiada com recursos públicos.

Idêntica conclusão é obtida quanto ao produto do conhecimento em inteligência de segurança pública, cujas informações não podem consistir – sob pena de violação de princípios da Administração Pública – em depósito ou conjunto de dossiês de uma ou outra instituição para usos até mesmo espúrios ou para seleção de alvos. Exige-se, portanto, senso de responsabilidade não somente na retenção do conhecimento produzido ou das omissões estatais que podem resultar em mortes, mas também na sua utilização, para que não ocorra de forma inadequada ou com propósitos diversos aos objetivos propostos.

Colaciona-se ao estudo, portanto, consequências concomitantes à persecução criminal, as quais o pesquisador deve estar atento, inclusive com possibilidade de alterações econômicas, como variação de bolsa de valores em decorrência do vazamento de informações da investigação criminal.

Pensar a investigação criminal não como simples sistema jurídico fechado ou como aplicação metódica e científica do conceito de investigação é o objetivo da investigação criminal dialógica, conceito que se pretende consolidar com a comunicação entre processo penal e direito material, Direito Tributário, Direito Administrativo, Economia e com os impactos sociais e financeiros, na linha do que foi defendido em 2015, em evento ocorrido na Espanha, com consequente publicação do capítulo "Teoria da ação de direito material no processo penal e a proteção eficiente da vítima" (Contelli; Costa, 2015).

Tanto a esfera pública em que é tratada de forma legislativa a investigação criminal no Brasil, com previsão de técnicas e de medidas cautelares, assim como a realização, em concreto, das investigações criminais estão relacionadas a um agir comunicativo, que exigem pautas dialógicas entre as instituições, de forma multidisciplinar, em nome do esclarecimento, punição adequada dos delitos, alcance da verdade e da justiça, com a respectiva absolvição, se for o caso.

Nesse sentido, Arteiro (2012, p. 56) assevera que:

> Fundando-se nas concepções definidas por Habermas, acerca da esfera pública de discurso e consenso, como estrutura subjacente para o exercício do agir comunicativo, é cabível a transposição de tais reflexões filosóficas para apresentar soluções à sofrível e opressiva realidade investigatória brasileira na atualidade. O aludido referencial teórico permite uma reinterpretação da atividade investigatória em moldes amplamente democráticos e legítimos com a finalidade de solucionar os graves problemas acima enunciados com resguardo dos direitos fundamentais das pessoas, sobretudo, naqueles contextos que denotam um perfil de atuação autoritária com apego aos ultrapassados dogmas fascistas. Referido modelo filosófico atenderá ainda à superação da ineficiência instrumental para a apuração de crimes de alta complexidade técnica, com inserção da doutrina do agir comunicativo nos diálogos institucionais entre os mais variados órgãos públicos capazes de colaborar de forma multidisciplinar com o esclarecimento e a punição adequada dos delitos.

Dessa forma, as investigações policiais devem encontrar espaço dialógico entre as autoridades investigatórias, servindo como um fluxo de informações entre todos os interessados, a fim de imprimir racionalidade nas decisões de investigação, nas manifestações de investigação defensiva ou acusatória e em seus respectivos gastos públicos abusivos. Dessa maneira, o excesso de poder estatal e o comportamento abusivo privado podem interferir no contexto da comunicação social.

Nesse sentido, conforme Contelli (2016b, p. 28):

> Não é factível que o investigado, também inserido no agir comunicacional encontre espaço para participação democrática na investigação, enquanto os próprios detentores da informação atuem de forma autoritária ou burocrática. Todos têm o dever de dialogar.

A investigação criminal, por ser exercida pelas instituições públicas Polícia Civil e Polícia Federal, deve estar inserida no conceito de administração pública dialógica, inexistindo espaço para atuações individuais. Ainda que se pense em sigilo e ausência de contraditório no inquérito policial, é necessário considerar que estaremos diante não de uma ausência, mas de um verdadeiro contraditório diferido, em que a luz sempre há de prevalecer em nome da transparência das relações e dos interesses públicos tratados na investigação criminal.

Ainda que *sui generis* e com restrições e sigilos, sob o ponto de vista do custo da investigação, o caderno investigativo deve ser visto também como uma espécie de prestação de contas contábeis e fiscais a interessar, no momento devido, a Corte de Contas.

3.5 INVESTIGAÇÃO CRIMINAL COLABORATIVA E CONSEQUÊNCIAS DO DIÁLOGO INTERDISCIPLINAR

Espera-se, como consequência primeira das investigações, o desvelamento da autoria e a obtenção de consistentes elementos ou provas da materialidade da infração penal, possibilitando um tranquilo acesso à justiça, com a judicialização do conflito, provas e elementos de convicção e certeza para o exercício da função jurisdicional e a justa emissão de comando condenatório ou absolutório.

Mas o inquérito policial exerce diversas outras funções (Contelli, 2016b, p. 28):

> [...] a investigação criminal e, por conseguinte, o Inquérito Policial, exercem funções além da persecução, em evidente reflexo político. Não no sentido político partidário, mas como corolário de fornecimento de importantes informações que possibilitam a adoção de políticas públicas, em decorrência das informações produzidas e processadas na investigação criminal. No mesmo sentido, a investigação criminal tem o condão de revelar até mesmo uma repercussão econômica. Algumas empresas, submetidas a investigações policiais da denominada operação Lava Jato entraram em decadência com a descoberta dos crimes perpetrados, com consequências negativas aos acionistas e a sociedade, porquanto, são as empresas que produzem riquezas e geram emprego e renda a significativa parcela da população. Dessa forma, além de pensar em técnicas de investigação voltadas ao autor do fato, mister a adoção de técnicas que promovam a individualização da conduta da pessoa física, na medida da sua culpabilidade, ao mesmo tempo em que penaliza o empreendimento empresarial e sempre que possível, afastadas as hipóteses de empresa voltada exclusivamente ao crime, reinsira o empreendimento no mercado econômico em nome do interesse da própria sociedade.

Com efeito, na Lei nº 12.846, de 1º de agosto de 2013 (Brasil, 2013b), que tratou da responsabilização civil e administrativa das pessoas jurídicas, existe independência da responsabilidade dos dirigentes. De forma semelhante, nos eventos relacionados ao meio ambiente, pode-se pensar, inclusive, em uma investigação criminal pautada na demonstração da atuação empresarial, especialmente depois da decisão do Supremo Tribunal Federal no Recurso Extraordinário (RE) nº 548.181 Paraná (Brasil, 2013g) ao flexibilizar a aplicação da teoria da dupla imputação.

Como o exercício do monopólio do Estado desenvolve, em regra, investigações criminais para responsabilização pessoal dos dirigentes de empresas por atos criminosos perpetrados em detrimento da Administração Pública, surge a necessidade de o Estado-investigação atentar que o resultado da *persecutio criminis* pode provocar consequências, inclusive em âmbito de prova emprestada, ao empreendimento empresarial, com provas que podem ser utilizadas no processo de responsabilização civil, em acordo de leniência ou até mesmo em processo falimentar.

Deve-se considerar uma necessária dialogicidade entre colaboração premiada e possíveis avanços para a colaboração com acordos de leniência.

Da mesma forma, tem-se como novas técnicas de investigação no modelo de dialogicidade, o fluxo e a troca de conhecimento com o Ministério Público, com a Controladoria-Geral da União e, em âmbito estadual ou municipal, com as Procuradorias e Cortes de Contas, em novas e modernas investigações de cunho econômico-empresarial.

Ademais, a dialogicidade da investigação criminal importa na possibilidade de participação de um maior número de pessoas nas instâncias de poder, o que, de alguma forma, pode ser visto como maior participação popular nas instâncias de poder. Isso se dá, principalmente, com o manejo do direito penal negocial na investigação criminal, uma tendência sem possibilidade de retrocesso, o que ocorre sempre que possível e dentro dos limites legais e constitucionais e observadas as características do processo penal brasileiro.

A partir da consideração de um Estado Democrático de Direito, a participação popular expande os limites da democracia como direito fundamental. Com efeito, o conteúdo jurídico da democracia é apresentado como próprio direito fundamental, na lição de Alves (2013, p. 25):

> Por isso, a democracia na contemporaneidade assume a dupla função de legitimar constitucionalmente os direitos fundamentais, na medida em que ela se identifica com a própria substância da Constituição e do Estado (democrático) de direito, e de constituir-se em direito fundamental, já que a maioria dos sistemas

> constitucionais ocidentais contemporâneos prevê expressamente formas de participação popular para além dos mecanismos clássicos de representação política.

Quanto à participação da vítima e do investigado na persecução Contelli (2016a, p. 40) destaca que:

> Portanto, torna-se imprescindível na persecução criminal a efetiva participação do imputado e da vítima na compreensão significativa de suas ações, pois o resultado de eventual sentença condenatória ou absolutória refletirá diretamente em seus interesses. Como o processo penal pode servir à imposição de mandamento condenatório de restrição da liberdade, a participação informada das partes recebe contornos que suplantam o exercício de ampla defesa e contraditório, resgatando o ser da condição de minoridade infantil e da submissão ao controle, para um projeto de sujeito da política.

Ademais, reafirma-se, sob a perspectiva de participação popular, que é imprescindível possibilitar verdadeiras formas de acesso ao direito e à justiça, ampliando as possibilidades comunicativas do processo penal. Portanto, democracia não se alcança em estruturas fechadas e essencialmente institucionalizadas, mas diante da efetiva participação informada dos indivíduos prejudicados. Assim se expressa Aguiar (2000, p. 317):

> Democracia não significa participação em sistemas piramidais necessariamente institucionalizados ou em vetores controlados hierarquicamente. Democracia é informalidade, é movimentação social, é rede que se bifurca em cada instante, levando mensagens, transformando textos e contextos, criando identidades, forçando as portas, unindo e desunindo, tecendo e descosturando, vislumbrando outros horizontes e dando aos antigos outras significações, urdindo novos valores, empurrando os lentos, sensibilizando os apáticos, dando carne aos que não a têm, espírito aos que se assumem como ocos, desregrando os poderes e construindo antipoderes, indo ainda mais longe, vislumbrando

> novas práticas democráticas de não-poder. Democracia é o caos participativo a caminho do não-poder e do reconhecimento do outro como igualdade e diferença. Democracia é o universo das práticas de liberdade que se manifesta por via de uma rede anárquica que parece ser controlada pelas instituições formais, mas que escapa a esse controle e vai fazendo surgir os novos seres humanos e as novas formas de relação entre eles.

Conforme Bitencourt (2009, p. 237), pode estar surgindo uma nova e promissora teoria geral do delito, fundamentada na análise da teoria da ação comunicativa de Habermas.

Enquanto isso, no aspecto processual penal, é possível, independentemente de alteração legislativa, a mudança do paradigma conflituoso, de conceito ontológico, para a humanização do processo pelo diálogo, com consequente aproximação da justiça material, expressão do caráter finalista do Direito Penal, identificado como proteção eficiente dos bens jurídicos fundamentais, alicerce da sobrevivência da ordem jurídica.

Nessa linha dialógica, em alguns aspectos também consensual, o operador do direito deve estar atento aos novos influxos que acompanham a justiça negocial e suas repercussões nas investigações policiais.

Como mecanismo de consenso, cite-se como exemplo de aplicação de justiça negocial no sistema jurídico brasileiro, às atividades desenvolvidas atualmente em 54 Núcleos Especiais Criminais (NECRIMs) vinculados à Polícia Civil do Estado de São Paulo, com evidentes consequências que vão ao encontro das expectativas de uma investigação criminal dialógica, do sistema de justiça criminal e atendem, sobremaneira, à coletividade.

Nesse caminhar, observa-se o avanço dos acordos de colaboração premiada, outro mecanismo em que a dialogicidade do sistema é testada, abrindo frentes de trabalho a partir da colaboração. Essa atividade, além da dialogicidade do próprio acordo, importa em uma dialogicidade entre a atividade científica de investigação na busca de provas e de elementos de informações que confirmem a colaboração.

Mas, importa observar, as atividades de colaboração premiada não constituem mecanismos isolados no Brasil, mas uma tendência global de simplificação do sistema que traz economicidade e dialogicidade. Existe, desse modo, uma tendência mundial e uma exigência de adoção de medidas negociais e consensuais para a resolução de conflitos criminais.

O avanço do direito penal negocial, além de constituir uma saída inevitável para a sobrecarga de processos e inquéritos policiais, representa o exercício da dialogicidade e deve ser compreendido como mecanismo de produção da verdadeira justiça; verdadeiro acesso à justiça e fator de economia.

No modelo de administração pública dialógica definida por Lima (2013), há a necessidade de uma efetiva participação popular em decorrência do exercício da democracia, com a população acessando e se comunicando com as instâncias de poder.

Ao mesmo tempo em que se exige do Estado-investigação um dever de atuação ética e de proteção de direitos fundamentais, espera-se dos demais atores que observem a lógica do sistema e dentro de suas perspectivas – nem sempre éticas – que, ao menos, não abusem do direito, sob alguma pena ou possibilidade de responsabilização.

Por outro lado, diante de uma exigência de diálogo entre Administração Pública e cidadão, com maior razão é necessário um diálogo interinstitucional, desprovido de quaisquer vaidades, preciosismos ou interesses pessoais, em que os agentes de investigação dialoguem com o fim de atingir o objetivo comum que é a proteção eficiente da sociedade. Assim, o Estado-investigação deve estar inserido neste agir comunicativo e colaborativo.

A investigação criminal colaborativa, uma decorrência da investigação criminal dialógica, constitui não somente uma possibilidade, mas um dever-poder de atuação em nome da efetividade do direito fundamental de segurança pública e de preservação eficiente dos bens jurídicos violados, aproximando para o feixe do inquérito policial todos os interessados na persecução. Esse atuar possibilita a busca do equilíbrio, imprescindível a sobrevivência do sistema acusatório.

3.6 O POSSÍVEL DIÁLOGO ENTRE DIREITO PENAL E CIVIL: ANÁLISE ECONÔMICA DO DIREITO E INVESTIGAÇÃO CRIMINAL

A análise econômica do direito, instrumento de justiça social, consiste em reconstruir a forma de pensar, de compartilhar consequências interdisciplinares e de auxiliar a compreensão do Direito a partir da Economia. Por outro recorte, o direito penal econômico parece mecanismo essencial para entender a criminalidade organizada e o criminoso que atua na justificação de decisões racionais para a prática criminosa. Com efeito, é preciso compreender que razões econômicas que levam à criminalidade não raro podem ser contidas com medidas efetivas de persecução criminal, ainda que sem o procedimento de judicialização.

Quando se analisam a criminalidade de massa e a criminalidade organizada, percebe-se que na maioria dos crimes, em especial nos patrimoniais, a decisão de praticá-los se baseia no fato de que o sujeito considera que perpetrará o delito se acreditar que a sanção esperada for inferior às vantagens privadas esperadas com a realização do ato, o que se aproxima da teoria criminológica do comportamento racional[20], critério adotado, pelo menos, para a delinquência econômica.

20 A teoria do abuso do direito criminal e a análise das externalidades objetiva desencorajar o comportamento criminoso. O modelo atual de ausência de responsabilidade por comportamentos abusivos pelo investigado destoa da lógica de prevenção do crime, em que na racionalidade do crime, o investigado opta pelo custo-benefício ao identificar que os riscos (abusos do

No enfrentamento desse tipo de criminalidade, a compreensão da investigação criminal através da lente da Economia, assim como a visualização da realidade social a partir da repercussão econômica para a vítima e para o autor do delito são essenciais para o direcionamento das medidas cautelares.

O investigador deve estar ciente de que a investigação criminal, no patamar de dialogicidade, não é uma simples busca de autoria e de materialidade. Na verdade, existe um compromisso social, uma promessa do Estado para com a sociedade. Mas para a simples medida de ressarcimento, muitas vezes as respostas estão dentro da investigação ou são alcançadas a partir das investigações criminais, desde que provocadas.

O pensar os reflexos patrimoniais exteriores aos delitos constitui, por certo, mais um exemplo de aplicação, na prática, de uma dialogicidade – entre direito material e direito processual penal –, considerações que, inclusive, devem representar a busca desse distante ideal de justiça, verdade e equidade.

Por outro aspecto, esse recorte traz a noção de alteridade, em que o olhar no outro é descomprometido. É o Estado-investigação desincumbindo-se de seu papel social e conectando o direito penal ao direito civil e tributário, em meio a um procedimento diferenciado. Tal procedimento se traduz no processo penal e em suas cautelares como mecanismo de recuperação de ativos, com consequente recolocação da vítima ao estado anterior ao cometimento da infração criminal, sem o qual não se alcançará a satisfatividade, a definitividade e a preservação do patrimônio desfalcado.

Com efeito, os subsistemas jurídicos não podem atuar de forma isolada. O Direito Processual Penal não tem sido pensado nas últimas décadas em termos de compreensão de segurança

---

particular) serão integralmente suportados e socializados pelo ente estatal responsável pela investigação criminal.

pública ou como uma análise sistemática pode cumprir a promessa constitucional de segurança jurídica.

Contudo, somente haverá uma resposta a contento se o Estado-juiz, projetado na figura dos policiais de investigação, direcionar as investigações para uma efetividade, inclusive em termos econômicos, sempre que, obviamente, observado o devido processo legal. Atente-se que nem sempre existe essa percepção e, por vezes, a desproporção entre valor patrimonial do objeto material da conduta e os custos da investigação são equilibrados por meio de soluções jurisprudenciais e doutrinárias, a exemplo da aplicação do princípio da insignificância no Brasil, observados não somente fatores econômicos[21].

Essa preocupação é uma demonstração de que a investigação isolada pode fomentar a injustiça. Portanto, repita-se, investigar é preciso. Investigar de forma dialógica é preciso e se constitui em um dever-poder de atuação para a preservação da sociedade e da economia como fator de enfrentamento da criminalidade organizada.

21. Conforme o Supremo Tribunal Federal, o critério econômico deve ser analisado ao lado da ofensividade da conduta; da ausência de periculosidade social; da reduzida reprovabilidade do comportamento, da inexpressiva lesão jurídica e da ausência de habitualidade delitiva. Vide análise sobre a contradição entre custo da investigação e o princípio da insignificância no Recurso Ordinário em *Habeas Corpus* nº 111.044 Distrito Federal (Brasil, 2012c).

4

PERSECUÇÃO CRIMINAL, SOCIEDADE E DIREITO

4.1 PERSECUÇÃO CRIMINAL E SOCIEDADE

Para quem está fora do mundo jurídico, há a percepção de que o fato tratado, a realidade social e o direito não se comunicam. Note-se, contudo, que todos esses sistemas não sobrevivem e não têm razão de existência um sem o outro.

A sociedade moderna exige do Direito Penal e do Processo Penal respostas adequadas aos novos empreendimentos criminosos. Nessa perspectiva, a persecução criminal, entendida como o conjunto de atividades do Estado adotadas após a prática do crime, deve avançar em direção a um caminhar comunicativo, que, conforme Castells (2016, p. 11), tem a virtualidade como dimensão essencial da nossa realidade:

> A sensação de desorientação é exacerbada por mudanças radicais no âmbito da comunicação, derivadas da revolução tecnológica nesse campo. A passagem dos meios de comunicação de massa tradicionais para um sistema de redes horizontais de comunicação organizadas em torno da internet e da comunicação sem fio introduziu uma multiplicidade de padrões de

> comunicação na base de uma transformação cultural fundamental à medida que a virtualidade se torna uma dimensão essencial da nossa realidade. A construção de uma nova cultura baseada na comunicação multimodal e no processamento digital de informações cria um hiato geracional entre aqueles que nasceram antes da Era da internet (1969) e aqueles que cresceram em um mundo digital.

Ao examinar essa formação e o estabelecimento de uma nova estrutura social, Castells classifica esse fenômeno como sociedade em rede, "por ser constituída por redes em todas as dimensões fundamentais da prática social" (Castells, 2016, p. 11).

Outro fator de incentivo à criminalidade atual decorre da crise financeira global e da securitização de toda organização, criando estruturas ou seres que não são reconhecidos pelo sistema de justiça, a exemplo de instituições financeiras em muitas de suas transações que possibilitam o *iter criminis*. Em crimes cibernéticos, casos existem em que a instituição financeira não se identifica como vítima, colaboradora ou em qualquer outra posição, com reflexos diretos na investigação criminal e, em última análise, no orçamento Estatal.

Conforme Castells (2016, p. 13), a crise financeira global que explodiu por volta de 2008 e deixou a economia em queda livre foi a consequência direta da dinâmica específica dessa economia global:

> Resultou de uma combinação de seis fatores. Primeiro, a transformação tecnológica do mundo financeiro que serviu de base para a constituição de um mercado financeiro voltado às redes globais de computadores, e dotou as instituições financeiras da capacidade computacional para operar modelos matemáticos avançados. Esses modelos eram julgados capazes de gerir a crescente complexidade do sistema financeiro, operando globalmente mercados financeiros interdependentes por meio de transações eletrônicas realizadas com a velocidade de um raio. Segundo, a liberalização e

desregulamentação das instituições e mercados financeiros, permitindo um fluxo quase livre de capital em todo o mundo e assoberbando a capacidade regulatória das instituições nacionais. Terceiro, a securitização de toda organização, atividade ou ativo econômico, tornando a avaliação financeira o critério mais importante para a estimação do valor de empresas, governos e até mesmo de economias como um todo. Além disso, novas tecnologias financeiras possibilitaram a invenção de vários produtos financeiros exóticos à medida que derivativos, futuros, opções e seguros securitizados (como swaps de crédito inadimplente) se tornavam cada vez mais complexos e interligados, virtualizando o capital e eliminando qualquer aspecto de transparência nos mercados, o que tornou os procedimentos contábeis sem sentido. Quarto, o desequilíbrio entre acúmulo de capital em países em vias de industrialização, como a China e os países produtores de petróleo, e o capital tomado emprestado pelas economias mais ricas, como os Estados Unidos, acarretou uma onda de empréstimos de risco a uma multidão de consumidores acostumados a viver no limiar da dívida, expondo os provedores de empréstimos a um risco muito superior a suas capacidades financeiras. Quinto, como os mercados financeiros só funcionam parcialmente segundo a lógica e da demanda e são em grande parte moldados por "turbulências de informação", como analisado neste volume, a crise das hipotecas que começou em 2007 nos Estados Unidos após a explosão da bolha do mercado imobiliário reverberou por todo o sistema financeiro global. De fato, embora um colapso semelhante do mercado imobiliário do Japão no início da década de 1990 tenha afetado gravemente a economia daquele país, seu impacto foi limitado no resto do mundo por causa da interpenetração muito menor dos mercados financeiros e de valores mobiliários. Por fim, mas não menos importante, a carência de supervisão adequada nas transações com valores mobiliários e nas práticas financeiras possibilitou que corretores ousados inflassem a economia e suas bonificações pessoais por meio de práticas de empréstimo cada vez mais arriscadas.

Nesses novos cenários, com maior capital virtual, as técnicas tradicionais de investigações não serão suficientes ao esclarecimento de infrações criminais – em especial as cibernéticas. E, ainda que exista esclarecimento, a demonstração da materialidade deve ser adequadamente compreendida e *traduzida* em linguagem jurídica aos autos, o que exige do Estado-investigação um novo olhar investigativo.

A comparação proposta por Castells (2016, p. 20), a distribuição de energia elétrica e de redes para a formação da sociedade industrial, a formação de um sistema de comunicação multimodal e multicanal, e o poder de processamento bem revelam que, incluídos nesse novo modelo de redes ou sociedade de rede, o virtual e o real se confundem com ampla repercussão nas relações sociais, jurídicas e econômicas. Essa nova dinâmica, vale ressaltar, não pode deixar ao lado o sistema de justiça criminal. E isso exige, neste momento, a formação ou, pelo menos, a reflexão acerca de um sistema de compartilhamento de custos da investigação criminal contemporânea, sob pena de continuarmos a repetir o tradicional discurso do monopólio da ação penal e seus consectários, que foram essenciais para compreensão do Estado e do modelo de justiça que conhecemos hoje, porém não conectados com a realidade posta pela cultura da virtualidade real.

Contudo, o utilitarismo em busca de alternativas disruptivas e de produção de provas a qualquer custo não pode importar em violação de direitos, sob pena de retrocesso, responsabilização dos agentes responsáveis e produção de um inquérito policial ineficiente e detentor de provas ilícitas, não apto para a produção de outro efeito social, decorrente de fatores de legitimidade, certeza e segurança jurídicas, a confiança baseada em expectativa ético-jurídico.

Ademais, o fenômeno criminal pode receber os contornos de uma relação de conduta e subsunção ao fato típico, e, por mais pernicioso que se compreenda o comportamento, existe um mínimo ético, um pressuposto básico a se observar e uma possibilidade de múltiplas violações, como de conteúdo penal, administrativo, tributário.

Por mais absurda e repugnante que se constitua a conduta[1], o elemento subjetivo analisado para a responsabilidade penal estará na violação ao núcleo do tipo, o que não poderia incluir comportamentos abusivos ou externalidades, situados fora da esfera penal.

Conforme ensina Frada (2007, p. 62-63):

> O qualificativo ético-jurídico significa que este tipo de responsabilidade pela confiança se situa para além das formas que as regras do *ius strictum* permitem, assumindo uma intencionalidade mais profunda e material, a tocar de fato os fundamentos e implicações últimas da juridicidade. Trata-se, portanto, de uma proteção que se pode dizer imposta por indeclináveis exigências da convivência humana e de sua ordenação pelo Direito, requerida por um princípio jurídico (ou ético jurídico) fundamental que transcende, pela sua própria natureza, as decisões e a oportunidade de positivação por parte do legislador. No domínio da proteção das expectativas a ética é sem dúvida uma realidade particularmente próxima, dada a compenetração daquelas com virtudes pessoais como a veracidade e a fiabilidade. Mas isso não afasta que estejamos perante uma realidade especificamente jurídica. Deverá é não esquecer-se a inaceitabilidade da separação radical entre

1. Os tipos penais são praticados por pessoas comuns. Somente existirá dificuldade em compreender e distinguir a conduta humana indesejada relativa a crime e externalidades se o intérprete e aplicador da norma equiparar o sujeito passivo de uma infração criminal a um bárbaro. O que acontece é que a infração criminal resulta de um comportando que vai ao encontro de um tipo objetivo previamente descrito na norma e, existindo culpabilidade e não se tratando de evento conforme ao direito, nasce para o Estado o direito de punir. Atente-se que, fechada a relação jurídica com o nascimento do crime, quaisquer outros acontecimentos externos ao conteúdo da norma penal incriminadora deverão ser considerados externalidades, passíveis ou não de análise econômica.

> Direito e Moral, levada, a cabo por vários positivismos e "normativismos".

Nesse aspecto, o evoluir da sociedade há que estar acompanhado de um progressivo avanço das metodologias de investigação, fundamentadas por uma legislação penal moderna, consentânea com a simultaneidade das relações sociais não previstas quando da edição do atual Código de Processo Penal, embora sempre presente no conteúdo ético-jurídico tanto para os representantes do Estado-investigação quanto para os interessados, ainda que investigados.

4.2 PERSECUÇÃO CRIMINAL, TEORIA CIRCULAR DOS PLANOS E DIREITO MATERIAL

A despeito da carência de alterações legislativas no Código de Processo Penal no que tange à investigação criminal, a legislação penal especial nos últimos trinta anos recebeu significativa preocupação com a investigação criminal.

Essa constatação decorre da comparação da legislação anterior à década de 1990, em que a lei penal tão somente tipificava a conduta e nem sempre tratava de procedimento. Além disso, em raras oportunidades tratava de investigação, tanto assim que importantes dispositivos legais que cuidam de crimes, como o Estatuto da Criança e do Adolescente (Lei nº 8.069/1990) (Brasil, 1990a); a Lei de Crimes Hediondos (Lei nº 8.072/1990) (Brasil, 1990b) e o Código de Defesa de Consumidor (Lei nº 8.078/1990) (Brasil, 1990c) nada trouxeram acerca de investigação criminal.

Iniciando o giro legislativo e metodológico de interesse na investigação criminal, a revogada Lei de Crime Organizado (Lei nº 9.034/1995) (Brasil, 1995a) passou a se preocupar com a investigação criminal. Essa tendência foi seguida pela Lei de Interceptações Telefônicas (Lei nº 9.296/1996) (Brasil, 1996), que, além de regulamentar o art. 5º, inciso XII, parte final, da

Constituição Federal, inovou ao tratar quase exclusivamente da persecução criminal, com apenas um tipo penal. Tal movimento acabou sendo seguido por outros dispositivos legais nos últimos anos, tais como a Lei de Lavagem de Capitais (Lei nº 9.613/1998) (Brasil, 1998b), Lei de Proteção a Vítimas e Testemunhas (Lei nº 9.807/1999b) (Brasil, 1999b), Lei de Investigação Criminal Conduzida por Delegado de Polícia (Lei nº 12.830/2013a) (Brasil, 2013a), Lei do Crime Organizado (Lei nº 12.850/2013) (Brasil, 2013c), entre outros dispositivos.

Nota-se que o movimento que resultou no avanço na legislação que trata da investigação criminal não decorre somente do incremento da violência urbana, mas também da influência internacional, principalmente pela Convenção de Palermo, (Brasil, 2004), que incentiva a utilização de técnicas especiais de investigação, assim como um maior controle nas movimentações financeiras.

Com efeito, em um momento em que conceitos como soberania e democracia estão sendo desfeitos pela globalização, é ingênuo pensar que a investigação criminal não receberia influxos externos para fazer frente a esses fenômenos, a exemplo da criminalidade organizada (Lei nº 12.850/2013) (2013c) e o sobrevalor da investigação tecnológica.

Com a definição de organização criminosa e a tipificação de condutas, novas investigações policiais foram iniciadas no Brasil. O texto legal tem o papel de trazer dialogicidade ao sistema, a começar ao revogar, compreenda-se como migrar, o tipo penal anterior de integrar organização criminosa, que não se comunicava com o próprio conceito do tipo.

De fato, a tentativa de dialogicidade com o sistema internacional, em especial com a Convenção de Palermo, que definia organização criminosa, foi obstando com a modificação da jurisprudência no país, exigindo novo texto legal a regulamentar de forma fechada o tipo penal.

O dispositivo legal (Lei nº 12.850/2013), ademais, trata da persecução penal e dos meios de prova, possibilitando a captação ambiental, a ação controlada, o acesso a informações cadastrais, a colaboração premiada, a infiltração de agentes. Ele, ainda, tipificou as condutas de revelar a identidade, fotografar ou filmar o colaborador sem sua prévia autorização por escrito; a violação do sigilo das investigações que envolva ação controlada ou infiltração de agentes; e a recusa no fornecimento de dados cadastrais, decisão positiva em favor de investigações policiais.

A partir dessa nova compreensão dos aspectos de direito material e de direito processual, a discussão sobre a dialogicidade de investigação ganhou novos contornos com a promulgação da Lei do Crime Organizado (Brasil, 2013c), ao mesmo tempo em que nada se discutiu, até hoje, sobre os custos dessas técnicas de investigação.

De forma contrária às leis penais da década de 1980 e 1990, o legislador, na linha de orientação internacional como a Convenção de Palermo, apresentou, na Lei nº 12.850/2013 (Brasil, 2013c) um rol de técnicas de investigação, a maioria delas exigindo equipamentos e ferramentas tecnológicas para o avanço do combate do crime organizado no Brasil. Embora se constitua um dever do Estado, é necessário ponderar se existem externalidades nessas investigações. Apesar dessa constatação, o país não dispõe de mecanismo suficiente para contabilizar o custo da investigação criminal da apuração de organizações criminosas, sua estrutura e células[2].

Com efeito, não se aferindo o custo da investigação, obviamente maior dificuldade existirá na avaliação da necessidade de recursos que suportem os custos das novas ferramentas

---

2. O objetivo, uma vez mais, não está em aferir o custo para um ressarcimento, mas promover um investimento em segurança pública mais qualificado e direcionado.

tecnológicas e de suas externalidades. Ainda que estabelecido que esse financiamento é um dever do Estado, é preciso considerar que o orçamento público é finito a não tolerar desproporções. Dessa forma, necessário avaliar a investigação criminal a partir da interlocução com teoria circular dos planos (Contelli; Costa, 2015, p. 301).

O estudo da investigação criminal de forma isolada, como simples mecanismo de descoberta de um evento, de maneira formalista, muitas vezes não alcança as demais funções da investigação.

Apresenta-se como tentativa conceitual de aproximação para solução, a teoria circular dos planos e sua relação com a investigação criminal Contelli (2016a, p. 77):

> A teoria circular dos planos, descrita por Zanetti Jr. (2006, p. 279), propõe o reconhecimento do estudo dos planos do direito material e do direito processual em busca do ponto de equilíbrio da relação entre processo e direito material, na linha do pensamento de Carnelutti (2000), o processo serve ao direito material; para que lhe sirva, no entanto, é necessário que seja servido por ele. Reconhecer essa relação circular possibilita conter os exageros promovidos por parte da doutrina integrante da fase processualista, os quais distanciaram ou deixaram de reconhecer o processo como técnica adequada para consecução do direito material. E, ao identificar os direitos fundamentais da pessoa humana como o próprio direito material, ganha relevo a atual reaproximação entre processo e direito material, em especial em proteção às vítimas. Nesse sentido, deixa de ser o Estado-juiz mero reprodutor da regra de direito material para possibilitar, dentro do processo, a criação da norma individual do caso concreto. A fase atual de argumentação jurídica e de prevalência da tópica exige do intérprete a superação do paradigma legalista pelo processo reflexivo de decisão. Miranda (1998) já alertava que "o processo dos ramos do direito é o mais rente à vida".

Ressalte-se que no momento do crime, a vítima é a parte hipossuficiente, um dos motivos da tutela penal, ao lado da proteção suficiente do bem jurídico. Contudo, na postura formalista do processo penal, o que se repete de forma simétrica com a investigação criminal, nem sempre identifica a repercussão prática e social da atividade criminosa para a vida da vítima.

Em termos concretos, o crime patrimonial requer da investigação e do processo penal o diálogo com o direito material, até mesmo para valoração na dosimetria da pena.

Compreende-se, para essa análise, como direito material não somente o direito penal positivo que disciplina o tipo penal, mas também o direito material civil, tributário, trabalhista e, principalmente, em um patamar de instrumentalidade constitucional, o direito constitucional.

Com efeito, a partir da teoria circular dos planos e ao se aventar, ao menos em tese, a existência de uma ação de direito material, está-se a afirmar que o processo não é menos importante que direito material ou que este prepondera sobre aquele. Superada a crise de identidade científica do início do século passado, pensa-se em um diálogo agregador entre direito processual e direito material.

Com o diálogo persecução criminal e direito material, importa concluir que ao operador do direito na investigação criminal é essencial realizar uma leitura sob a perspectiva da efetividade da prestação do serviço público essencial de segurança pública.

Em termos práticos, a investigação de uma infração penal, para além da demonstração de materialidade e de autoria, deve desempenhar o papel de revelar detalhes essenciais à compreensão do direito material e da aplicação da pena.

Em delitos dolosos, note-se, cabe ao profissional que preside as investigações perquirir e trazer aos autos informações que digam respeito à valoração do dolo e à consciência do sujeito e – conforme propomos, em um patamar de análise ao redor do evento criminoso – avaliar se existe o que denominamos exacerbação do dolo.

Vale dizer, e agora utilizando os mecanismos a partir da leitura de um modelo de delegado de polícia resolutivo, que, quando o delegado de polícia eventualmente notifica um sujeito sobre a possibilidade de ocorrência futura de um evento criminoso, se o fato se perfaz, temos que a investigação deve utilizar essa informação para demonstrar uma etapa, qual seja, a de aferição do dolo[3].

Sobre o delegado de polícia resolutivo (Contelli, 2019, p. 151):

> Então, a função resolutiva é imprescindível para que as investigações realizadas pelos delegados de polícia alcancem a eficiência necessária do processo criminal, mas também tem o papel de repercutir em outros âmbitos do ordenamento jurídico e, ainda, nos destinos da sociedade. Ao reconhecer a função política, o delegado de polícia deve atuar preventivamente ao acontecimento do fenômeno criminal, sugerindo a adoção de políticas públicas e apontando fatores da criminalidade, o que pode ocorrer pelas conclusões do relatório do Inquérito Policial, passando a ser além de coadjuvante do Poder Judiciário, importante fonte de informação, ao retratar a necessidade do cidadão à Administração Pública e ao Legislativo, auxiliando na construção de um processo democrático de inclusão social.

Essa resolutividade no enfrentamento de criminalidade de massa recebe maior relevo quando diante da criminalidade organizada.

Propõe-se, assim, que quando o delegado de polícia perpassa, ainda que de forma abstrata, a possibilidade de ocorrência de uma infração criminal e a notifica por um dos instrumentos

3. Um dos tópicos mais difíceis de comprovação na atualidade pelo Estado-investigação é a vontade consciente em alcançar o resultado ou de assumir o risco de produzi-lo.

legais, sua ocorrência, se prevista também como culposa, pode ser considerada um delito doloso e, nesse ponto, não estamos a afirmar em dolo eventual.

Idêntica conclusão deve ocorrer quando a empresa é submetida a procedimentos de *compliance* e a infração criminal ocorre, o que intensifica ou pode densificar a demonstração da consciência do dolo ou, ao menos culpa, e facilitar o procedimento de individualização de conduta societária.

Nesse aspecto, o que se verifica é a dialogicidade entre investigação criminal, comportamento ético e *compliance* criminal.

Vale notar, com fundamento em informações de inquéritos policiais, representações e acolhimento de internações em regime disciplinar diferenciado de líderes de organização criminosa e a partir de uma leitura da Lei da Execução Penal (Lei nº 7.210/1984) (Brasil, 1984) e da filosofia de delegado de polícia resolutivo, pensando os impactos sociais e em segurança pública do recolhimento dos principais líderes de organização criminosa do país[4], que nasce um dever-poder (Contelli; Costa, 2021, p. 317) de representação pelo regime disciplinar diferenciado pelo delegado de polícia. Portanto, o que ocorre quando o delegado de polícia representa pela internação no regime disciplinar diferenciado é o diálogo persecução-execução penal.

Defende-se que o sistema de justiça criminal deve ser pensado como um todo, não de forma isolada e no claustro dos contornos de um inquérito policial não colaborativo, como até hoje defendem aqueles que não conhecem o significado das múltiplas funções do conceito de investigação criminal.

4. A exemplo da legitimidade do delegado de polícia na formulação de representações pelo regime disciplinar diferenciado.

4.3 A INSTRUMENTALIDADE CONSTITUCIONAL DA INVESTIGAÇÃO CRIMINAL

A dialogicidade defendida no trabalho, em primeiro plano, perpassa a leitura constitucional.

Obviamente, conforme asseverado, a maioria dos crimes, em especial aqueles contra a vida, contra o patrimônio ou contra a dignidade sexual, têm o condão de interferir, além de um direito material penal e civil, também no direito material constitucional. Essa violação à intimidade, à privacidade, à propriedade e, até mesmo, à vida, merece e, isso é um dever do Estado, a resposta dialógica que vai além do simples conceito jurídico simplista ou científico de investigação.

Desse raciocínio, tem-se que a instrumentalidade do processo penal é mais acentuada que no processo civil (Lopes Jr., 2015, p. 53). Além da finalidade de satisfação de uma pretensão (acusatória ou absolutória), o processo exerce a função constitucional, servindo de instrumento de realização da democracia, conforme adverte Prado (2005). Nesse viés, insere-se o compromisso de assegurar, com a máxima eficácia, os direitos e as garantias fundamentais, em especial, a liberdade individual (Lopes Jr., 2015, p. 53), mas também a saúde, a liberdade e a dignidade de milhares de vítimas atingidas diariamente.

Com efeito, o instrumento processual somente terá valor se servir ao projeto democrático-constitucional, e essa é uma promessa e um custo que o Estado não pode se omitir.

Cumprir rigorosa e formalmente a lei é fácil e dever do investigador, porém a complexidade dos comportamentos da atualidade não comporta simples rigor formal, por vezes revestidos de características de populismo e discurso de ódio, mas um aprofundamento técnico, necessário e dialógico em busca da verdade e da justiça.

4.4 DIÁLOGO ENTRE DIREITO MATERIAL E PROCESSUAL E A POLÍCIA INVESTIGATIVA

Essa instrumentalidade que ensejou a disputa científica entre direito material e processo no século passado foi o que provocou o rompimento, até mesmo com a ideia de abstração da ação.

O limite de distanciamento fez com que no processo civil as discussões endoprocessuais não dialogassem com o direito material, o que, em certa medida, atingiu o processo penal, porquanto órfão de doutrina própria até tempos recentes. Contudo, não há como se admitir um processo divorciado da realidade social e do inexorável contorno do direito material, sob pena de se perpetuar injustiças.

Tem-se que todo o caminhar da investigação está em assegurar a efetividade de eventual sentença – condenatória ou absolutória, ainda que própria. Não faz sentido a investigação criminal sem conexão com a efetividade de eventual provimento jurisdicional.

As providências cautelares do processo penal visam assegurar os meios e os fins da prestação jurisdicional, e essa responsabilidade cabe ao delegado de polícia, responsável por promover o diálogo entre a investigação e a prestação da função jurisdicional.

A análise da dinâmica da administração pública dialógica transportada para a perspectiva da investigação desenvolvida durante a *persecutio criminis* e sua repercussão no processo criminal e no tecido social, além de promover a reflexão crítica, propondo que somente uma política pública de segurança pública pautada em um modelo de administração pública dialógica e colaborativa, será adequada e suficiente para alcançar a eficiência na investigação criminal, com consequente esclarecimento da infração, redução da tensão entre os atores sociais em conflito e preservação da dignidade da pessoa humana.

Para isso, as técnicas utilizadas são revestidas de segurança jurídica, pois instrumentalizadas por meio de um indispensável inquérito policial com capacidade sistêmica de comunicação.

Compreende-se que investigação criminal não se destina tão somente ao esclarecimento da infração penal. Para além disso, há o enfrentamento da criminalidade, que envolve, essencialmente, um direito de acesso à justiça criminal para manutenção da *persecutio criminis*, com ausência de violação de direitos ou presença de nulidades. De igual modo, investigação sem técnica, ou desprovida de suporte jurídico, pode ensejar em prejuízos, responsabilidades ou produção de provas ilícitas.

A apuração de infrações penais busca identificar indícios de autoria e formar provas e elementos informativos de materialidade, que possibilitem aos legitimados ativos da relação jurídica processual penal – Ministério Público e querelante – condições necessárias para a judicialização do conflito. Assim, não se desconhece, no modelo adotado, a finalidade de proteção suficiente das pessoas e do Estado em busca da efetivação do *ius puniendi* em concreto.

O discorrer teórico enfatizou a necessidade de eficiência do aparelho policial e da análise de custos, com a ressalva de que o utilitarismo e a promessa de segurança pública sofrem limitações quando se deparam com tensões decorrentes de direitos fundamentais eventualmente violados durante a persecução invasiva. Isso aumenta a responsabilidade investigativa, que pode encontrar especial relevo a partir da aplicação estruturante de um pensamento sistêmico decorrente da conexão a fontes de informações, de conhecimento e de perspectivas, resultado dos diversos sujeitos e instituições.

Parte-se do conceito de um substancialismo das funções da segurança pública para concluir que o envoltório do sistema de justiça criminal é menos importante que o conceito dinâmico de função pensado na eficiência da investigação criminal para promoção de bem-estar social.

A necessidade de um agir comunicativo impõe ao agente público pensar a investigação criminal e seus reflexos políticos e econômicos, assim como exige que o agente investigador saia do casulo individualista de acesso e manutenção de informações, atuando de forma colaborativa com outras instâncias de poder e de controle, com troca de informações e alimentação recíproca de conhecimento.

O problema de pesquisa centrou-se na ausência de diálogo no sistema de justiça criminal, sob amparo do dogmatismo e da imparcialidade, próxima à neutralidade. Isso tem produzido um distanciamento entre a preservação do devido processo penal e a repressão ao crime organizado, ao mesmo tempo em que a incompreensão sobre o direito de defesa tem exacerbado os custos da investigação, decorrência de uma reiterada aplicação abusiva do *nemo tenetur se detegere*, porquanto ainda não identificados o *locus* das externalidades.

Essa crise do sistema de justiça criminal, tanto quanto de dogmática jurídico-penal, assim como de política criminal, tem impulsionado ou ao formalismo exacerbado ou à parcialidade desmedida, fonte, até mesmo, de injustiças, nulidade e inexistência processual, limitador da investigação criminal como função transformadora da sociedade.

Prende-se a formalidade em detrimento da busca do diálogo e, muitas vezes de forma espúria, se combinam decisões.

A partir de uma reflexão sobre a existência de uma investigação criminal dialógica exsurgem alternativas e técnicas transparentes para que os sujeitos do sistema de justiça criminal se comuniquem para a promoção de um sistema eficiente para o controle adequado do crime organizado e para o fortalecimento da legitimidade das instâncias formais de controle, colmatando-se os equívocos e os propósitos inalcançáveis de imparcialidade que exacerbam as soluções formais, como se a neutralidade constituísse fator favorável de deslinde dessa crise.

A complexidade dos fenômenos criminais, em essencial de patamar estruturado, empresarial e imediatista da sociedade pós-moderna, não pode ser acompanhada de forma satisfatória pelas políticas criminais neoliberais de redução de garantias sem que, concomitante, existam modelos processuais produzidos com elementos para dialogicidade da investigação criminal, a partir da existência de um verdadeiro dever-poder de investigação colaborativa do Estado.

Com a premissa de uma inviabilidade de soluções unilaterais, demonstra-se que pode existir um modelo de investigação global, decorrente de um influxo supraestatal que redimensiona o diálogo como exercício do Poder Público. Desse modo, soluções simplistas, fruto de mero formalismos e impregnadas da marca de uma inquebrantável imparcialidade, não serão suficientes para apresentar as soluções para o enfrentamento da criminalidade organizada, cujos custos, doravante, poderão constituir entrave para a prestação adequada do serviço público.

Seja em patamar conflituoso – justiça retributiva –, seja diante da aplicação de justiça negocial, imprescindível destacar que sem diálogo todo o sistema está fadado à ineficiência, fonte imediata de descrédito das instituições formais de controle.

Como propostas para superação dessa crise, espera-se alcançar a existência de um modelo dialógico que conduza a reaproximação das fontes do direito; dos próprios sujeitos e dos agentes da persecução e, principalmente, que o sistema de justiça criminal dialogue com a sociedade. Dialogar, desse modo, de forma transparente a partir da fixação dos elementos para uma dialogicidade funcional.

A partir de recortes teóricos, passa-se ao enfrentamento da aplicação prática e justificadora de um modelo de investigação criminal dialógica no país.

O modelo de investigação criminal dialógica tratado nesta pesquisa exige muito mais esforço comunicacional que grandes alterações nas estruturas. Em verdade, a grande modificação está no aspecto de cultura de integração. Nesse sentido, é que se propõe a criação de um órgão nacional de gerenciamento de ações estratégicas de polícia judiciária.

Note-se que do avanço desmesurado das organizações criminosas no país e no exterior não decorreu idêntico combate em território nacional, de maneira que ações da Polícia Judiciária[5], várias realizadas a partir de delegacias descentralizadas, alcançaram atuação investigativa e de campo de âmbito nacional, sem que existisse, até o momento, um organismo para centralizar, coordenar ou, pelo menos, auxiliar esse tipo de atuação[6].

Essa dificuldade tem levado inúmeros trabalhos de investigação de sucesso a circunscreverem-se ao âmbito estadual em detrimento da eficiência do combate uniforme. Quando isso ocorre, estamos diante, mais uma vez, da ausência de diálogo, ainda que dentro das próprias policias judiciárias.

Uma saída pode estar na adoção de termos de cooperação entre entidades, o que pode ocorrer mesmo sem a participação de decisão política estadual ou federal. A visão de colaboração e de dialogicidade do sistema, defendida no trabalho sob o recorte da investigação criminal dialógica, pode ser o embrião para a reflexão acerca de um ciclo dialógico de polícia no Brasil.

Enquanto se discutem interesses meramente institucionais, pessoais e políticos, a criminalidade cresce no país, exigindo do Estado cada vez mais investimentos em diversas polícias, as quais, na ânsia desenfreada de poder, acabam sobrepondo atividades, em evidente violação a princípios como eficiência e

---

5. Algumas operações são provenientes do Departamento de Polícia Judiciária de São Paulo Interior - DEINTER 8 e DEINTER 5, de Presidente Prudente e São José do Rio Preto, ambos da Polícia Civil do Estado de São Paulo.

6. O Ministério de Justiça e Segurança Pública, na tentativa de implementar o Sistema Único de Segurança Pública, iniciou alguns passos no sentido de auxiliar essa integração.

economicidade, e vulnerando o direito fundamental de segurança pública.

Pensar a polícia das próximas décadas está em implementar dialogicidade no sistema de justiça criminal. Dialogar não é produzir soluções extremadas, a exemplo de ciclo completo ou de qualquer outro tipo solução voraz. Dialogar é encontrar soluções racionais e mediadas.

As peculiaridades brasileiras podem ser respeitadas e as atribuições, preservadas, dialogando-se nas atividades-meio e aproximando-se das atividades-fim, sem rompimento constitucional, a partir do ciclo dialógico de polícia.

4.5 A CRIMINALIDADE CIBERNÉTICA E O INCREMENTO DELIBERADO DO RISCO

Organizações criminosas do Brasil e do exterior migram deliberadamente suas ações sempre em busca de uma maior rentabilidade na prática de crime, ponderando qual será o investimento para tal, o retorno econômico e o risco.

Alguns fatores contribuíram para que a criminalidade cibernética aumentasse em patamares nunca antes vistos em outros fenômenos criminais. Note-se, o desenvolvimento tecnológico, a expansão da internet e 5G e a pandemia de covid-19 elevaram as transações para ambientes virtuais, em que o real se confunde com o virtual[7]. Desse movimento, sobressai a necessidade

7. Como exemplo, o *Case Per Saltum* (Inquérito Policial nº 189/2021, da Delegacia de Polícia de Pirapozinho e UIP8-Unidade de Inteligência Policial de Presidente Prudente, Estado de São Paulo). Em 21 de julho de 2022, um grupo criminoso, posteriormente identificado como uma composição estruturada e dividida em células em modelo empresarial (organização criminosa), praticou um dos maiores desvios de dinheiro público em um único dia no interior de São Paulo. Foi retirada dos cofres públicos do pequeno município a quantia de R$ 2.564.926,97, relacionada a onze contas bancárias da Prefeitura de Pirapozinho perante o Banco do Brasil, agência de Pirapozinho. A quantia foi distribuída em trinta contas bancárias e,

de investimentos em investigação financeira com consequente recuperação patrimonial.

Tem-se que existe um elevado custo, inclusive para obtenção de provas diante de dificuldades deliberadas de provedores, concessionárias de serviços e instituições financeiras. Atente-se, em última análise que muitas instituições financeiras são vítimas e, mesmo assim, dificultam as investigações. E isso ocorre sempre a partir de uma análise econômica, diante do receio de expor vulnerabilidades perante concorrentes e clientes, custo esse que recai na Polícia Judiciária. E mesmo quando existe o ressarcimento dessas quantias aos consumidores, o que ocorre, na verdade, é a socialização dos valores entre os demais clientes que passam a pagar maiores taxas e, por vezes, juros.

E as investigações criminais têm a potencialidade de identificar incrementos de riscos e custos de duas naturezas. A primeira, quanto aos criminosos, e a segunda, quanto aos colaboradores.

---

na sequência, pulverizada em centenas de outras contas e transações, o que ensejou o início de uma investigação criminal que perdurou catorze meses, até a deflagração de operação policial em 18 de outubro de 2022, pela Polícia Civil do Estado de São Paulo. Seria mais uma investigação como tantas outras desenvolvidas pela Polícia Judiciária, não fossem a complexidade tecnológica, a existência de interesses econômicos e financeiros de instituições financeiras, o custo da investigação e o incremento do risco, de maneira deliberada pelos criminosos e pelos colaboradores. A complexidade das operações financeiras, inclusive com transformação em moedas digitais e uso de bancos em plataforma de mesma natureza, aliados ao uso de tecnologias e técnicas de ocultação de identidade, prolongou a investigação. Com efeito, cuida-se de investigação complexa em que se identifica flagrantemente que os criminosos não se resumiram em praticar os crimes, mas adotaram uma série de subterfúgios para apagar seus rastros digitais, o que intensifica sobremodo o dolo. [...] Cuida-se de grupo estruturado que atua com permanência e estabilidade aplicando número indefinido de golpes em todo o Brasil. [...] Com efeito, o golpe atingiu o interesse público primário e secundário das Prefeituras em valores de R$ 2.564.926,97; R$ 20.000,00; R$ 398.745,22 – tentativa; R$ 491.000,00 e R$ 111.376,75, dentre outras Prefeituras Paulistas.

É preciso compreender que, embora adotadas medidas administrativas pertinentes ao bloqueio de valores, reiteradas recusas de instituições financeiras em fornecer dados básicos potencializam os custos das investigações.

Quanto à primeira categoria de incremento, a dos autores do crime, tem-se por natural a utilização de engenharia social e de pesca de informações. Porém, de maneira deliberada, os criminosos instalam programas em nuvem, valendo-se de conhecido provedor de aplicação e ainda mascaram IPs e número de linhas telefônicas. Note-se, esse comportamento ocasiona um sobrevalor no custo das investigações.

Em outro patamar, o das instituições financeiras, há uma coincidência de implantação de um sistema, denominado Pix ou Protocolo Pix, em que as transações foram pensadas para ocorrer de forma imediata, porém sem nenhum tipo de diálogo com o sistema de justiça criminal. Ademais, além da rapidez das transações, alguns bancos digitais são escolhidos, deliberadamente pelos criminosos, que conhecem a vulnerabilidade de tais instituições em não fornecer as informações a tempo à polícia judiciária, o que enseja um custo adicional para as investigações[8].

A partir do regime jurídico de direito público, a Administração Pública pretende realizar uma variedade de serviços públicos de maneira simplificada, dialógica, expandindo o relacionamento do cidadão, com confiança, transparência e eficiência, em plataformas digitais em que os serviços públicos são prestados ou mesmo fornecidas informações para participação da população.

8. Ao que consta do Inquérito Policial nº 189/2021, da Delegacia de Polícia de Pirapozinho, estado de São Paulo, o custo propriamente não é apenas da investigação, que injetou mais dinheiro, mas, efetivamente, das vítimas, *in casu*, o patrimônio público municipal que deixou de recuperar em ativos o exato valor de R$ 1.223.030,19, exclusivamente por comportamento deliberado de uma instituição financeira.

Dentro dessa perspectiva, tem-se o Governo Digital, uma estratégia disruptiva[9] de uso incremental da tecnologia para a prestação de serviços públicos com dignidade digital e efetivação de políticas públicas.

O Governo Digital tem princípios, regras e instrumentos para o aumento da eficiência, essencialmente por meio da desburocratização, da inovação e da transformação digital. Os objetivos a serem alcançados, por meio da Estratégia de Governo Digital, nos termos do Anexo I, eixo II, item 2, do Decreto nº 9.319/2018 (Brasil, 2018), incluem:

- oferecer serviços públicos digitais simples e intuitivos, consolidados em plataforma única e com avaliação de satisfação disponível;
- conceder acesso amplo à informação e aos dados abertos governamentais, para possibilitar o exercício da cidadania e a inovação em tecnologias digitais;
- promover a integração e a interoperabilidade das bases de dados governamentais;
- promover políticas públicas baseadas em dados e evidências e em serviços preditivos e personalizados, com utilização de tecnologias emergentes;
- implementar a Lei Geral de Proteção de Dados, no âmbito do Governo federal, e garantir a segurança das plataformas de governo digital;
- disponibilizar a identificação digital ao cidadão;
- adotar tecnologia de processos e serviços governamentais em nuvem como parte da estrutura tecnológica dos serviços e setores da administração pública federal;
- otimizar as infraestruturas de tecnologia da informação e comunicação; e
- formar equipes de governo com competências digitais.

9. Daí a necessidade de uma investigação criminal disruptiva

Com efeito, neste incremental de novas tecnologias como instrumento de prestação de serviços públicos simples e intuitivos, com maior aproximação à cidadania, se revela a densificação de direitos fundamentais, direitos sociais e, por conseguinte, de cumprimento da promessa constitucional do direito fundamental à segurança pública. Daí a transformação digital da economia, cujos objetivos incluem o estabelecimento de ecossistemas, o uso de tratamento de grande quantidade de dados e a criação de novos modelos de negócios, obviamente dentro de um regime jurídico que permita a segurança jurídica e possibilite investimentos e proteção de dados.

Nesse sentido, o item 1, "a", do eixo II do Anexo I, do Decreto nº 9.319/2018 (Brasil, 2018) a dispor:

> 1. Transformação digital da economia (a) Economia baseada em dados. A moderna economia digital é uma economia baseada em dados. O aproveitamento das oportunidades advindas da crescente disponibilidade do grande volume de dados é, assim, elemento estratégico para o crescimento do País.
>
> Os objetivos a serem alcançados incluem: - promover a criação de forte ecossistema para desenvolvimento da economia de dados, com incentivos ao desenvolvimento de infraestrutura de telecomunicações e à atração de data centers ao País; - aprimorar capacidades técnicas e humanas relativas ao uso e tratamento de grandes volumes de dados; e - promover um ambiente jurídico-regulatório que estimule investimentos e inovação, a fim de conferir segurança aos dados tratados e adequada proteção aos dados pessoais.

A Estratégia de Governo Digital para o período de 2020 a 2023, nos termos do Decreto nº 10.332/2020 (Brasil, 2020c) abrange os órgãos e as entidades da Administração Pública federal direta, autárquica e fundacional.

Promovendo ações que vão ao encontro dos objetivos e das medidas necessárias ao alcance da Estratégia de Governo Digital, o Banco Central do Brasil (BACEN), com natureza jurídica de autarquia federal vinculada ao Ministério da Fazenda, compreende o seu papel na sociedade, na economia e nos destinos das moedas digitais no mundo e se lança a novos ambientes que elevarão o país a um patamar de gestão financeira de *central banks* compatível às principais economias do mundo.

O Governo Digital abre um caminho sem retrocesso, um necessário caminho sem possibilidade de recuo, em que se ganha na promoção da cidadania e da eficiência dos serviços públicos. Esse avanço é seguido pelo BACEN seja na sua interação com o sistema de justiça em suas reconhecidas plataformas, seja na criação de um ecossistema em que serviços públicos são fornecidos, explorados e facilitados pela política pública fomentada por essas ferramentas, que, além de estimularem a transparência, a cidadania, a democracia digital, simplificam o relacionamento do cidadão com o dinheiro, em absoluta segurança jurídica.

Mas qual a relação do Governo Digital e do Pix com a investigação criminal? Em primeiro lugar, é preciso compreender que, como qualquer inovação objeto de análise pelo direito digital, o Pix tem externalidades que podem alcançar a segurança pública e, por conseguinte, repercutirem negativamente na economia, nos cofres públicos e, até mesmo, na credibilidade do sistema financeiro quando utilizado de maneira indevida, instrumento de condutas humanas indesejadas.

Desde que instituído o arranjo Pix e aprovado pela Diretoria Colegiada do Banco Central do Brasil, em 12 de agosto de 2020, na Resolução BCB nº 1/2020 (Brasil, 2020b), o sistema financeiro brasileiro ingressou em um movimento de modernização, em que aproxima o atual e o virtual, em evidente avanço disruptivo das formas de pagamentos, integrando as instituições financeiras e reinventando o Sistema de Pagamentos Brasileiro (SPB).

Ocorre que sem diálogo entre sistema financeiro, econômico e jurídico, medidas cautelares criminais para bloqueio de valores decorrentes de atividade criminosa não serão efetivas pelo modelo tradicional. Por essa razão, se propõe o sequestro (ou arresto) *per saltum* no contexto de uma persecução criminal patrimonial digital.

O movimento Pix deverá observar regulações mínimas sobre estrutura de gerenciamento de riscos operacional e de liquidez, política de segurança cibernética, plano de ação e de resposta a incidentes, contratação de serviços de processamento e armazenamento de dados e de computação em nuvem e o cumprimento de sanções impostas por resoluções do Conselho de Segurança das Nações Unidas.

E para promover diálogo foi criado o Fórum Pix, previsto no art. 6º da Resolução BCB nº 1/2020 (Brasil, 2020b), coordenado pelo BACEN para atender a todos os interesses de efetivação da novel medida, prenúncio de uma moeda digital. Essa capacidade dialógica exprime o que há de mais arrojado em termos de inclusão social e política.

Mas em termos de segurança digital e de controle da criminalidade de massa e de investigação criminal, pouca comunicação houve com o sistema de justiça. Isso representa um empobrecimento da democracia digital, já que as consequências da tragédia Pix em relação à ausência de diálogo com a investigação alcançam, na seara criminal, um número indeterminado de pessoas. De igual modo, promovem evidente violação a processos e estruturas de governança do Pix, as quais devem garantir a representatividade e a pluralidade de instituições e de segmentos participantes, bem como o acesso não discriminatório e a mitigação de conflitos de interesse.

Com efeito, há interesse do sistema de justiça criminal em minimizar consequências da engenharia financeira, prática rotineiramente utilizada para imprimir aparência de licitude em quantias provenientes da criminalidade de massa e organizada.

O processo penal, que com o Pix será acionado centenas de vezes (ao dia), foi deixado de lado e não ingressa na arena de debates, reafirmando aspectos do processo neoliberal de desregulamentação público-estatal da economia (paradoxo da regulamentação Pix) pelo sórdido amor ao lucro, em que nem todos melhoram de vida com a troca, conforme advertiu Aristóteles em "Ética a Nicômaco" (1991).

E qual a relação do Pix com o processo penal, o Direito Penal, a Economia e a realidade brasileira? Bem, o Direito Penal Econômico evidencia que cada vez mais, fatores de criminalidade e consequente análise de prevenção têm relação direta com a decisão racional do criminoso, recorte das teorias etiológicas da criminologia.

O Direito Penal, no que tange aos crimes patrimoniais, é essencialmente econômico. A economia constitui o substrato da maioria dos comportamentos cibernéticos indesejados. A persecução criminal, como primeira faceta do processo penal, passa a exigir uma investigação econômica, financeira e digital com atuação persecutória patrimonial e consentânea com a nova realidade desvelada por um novo momento, em que o Governo Digital tem que se comunicar com o sistema de justiça, sob pena de fazer desaparecer o próprio conceito e objetivo de um pretenso Direito Digital.

Mas se esse novo arranjo Pix, decorrência do movimento de Governo Digital é tão eficiente assim, o que significam as fraudes relacionadas a ele cada vez mais comuns nos noticiários diários no Brasil? É preciso cautela, porque não existe golpe do Pix. O problema não está na segurança da movimentação, até porque a transação é segura, uma característica dos ativos virtuais que alcança recordes diários de movimentação.

O que existe é um crescimento exponencial da criminalidade cibernética, decorrência de múltiplos fatores, como também a crescente utilização de ativos digitais, a necessidade de representação em crimes de estelionato[10] e a confluência desse

10. De acordo com o Pacote Anticrime (Lei nº 13.869/2019) (Brasil, 2019b) e modificação da ação penal do principal tipo penal de subsunção dos crimes cibernéticos – estelionato.

momento de evolução tecnológica, do atual, do real e do virtual (Fuller, 2020), com a pandemia. Nessa multiplicidade de fatores que geraria prejuízos com ou sem ativos digitais, surge uma nova forma de pagamento que, por coincidência, passa a ser utilizada como um espectro do *modus operandi* dos crimes cibernéticos – o Pix.

Com efeito, existiria explosão dessa criminalidade com ou sem Pix. O que ocorre é a necessidade de ajustes para reduzir essas externalidades, por lei ou pelo consenso, como ensina Coase (1960), luz que se propõe nestas linhas.

Mas o Pix não é um retrocesso, pelo contrário, o sucesso da iniciativa deve ser acompanhado por uma devida investigação patrimonial e digital, e no devido momento com a análise de custos desses novos mecanismos para a investigação criminal. Ocorre que existe, sim, um déficit de responsabilização social das instituições financeiras, que, para se alinharem à proposta de um Governo Digital, podem contribuir com atitudes colaborativas e dialógicas com o sistema de justiça criminal, porquanto a exploração dessa facilidade, por certo, enseja custos para o incremento de outro serviço do Estado – o serviço de investigação criminal e prestação do direito fundamental de segurança pública eficiente. Por mais óbvio que pareça, é paradoxal que na criação do arranjo Pix nada se pensou sobre o incremento de investimento nesse outro necessário serviço público – a investigação criminal[11].

Vale pontuar, enquanto o Pix pode ser compreendido como a conexão do atual e do virtual ou, conforme Castells (2016, p. 23), como a cultura da virtualidade real, a inércia de algumas instituições financeiras na comunicação com o Estado-investigação em países em desenvolvimento e a procrastinação de

11. O gasto público em investigação criminal foi transferido aos estados sem nenhuma contrapartida. Ademais, não é possível, atualmente, contabilizar qual o valor desse gasto, exatamente porque ainda não se discute o custo da investigação criminal.

meses na entrega do caminho do dinheiro, ainda que com intervenção administrativa e proteção por ordem judicial, se tornam algo rotineiro e inimaginável quando a conduta está no virtual, contradição da regulamentação estatal do arranjo Pix e das mínimas premissas das políticas de um governo que se pretende digital.

Com a prática do crime cibernético, plurilocal ou à distância e consequente realização do Pix pela vítima, o responsável pela investigação policial pode comunicar a transação suspeita e invocar as consequências da lavagem de capitais ou manejar uma medida judicial, em geral traduzida pelas medidas assecuratórias restritivas de patrimônio, a exemplo do sequestro de bens e da retenção de todo o dinheiro originário da infração criminal.

Ocorre que as medidas assecuratórias previstas no Código de Processo Penal, na Lei n° 9.613/1998 (Brasil, 1998b) e na legislação penal especial não se mostram efetivas quando a lógica tradicional pretende alcançar a digital.

Note-se, ademais, que é cada vez mais comum a identificação de células criminosas destinadas exclusivamente à pulverização do dinheiro do crime em centenas de contas, algumas até vinculadas a pessoas presas, ou na conversão em moeda digital. Na hipótese, demonstrada a não efetividade da medida jurisdicional, caberá ao delegado de polícia ou ao representante do Ministério Público formular nova representação, destinada ao bloqueio da segunda conta destinatária do crédito e, assim, sucessivamente, com a ressalva de que pode acontecer dos comandos judiciais não serem executados pelos bancos, pela simples constatação de que em nenhuma das contas há recurso para suportar a constrição, decorrência das inúmeras e sequenciais transferências bancárias.

Diante da complexidade empírica dos conflitos da modernidade e, sem desconsiderar a fenomenologia do processo penal, tem-se que o sistema de justiça criminal e suas garantias constitucionais já albergam fundamentos úteis para instrumentalizar medidas assecuratórias, denominadas *per saltum*. De tal forma, basta observar a desnecessidade momentânea de qualificação do indiciado ou do investigado, seja para instaurar inquérito policial, seja para oferecimento e consequente recebimento da denúncia.

4.6 O AUMENTO DO CUSTO POR RESPONSABILIDADE DAS INSTITUIÇÕES FINANCEIRAS[12]

Conforme analisado, grupos criminosos, além de percorrerem o *iter criminis* para a consumação e o exaurimento das infrações antecedentes, desenvolvem uma complexa rede para a lavagem de dinheiro, que envolve dezenas de pessoas e centenas de contas correntes e outras transações, valendo-se das facilidades do sistema financeiro. No processo de lavagem e distanciamento nas transações financeiras iniciais, eles se valem de instituições e contas de terceiros, diluindo entre contas vinculadas a estabelecimentos fiscalizados pelo Banco Central. Em poucos minutos, então, diluem milhões de reais.

Algumas quantias são destinadas a bancos previamente escolhidos por dificultar o trânsito de informações com agentes da lei. Nesse caso, a investigação criminal envolve a análise financeira, o que somente ocorre com reserva de jurisdição. Contudo, a despeito de decisões judiciais, determinadas instituições financeiras passam meses sem prestar informações ao Estado-investigação o caminho do dinheiro.

A medida, que deveria ser adotada em minutos, conforme se defende com o sequestro *per saltum*[13], ultrapassados em al-

12. Para contornar essa externalidade, foram adotadas medidas cautelares diversas da prisão e o correlato poder geral de cautela – uma aplicação subsidiária do Código de Processo Civil.

13. A adoção de medidas assecuratórias *per saltum*, decorrentes de investigações criminais, poderá ser utilizada como fundamento válido em eventuais ações no direito consumeirista acerca da responsabilidade civil de instituições financeiras que, de maneira abusiva, procrastinaram e não adotaram

guns casos um ano não são efetivadas, isso porque a instituição financeira se recusa em prestar as informações. São informações básicas: informar o destinado do dinheiro.

É bem verdade que os criminosos também verificam a vulnerabilidade e a disposição de determinadas instituições financeiras antes de enviarem o dinheiro, em busca de uma espécie de ilha fiscal, conceito este correlato ao de paraíso fiscal, mas dentro do país.

Na prática, com a recusa reiterada da instituição financeira, além do custo da investigação (uma não preocupação do sistema financeiro), o banco causa, de maneira abusiva, duplo prejuízo: primeiro para a vítima e segundo, para o orçamento público[14].

As instituições financeiras, como pessoas sujeitas aos mecanismos de controle, têm responsabilidades descritas minuciosamente na Lei de Lavagem de Dinheiro (Brasil, 1998b). Ainda, as instituições têm responsabilidades sociais que precisam ser cumpridas.

Essas instituições financeiras têm deveres de identificação de clientes, manutenção de registros e comunicação de operações financeiras suspeitas, conforme a Lei nº 9.613/1998 (Brasil, 1998b):

> **Art. 10.** As pessoas referidas no art. 9º:
>
> I - identificarão seus clientes e manterão cadastro atualizado, nos termos de instruções emanadas das autoridades competentes;

---

medidas simples em benefício da investigação – e, portanto, potencializaram o prejuízo estatal – com reflexos no consumidor, que, eventualmente, poderá exigir ressarcimento diante da decisão consciente da instituição financeira.

14. Discutir os assuntos relacionados ao custo da investigação criminal é uma extraordinária forma de combate a organizações criminosas que aprenderam a observar o sistema e a praticarem, reiteradamente, comportamentos abusivos ainda não punidos.

II - manterão registro de toda transação em moeda nacional ou estrangeira, títulos e valores mobiliários, títulos de crédito, metais, ativos virtuais, ou qualquer ativo passível de ser convertido em dinheiro, que ultrapassar limite fixado pela autoridade competente e nos termos de instruções por esta expedidas; (Redação dada pela Lei nº 14.478, de 2022)

III - deverão adotar políticas, procedimentos e controles internos, compatíveis com seu porte e volume de operações, que lhes permitam atender ao disposto neste artigo e no art. 11, na forma disciplinada pelos órgãos competentes;

IV - deverão cadastrar-se e manter seu cadastro atualizado no órgão regulador ou fiscalizador e, na falta deste, no Conselho de Controle de Atividades Financeiras (Coaf), na forma e condições por eles estabelecidas;

V - deverão atender às requisições formuladas pelo Coaf na periodicidade, forma e condições por ele estabelecidas, cabendo-lhe preservar, nos termos da lei, o sigilo das informações prestadas.

Art. 11. As pessoas referidas no art. 9º:

I - dispensarão especial atenção às operações que, nos termos de instruções emanadas das autoridades competentes, possam constituir-se em sérios indícios dos crimes previstos nesta Lei, ou com eles relacionar-se;

II - deverão comunicar ao Coaf, abstendo-se de dar ciência de tal ato a qualquer pessoa, inclusive àquela à qual se refira a informação, no prazo de 24 (vinte e quatro) horas, a proposta ou realização:

a) de todas as transações referidas no inciso II do art. 10, acompanhadas da identificação de que trata o inciso I do mencionado artigo; e

b) das operações referidas no inciso I;

III - deverão comunicar ao órgão regulador ou fiscalizador da sua atividade ou, na sua falta, ao Coaf, na periodicidade, forma e condições por eles estabelecidas, a não ocorrência de propostas, transações ou operações passíveis de serem comunicadas nos termos do inciso II.

> § 1º As autoridades competentes, nas instruções referidas no inciso I deste artigo, elaborarão relação de operações que, por suas características, no que se refere às partes envolvidas, valores, forma de realização, instrumentos utilizados, ou pela falta de fundamento econômico ou legal, possam configurar a hipótese nele prevista.
>
> § 2º As comunicações de boa-fé, feitas na forma prevista neste artigo, não acarretarão responsabilidade civil ou administrativa.
>
> § 3º O Coaf disponibilizará as comunicações recebidas com base no inciso II do *caput* aos respectivos órgãos responsáveis pela regulação ou fiscalização das pessoas a que se refere o art. 9º.

Diante do poder geral de cautela; da teoria dos poderes implícitos, visando sanar uma lacuna do Código de Processo Penal; da proporcionalidade e da adequação dos objetivos das medidas cautelares diversas à prisão – porquanto uma busca e apreensão na sede desses bancos causa muito mais prejuízo e não alcança os objetivos de eficiência da investigação – e da admissão pela jurisprudência da aplicação de astreintes em desfavor de terceiros, é que se defende a possibilidade de representação para que o magistrado determine à instituição financeira o cumprimento integral da ordem emitida, indicando o caminho do dinheiro, nos termos da Circular nº 3.978/2020 do Banco Central do Brasil (Brasil, 2020a), sob pena de multa diária diante do reconhecimento de que investigação criminal tem custo no Brasil e que comportamentos abusivos merecem uma análise e discussão no país.

As instituições financeiras no país precisam reconhecer que a investigação tem custo, e que a sociedade não mais admite a socialização desses custos, um comportamento abusivo e irregular, que fere as regras básicas de *compliance*.

Ademais, ao realizar o comportamento abusivo, não houve a compreensão por completo sobre o significado da Lei de

Lavagem de Dinheiro (Brasil, 1998b). Note-se, tal lei considera crime a ocultação e equipara a lavagem a condutas relacionadas à não comunicação. Nem precisaria a lei referir-se a comportamentos equiparados, isso porque todo aquele que contribui para o crime responde na medida de sua culpabilidade. Os dirigentes de instituições financeiras não compreenderam que poderão incorrer em crime sempre que optam pela socialização do custo da investigação criminal.

O debate sobre comportamento abusivo, externalidades e responsabilidade depende do pressuposto, ou seja, premissas básicas para a aferição de um custo da investigação criminal a partir da compreensão de que mesmo comportamentos criminosos[15], não se afastam, por completo, das expectativas ético-jurídicas estabelecidas pelo Direito.

15. Existe uma visão marginalizada de que o autor de crime é um bárbaro, o que induz a análise não científica de que criminosos vivem exclusivamente na criminalidade. Embora em crimes eletrônicos, único agente possa cometer milhares de crimes por ano, essa não é a regra ao considerarmos o conjunto de indivíduos e o móvel direcionado ao bem jurídico. As pessoas, mesmo as que decidem praticar infrações criminais, sob o ponto de vista material, realizam um comportamento direcionado a causar lesão significativa ou perigo de lesão ao bem jurídico escolhido pela sociedade como relevante. Todos os demais comportamentos circunstanciais, ou mesmo que correlatos ao atuar ontológico do tipo objetivo, são direcionados a bem jurídico diverso – patrimônio e orçamento público – que exigem um dever de atuação ética.

5

DIREITO PENAL, RESPONSABILIDADE PENAL E ABUSO DE DIREITO NA INVESTIGAÇÃO CRIMINAL

5.1 DIREITO PENAL E RESPONSABILIDADE PENAL

O Direito Penal tem por finalidade compreender o fenômeno social e dotar o sistema jurídico de mecanismos para identificar o comportamento e transformá-lo em ilícito jurídico, na modalidade ilícito penal, diante da insuficiência de outros meios de controle social. Para Bitencourt (2009, p. 2), é um conjunto de normas jurídicas que tem por objeto a determinação de infrações de natureza penal e suas sanções correspondentes – penas e medidas de segurança. Ainda segundo o citado autor, cuida-se de um conjunto de normas e princípios essenciais para a convivência humana.

E a ação humana é o que direciona toda a discussão sobre a teoria do delito, com o surgimento da concepção puramente normativa, ao excluir, no finalismo, o dolo e a culpa da culpabilidade. Para Welzel (1993, p. 53), essa ação é um exercício de atividade final, um acontecer final e não puramente causal:

> Ação humana é exercício de atividade final. A ação é, portanto, um acontecer 'final' e não puramente 'causal'.

> A 'finalidade' ou o caráter final da ação baseia-se em que o homem, graças a seu saber causal, pode prever, dentro de certos limites, as consequências possíveis de sua conduta. Em razão de seu saber causal prévio pode dirigir os diferentes atos de sua atividade de tal forma que oriente o acontecer causal exterior a um fim e assim o determine.

Ademais, importa analisar o desvalor da ação, componente do injusto penal, ingressar no recorte da culpabilidade e na identificação de requisitos outros da responsabilidade penal.

Em 1962, Roxin apresenta a concepção normativista do Direito Penal, que confronta a concepção final da ação, de base ontológica defendida por Welzel. O que Roxin propunha era o rompimento de fundamentação ontológica para formular uma vinculação em pautas político-criminais, o que possibilitaria pensar pena e medida de segurança como consequentes protetores de bens jurídicos e preventivos de delitos (Bitencourt, 2009).

A despeito desse rompimento, relembra Bitencourt (2009, p. 79) que "o ponto de vista normativo pressuporia, pois, liberdade de escolha, perante a sujeição a estruturas lógico-objetivas de que partia o ontologismo de Welzel".

O normativismo de Jakobs formulado em 1983 distingue de Roxin e de sua limitação teleológico-funcional, em que, segundo Bitencourt (2009, p. 80), "os valores protegidos pelo sistema penal estejam limitados por um substrato material fático externo ao próprio sistema", espécie de limites penais situados fora do sistema penal.

Ao pontuar o normativismo monista de Jakobs, Bitencourt (2009, p. 80) ressalta que, conforme o modelo funcionalista-sistêmico, "encontra somente no interior do próprio sistema penal os parâmetros necessários para o seu desenvolvimento estrutural, não se sujeitando a limites externos".

Tanto no finalismo de Welzel, como no normativismo menos radical de Roxin, que admite limites na realidade empírica, quanto em Jakobs, com fundamento no sistema autopoiético (fechado) de Luhmann com limitação singularizada ao aspecto normativo-funcional do Direito Positivo, as externalidades apontadas neste trabalho não encontram uma solução adequada.

Se o normativismo teleológico perdeu a chance de se debruçar nas externalidades dentro das consequências em políticas criminais[1], o funcionalismo radical rechaçou por completo ao estruturar a teoria do crime, repetindo a certeza de cientificidade, sem apresentar soluções.

É necessário, no entanto, compreender que a complexidade da criminalidade organizada e cibernética que se apresenta, com avassaladores custos estatais no século 21, não estava na linha de análise empírica de Welzel, Roxin ou Jakobs, assim como é um não assunto aos penalistas da atualidade[2].

---

1. Embora remanesça a crítica a que o próprio Estado defina a concepção filosófico-política do Direito Penal, o que pode levar a graves violações aos direitos humanos, em especial praticadas por Estados totalitários. A crítica é rechaçada por Roxin, ao asseverar que uma política criminal apenas encontra solidez quando fundamentada em Direitos Humanos e liberdades fundamentais. Vale observar, neste aspecto, as críticas de Bitencourt (2009, p. 33) à Constituição Brasileira, rotineiramente alterada, o que poderia ensejar espaço para insegurança.

2. Bobbio, na obra a "Era dos Direitos" (2004, p. 5) afirma, ao comentar sobre novos direitos, tais como novas exigências que poderiam ser chamadas de quarta geração, como os efeitos da pesquisa biológica e a manipulação genética, que os direitos não nascem todos de uma vez. Nascem quando devem ou podem nascer. Nascem quando o aumento do poder do homem sobre o homem - que acompanha inevitavelmente o progresso técnico, isto é, o progresso da capacidade do homem de dominar a natureza e os outros homens - ou cria novas ameaças à liberdade do indivíduo, ou permite novos remédios para as suas indigências. Ameaças que são enfrentadas por meio de demandas de limitações de poderes remédios que são providenciados através da exigência de que o mesmo poder intervenha de modo protetor. Embora Bobbio se refira a garantias de liberdade e de não agir do Estado e a direitos sociais ou ações positivas do Estado, temos que as externalidades, como expressão do uso do poder do homem sobre outros - representados pelo Estado - e com prejuízos sociais merecem, a seu tempo, ou um remédio próprio ou a aplicação de uma limitação decorrente de um movimento que busca identificar uma delimitação entre o normal e o anormal do caos do fenômeno criminal. Um atuar em frequente evolução, mas que, neste momento, exige uma pausa para reflexão.

Mas, porque as externalidades merecem o olhar da dogmática penal? Não para integrar uma nova escola: o trabalho não tem essa pretensão, mas compreender o direito material para buscar a solução no campo não penal.

Ademais, é preciso compreender que aquilo que denominamos externalidades, segundo a melhor compreensão dos tribunais superiores, não devem ser valoradas na dosimetria da pena. Nesse sentido, o *Habeas Corpus* (HC) nº 72815 Mato Grosso do Sul (Brasil, 1995b, p. 1):

> EMENTA: *Habeas corpus*. O comportamento do réu durante o processo na tentativa de defender-se não pode ser levado em consideração para efeito de um aumento da pena, sendo certo, também, que o réu não está obrigado a dizer a verdade (art. 5ª, LXIII, da Constituição Federal) e que as testemunhas, se mentirosas, devem elas, sem reflexo na fixação da pena do réu em favor de quem depuseram, ser punidas, se for o caso, pelo crime de falso testemunho. *Habeas corpus* deferido em parte, estendida a concessão, *ex officio*, ao co-réu.

Com efeito, essa decisão pode ser compreendida com a afirmação de que as externalidades, a despeito de correlacionadas a um evento destinado a produzir consequências jurídicas, não podem ser compreendidas no sentido de ação humana como exercício de atividade final.

Externalidades podem ter qualquer outra natureza jurídica, somente não podem ser valoradas para fins de responsabilidade penal. Melhor esclarecendo, externalidades não são consideradas para a tipicidade por ausência de conduta penal, sendo impossível, portanto, sua subsunção a tipo penal.

Note-se, no entanto, que afastar as externalidades do normativismo teleológico ou sistêmico não representa um insucesso das escolas funcionalistas. Obviamente existe um problema, principalmente no modelo radical de atenção do Direito Penal a problemas essencialmente simbólicos. No entanto, essa é uma discussão que não interessa em absoluto ao presente estudo, dado que se conclui que externalidades não serão valoradas pelo juiz penal.

Ademais, a finalidade do autor é decisiva para o finalismo, mas o aspecto do comportamento analisado – externalidade – não integra esse juízo e, tampouco, ingressa na análise do risco proibido, porquanto o que perseguimos é a identificação de um comportamento abusivo, mas não necessariamente contrário ao tipo penal, senão contrário ao direito.

Se a missão deste trabalho estivesse em reconstruir uma escola penal para justificar e acolher a natureza jurídica das externalidades, possivelmente essa escola, em paralelo a outras escolas penais, estaria localizada na perspectiva superada dos causalistas.

Decorrência da necessidade de certeza jurídica, a valoração material, como nos neokantianos, e a ciência do dever ser, de compreensão e assimilação da dimensão valorativa do objeto jurídico, poderiam ocasionar incerteza e trazer subjetivismo em decisão de vital importância, que é o direito ao silêncio e à liberdade.

Acompanhando Bitencourt (2009, p. 71), ao discorrer sobre o modelo baseado em filósofos neokantianos, temos que com as "considerações axiológicas e materiais, o neokantismo substitui o método puramente jurídico-formal do positivismo".

Em outros termos, superados o causalismo e o neokantismo, a despeito do substrato evolutivo do finalismo e do funcionalismo no que tange ao comportamento humano indesejado, as externalidades – que não se confundem com comportamentos humanos indesejados – parecem permanecer atreladas ao positivismo, desprovido de qualquer análise da realidade cultural ou de valores, daí esse assunto ainda não ter encontrado espaço para o início de uma discussão.

As externalidades permanecem submetidas ao cientificismo e à promessa de resolução absoluta, ainda que somente simbólica, do Direito Penal, de características puramente objetivo-descritiva.

Obviamente que se as externalidades, embora não se confundam, seguissem a lógica da estrutura analítica de crime, por certo fatores simétricos poderiam excluir a ilicitude de eventual responsabilidade. Presentes os fatores de exclusão da antijuridicidade, como legítima defesa, estado de necessidade e estrito cumprimento do dever legal, ainda assim o substrato custo da investigação criminal continuaria relevante, principalmente para fins de orçamento e de planejamento estratégico.

No que tange à culpabilidade, pelo finalismo, o dolo e a culpa migram para a conduta. Por considerarmos externalidade uma aproximação do causalismo e da analise civilista da responsabilidade, o dolo e a culpa, obviamente não estão na conduta. Mas como não é uma análise de Direito Penal, mas das externalidades, necessário reconhecer que estas estarão submetidas ao impulso voluntário e psicológico. Diante da prática de um comportamento humano indesejado (infração criminal), o autor decide, voluntariamente, causar um abusivo e prejudicial comportamento não direcionado ao bem juridicamente tutelado pelo tipo penal, mas ao prejuízo emulativo de manipulação desnecessário da persecução criminal.

Importante asseverar que a pena para o Direito Penal é um mecanismo de controle social que o Estado utiliza para proteger o bem jurídico tutelado. Repita-se, externalidades não violam o bem jurídico tutelado pela norma penal, portanto não poderiam decorrer consequências compatíveis com a sanção penal ou, até mesmo, com o confisco alargado[3].

---

3. O confisco alargado é uma tentativa, não pragmática, de solucionar um problema de inefetividade no sistema de justiça criminal por meio de um mecanismo de difícil implementação prática, porquanto introduz solução que, a despeito da aproximação econômica, não se desloca da lógica científica da dogmática penal. Decorre do texto legal, com previsão no art. 91-A do Código Penal (Brasil, 1940). Na hipótese de condenação por infrações às quais a lei comine pena máxima superior a 6 (seis) anos de reclusão, poderá ser decretada a perda, como produto ou proveito do crime, dos bens correspondentes à diferença entre o valor do patrimônio do condenado e aquele que seja compatível com o seu rendimento lícito. Confisco alargado,

5.2 BEM JURÍDICO E ABUSO DE DIREITO NA INVESTIGAÇÃO CRIMINAL

O desvalor do resultado (Direito Penal) leva em consideração a gravidade e a lesão ao bem jurídico tutelado. O conceito de bem jurídico se relaciona ao aspecto normativo, este o traço distintivo com o objeto material ou objeto da ação, empírico, relacionado ao mundo naturalístico, de essência valorativa sintética.

Para Prado (2005, p. 265), "essa concepção puramente física do objeto da ação contraria a própria realidade normativa, que prevê como seu objeto entes não-sensoriais e não circunscritos a uma dimensão espacial".

Note-se que para Roxin, a função do Direito Penal é proteger bens jurídicos, uma vez que a conduta é a violação ao bem jurídico, enquanto para o funcionalismo radical ou sistêmico de Jakobs, a missão do Direito Penal é proteger o sistema, a vigência da norma. Baseado em sistemas sociais de Luhmann, o Direito Penal, como sistema autopoiético, tem por finalidade assegurar a vigência do sistema, de maneira que a conduta é aquela capaz de violar o sistema e as expectativas normativas (Prado, 2005).

Para Prado (2005, p. 269):

> A lesão ao bem jurídico diz respeito à relação entre a ação típica e o valor protegido pela norma penal, que pode encarnar-se ou não no objeto da ação", o que desborda em um resultado axiológico, juridicamente valorado, que significa o desvalor da ação.

Com efeito, externalidades não violam o mesmo bem jurídico protegido pela norma penal e, portanto, não são objeto do desvalor da ação para fins penais.

---

portanto, em nada se confunde com o confisco ou cobrança decorrente de externalidades.

Ocorre, no entanto, que o Direito Penal e a dogmática penal como a conhecemos, construída a partir de um compromisso estatal de segurança jurídica em troca de limitação de direitos, ainda que sob a análise de um contrato social, não se convencionou em um dever ilimitado a suportar as externalidades[4], categoria externa da imputação jurídico-penal que supera o pseudoproblema ações e fatos já referidas por Pérez (2007, p. 12) ao contextualizar a proposta de Vives Antón de concepção significativa de ação.

Ademais, o pensar a partir de ponto fora da dogmática penal e livre de tensão pode auxiliar a reduzir a infindável discussão acerca da atual crise da culpabilidade e o problema de sua indemonstrabilidade. Se, por um lado, não se pretenda solver a crise de culpabilidade, por outro, é muito provável que a admissão da teoria do abuso de direito criminal e a identificação (*rectius* responsabilização) pelas externalidades podem servir como um caminho para reduzir a interferência do determinismo, principal óbice atual da responsabilização penal.

Estabelecendo uma coerência lógica e epistemológica do trabalho que cuida de investigação criminal, tema do ramo do Direito Processual Penal e considerando que abuso de direito não é um assunto corrente ao sistema de justiça criminal, necessário se faz, de maneira dialógica, buscar subsídios no direito material, a começar pelas lições iniciais de Direito Civil sobre o assunto.

---

4. Embora passível de críticas e de incompreensões que possivelmente a doutrina lançará acerca da aproximação entre investigação criminal e serviço público, em breve tempo, o Estado, de maneira unilateral ou mediante audiências públicas, deverá complementar os deveres do cidadão para estabelecer uma interpretação acerca das "promessas do contrato social" a fim de delimitar os deveres do Estado como detentor do monopólio penal e os limites da culpabilidade, no contexto do art. 59 do Código Penal (Brasil, 1940), com possibilidade de distribuição ou responsabilização dos custos de algumas externalidades aos terceiros que atuarem de maneira abusiva.

Mas um pressuposto é necessário para a correta compreensão do que está a se discutir, ou seja, separar o ilícito penal com sua carga de responsabilidade criminal, do ilícito civil, do abuso do direito e de todas as demais externalidades da investigação criminal.

Note-se, nesse filtro inicial, concluindo-se que a totalidade dos efeitos decorrentes da conduta humana indesejada estejam absorvidas pela culpabilidade em seu duplo sentido e pela responsabilidade penal e civil, então não há sentido algum prosseguir na análise, porquanto tudo será possível ao agente com relação ao sobrevalor dos prejuízos e caberá ao Estado, por meio dos cofres públicos, arcar com os custos totais. Essa é uma decisão que a sociedade, por meio dos seus representantes precisa tomar.

Em outros termos, o Direito Penal e Civil serão suficientes para responsabilizar o autor do crime. Dessa maneira, caberá ao Estado arcar com todos os custos, de todas as intercorrências lesivas ao serviço público que ocorrerem, desde os atos preparatórios, passando pelos executórios, pelo exaurimento e pelas posturas, até mesmo aqueles de afronta ao Estado-investigação, à soberania, à sociedade e aos sujeitos da relação jurídica processual.

Essa é uma possível conclusão, a partir de uma leitura de que a Constituição Federal garante ao autor do crime, no aspecto criminal, o mais amplo contraditório[5], o devido processo legal formal e substancial, diante da possibilidade real de abusos por parte do grandioso Estado e de seus agentes que, não raro, ao longo da história, extrapolaram os limites do monopólio de aplicação da lei penal para uso no controle político e social[6].

5. Mesmo a plenitude de defesa como direito fundamental nos crimes dolosos contra a vida pode encontrar limites e modulações em externalidades e custos da investigação propostos, de acordo com a leitura do art. 5º, inciso XXXVIII, da CF (Brasil, 1988).

6. Conforme exame do tópico abuso de autoridade, além da responsabilidade criminal, milhares de processos, com justas e devidas condenações,

Essa primeira leitura, aliás, é o ponto de partida e parece ser a compreensão atual não por má-fé, mas, simplesmente, por desconhecimento e completa ausência de enfrentamento da questão que se propõe.

Por acreditar que essa não é a solução ético-jurídica, avancemos no debate.

O que se pretende, desse modo, é uma superação da lógica tradicional de pensar a dogmática penal, processual penal e constitucional, para, a partir de uma análise dialógica da investigação criminal, alcançar externalidades, consequências estas que, eventualmente, devam ser categorizadas, descritas e classificadas para um mais amplo debate público, político, jurídico e orçamentário.

Não se pretende a apresentação de certezas, mas de motivos suficientes para a reflexão sob um novo olhar – denominado dialógico. E, nesse sentido, as externalidades podem constituir uma nova categoria jurídica a possibilitar a aplicabilidade da teoria do abuso de direito no processo penal. E assim poderia ser não apenas analisando a litigância de má-fé e os deveres processuais – decorrência do processo civil e da análise sistemática própria do processo penal –, mas também o abuso de direito, com consequências econômicas, na etapa preliminar de investigação criminal e, até mesmo, perante o direito material, porém não perceptíveis ou compreendidas dentro da responsabilidade civil, administrativa, penal ou tributária.

---

identificam a responsabilidade civil do Estado, note-se, objetiva, precisamente e diante da vulnerabilidade do cidadão diante do tamanho do Estado, trazendo aos cofres públicos o dever de indenizar. Essa justa pretensão dos atingidos pelo Estado-investigação nada mais significa que o reequilíbrio diante do excesso do monopólio estatal. Não há dúvidas da necessidade de o Estado arcar com essas indenizações. Contudo, a partir de uma dialogicidade da investigação criminal e por coerência entre sistemas, eventuais abusos dos particulares, se identificados e categorizados, poderão ser indenizados.

5.3 ABUSO DE DIREITO

Examinar o abuso de direito requer uma breve digressão no tema ato ilícito, isso porque os denominados fatos voluntários podem resultar em comportamentos contrários ao direito e, por conseguinte, provocarem ilícito civil, penal ou administrativo.

Conforme ensina Ihering, o direito nasce dos fatos, que podem ser lícitos ou ilícitos (Gomes, 1979). Para o citado autor (1979, p. 543), a ação humana contrária ao Direito chama-se, *lato sensu*, ato ilícito. Contudo, adverte o autor:

> [...] a conduta ilícita do indivíduo não configura necessariamente *ato ilícito*. É preciso distinguir, primeiramente, a atividade infringente da norma jurídica, da que lesa interesse legítimo de outrem, cuja satisfação depende de sua iniciativa. Se alguém não paga uma dívida, prejudicando, portanto, o credor, não pratica ato ilícito propriamente dito, embora, em última análise, viole, com esse procedimento, a regra jurídica que ordena ao devedor o cumprimento da obrigação contraída.

A partir do esvaziamento do conceito de delito e quase-delito pelo Código Civil Alemão de 1897 (*Bürgerliches Gesetzbuch)*, surge em seu lugar o conceito de ato ilícito, em que o conceito de culpa é apropriado de forma ampla, a incluir o comportamento contrário ao direito, independentemente de vontade.

Varela (2017, p. 534) identifica o fato do agente como o elemento básico da responsabilidade ao asseverar:

> O elemento básico da responsabilidade é o fato do agente – um ato *dominável ou controlável* pela vontade, um *comportamento* ou uma *forma de conduta* humana – pois só quanto a fatos dessa índole têm cabimento a ideia de ilicitude, o requisito da culpa e a obrigação de reparar o dano nos termos em que a lei impõe.

Nota-se um extraordinário apego dentre os clássicos em vincular ato ilícito ao conceito de culpa.

Para Cavalieri Filho (2010, p. 9) a solução está na análise do duplo aspecto da ilicitude, sob o ponto de vista objetivo e subjetivo. No seu aspecto objetivo, contrário ao direito tem-se que:

> A antijuridicidade de uma conduta é normalmente estabelecida à luz de certos valores sociais, valores que podem ser englobados na noção tradicional de bem comum. O que se pretende é proteger o interesse ou utilidade social. Desta forma, sempre que se desenvolve um comportamento contrário à norma jurídica fere-se esse valor, ainda que tal comportamento não decorra de ato humano voluntário. Aqui leva-se em consideração apenas se certa conduta – ou resultado desta – é socialmente vantajosa ou nociva. Por esse enfoque, a fronteira da ilicitude é marcada pela violação do dever jurídico. [...] A contrariedade a direito é condição objetiva que se configura por ter sido violada a ordem jurídica.

No aspecto subjetivo, segundo Cavalieri Filho (2010, p. 9), o ilícito envolve um juízo de valor a partir da vontade humana, da conduta do agente, ao passo que no critério objetivo o juízo de valor está no caráter antissocial ou socialmente nocivo do ato.

Nesse aspecto, complementa Cavalieri Filho (2010, p. 11):

> O abuso do direito foi aqui configurado como ato ilícito dentro de uma visão objetiva, pois boa-fé, bons costumes, fim econômico ou social nada mais são que valores ético-sociais consagrados pela norma em defesa do bem comum, que nada tem a ver com a culpa.

Em complemento, pode-se analisar a ilicitude em sentido estrito ou amplo. Na primeira, a conduta humana exige culpa, dano e nexo de causalidade, conforme art. 927 e art. 186 do Código Civil (CC) (Brasil, 2002), e na segunda, não há referência ao elemento subjetivo ou psicológico, com a ressalva de que conceito estrito atualmente é considerado insatisfatório até mesmo diante da responsabilidade subjetiva.

Rodrigues (1995, p. 312), a respeito do revogado art. 160, I, 2ª parte, do Código Civil de 1916, já ressaltava que o Direito brasileiro acolhe a teoria do abuso de direito:

> Segundo a qual, mesmo atuando dentro do âmbito de sua prerrogativa, pode a pessoa ser obrigada a indenizar dano causado, se daquela fez um uso abusivo.
>
> A teoria do abuso de direito, na sua forma atual, é, como diz Josserand, de tessitura jurisprudencial e surgiu na França na segunda metade do Século XIX.
>
> [...]
>
> Acredito que a teoria atingiu seu pleno desenvolvimento com a concepção de Josserand, segundo a qual há abuso de direito quando ele não é exercido de acordo com a finalidade social para a qual foi conferido, pois, como diz este jurista, os direitos são conferidos ao homem para serem usados de uma forma que se acomode ao interesse coletivo, obedecendo à sua finalidade, segundo o espírito da instituição.

Promovendo uma primeira aproximação do tema com a investigação criminal, Jorge, Souza Júnior e Contelli (2022, p. 15), no livro "Drones, investigação criminal e segurança pública", asseveram:

> A sociedade de risco e sua revolução tecnológica não apresentam um problema a resolver a cada inovação, mas as diversas formas de utilização podem gerar discussões e questionamentos quanto a um sem número de violações ou aparentes violações a direitos fundamentais.
>
> O primeiro e óbvio impasse está quanto ao uso de imagens, espaço aéreo, direito de propriedade e abuso de direito. E o problema aqui não se identifica com o famoso caso Clement Bayard, quando em 1912, a Corte de Amiens na França, analisou o conflito envolvendo um proprietário de terreno vizinho a campo de pouso de dirigíveis, uma vez que, sem qualquer justificativa construiu enormes torres contendo lanças de ferros

para impedir a manobra de dirigíveis. Imbuído da antiga concepção romana, de que o domínio do solo se estendia em profundidade *usque ad inferos* e em altura *usque ad sidera*, atualmente superada (RODRIGUES, 1997, p. 80), o processo naufragou, porquanto a Corte condenou o proprietário a partir do abuso de direito. A discussão presente, com uso de drones é outra e mais complexa. Drones têm o potencial não somente de ocupar o espaço, mas de pouso e, até mesmo, capacidade de ingressar em domicílio com produção e transmissão de imagens em tempo real, com consequências ainda não delineadas por completo pela jurisprudência. Com efeito, a discussão não está apenas no uso do espaço aéreo, não integrante do direito de propriedade, mas envolve até mesmo a invasão de intimidade, privacidade, domicílio, conceitos outros não imaginados no início do século passado.

Assim sendo, somente existirá ato ilícito quando presente o uso irregular de um direito. *A contrario sensu*, existem hipóteses de atos que, embora lesivos, não constituem ilícitos, a exemplo do exercício regular de direito. Outras hipóteses de ato lesivo permitido são a legítima defesa e o estado de necessidade, que atuam como excludentes de responsabilidade civil, nos termos do art. 188, inciso I, do CC (Brasil, 2002).

Diniz (2009. p. 578) arremata afirmando que o abuso de direito se fundamenta em um critério objetivo-finalístico:

> Trata-se, na verdade, de uma categoria *sui generis* e autônoma de antijuridicidade. O ato abusivo é uma conduta lícita, mas desconforme ora à finalidade socioeconômica pretendida pela norma, ao prescrever uma situação ou um direito, ora ao princípio da boa-fé objetiva, como diz Ripert. O abuso de direito para sua configuração requer uma valoração axiológica do exercício de um direito subjetivo (LICC, art. 5°), tendo por base os valores contidos na Constituição federal.

No abuso de direito estaremos diante de uma ilicitude *lato sensu*.

O tema não é enfrentado no Processo Penal, porque a conduta humana indesejada que gera o tipo penal e a consequente aplicação do preceito secundário – correspondente à responsabilidade penal –, ao mesmo tempo constitui, via de regra, um ilícito civil de tratamento adequado pelo direito material civil ou pelo processo civil, assim como pela amplitude da ação civil *ex delicto*, nos termos do art. 64 do Código de Processo Penal (Brasil, 1941).

As consequências do comportamento humano indesejado que contornam os elementos e as circunstâncias do tipo penal, em geral, correspondem a um dever contraposto, que acaba sendo violado, ou seja, a infração criminal.

Eventuais externalidades – elemento central da tese –, portanto, existem e merecem um maior e mais aprofundado debate.

5.4 ABUSO DE AUTORIDADE E EQUILÍBRIO ÉTICO

A recente Lei nº 13.869/2019 (Brasil, 2019a) cuidou de tipificar como abuso de autoridade exatamente condutas contrapostas àquelas realizadas pelo investigado ou indiciado particular, mas sob uma perspectiva por vezes potencializada na desvantajosa posição desses personagens na relação com o Estado.

Tal lei, a partir da possibilidade de infrações criminais praticadas por representantes do Estado-investigação, principalmente diante de violações decorrentes da investigação criminal, reconhece que o exercício do monopólio penal pode sim, para além de violação ética, importar em relevante fragmentação a bem jurídico correspectivo a direito fundamental. Isso exige do Estado não apenas o dever de indenização, mas também a responsabilização penal de seus agentes, inclusive perante a comunidade internacional[7].

7. Em reiteradas decisões, assim como no Caso Nova Brasília (Corte IDH, 2017), o Estado brasileiro foi obrigado a restituir quantias ao Fundo de Assistência

E andou bem o legislador. Todos os Estados totalitários se valeram da "justiça criminal" para controle da população por meio de violação de direitos individuais e, ainda, mesmo em Estados Democráticos como é o caso do Brasil, violações individuais insistem em ocorrer.

Um recorte da Lei de Abuso de Autoridade (Brasil, 2019a) sob essa perspectiva revela que o interesse do legislador está em manter uma investigação criminal ética, hígida e despida de sectarismos, autoritarismos e excessos, especialmente na opção por cautelares de restrição de liberdade em desconformidade com as hipóteses legais (art. 9º); na produção probatória violadora (arts. 13 e 14); na violação ao direito de defesa (arts. 20, 32 e 43, que acrescentou o art. 7º-B à Lei nº 8.906, de 4 de julho de 1994) e no início de investigação criminal sem justa causa fundamentada (art. 30).

Sem nenhum tipo de revanchismo, mas como forma de manter o equilíbrio ético e dialógico do sistema, assim como o Estado-investigação não pode violar disposições de direitos fundamentais, mesmo que em busca de uma ideação imaginária por justiça ou de equilíbrio diante da prática criminosa e da necessidade de proteção suficiente das vítimas e da sociedade, ao indiciado ou investigado, condutas contrapostas, correspondentes a eventuais abusos de direito, também não podem ser admitidas por idênticos fundamentos éticos e jurídicos.

O Estado, no uso do monopólio estatal da força, reconheceu em boa hora que a Administração (do Executivo e do Judiciária) precisa controlar os seus agentes (Costa; Zolandeck, 2012, p. 218), integrantes do sistema de justiça criminal. Pois bem. Mas

a Vítimas, conforme item 22: "O Estado deverá restituir ao Fundo de Assistência Jurídica às Vítimas, da Corte Interamericana de Direitos Humanos, a quantia desembolsada durante a tramitação do presente caso, nos termos do parágrafo 362 desta Sentença". A proposta tem plena aplicabilidade em âmbito doméstico e uma das fontes de custeio muito bem poderia ser os valores obtidos a partir dos comportamentos abusivos na investigação criminal.

o Estado não dispõe de mecanismos para controlar o abuso do direito na seara criminal quando a violação é perpetrada pelo particular. Em outros termos e sem pretensões de *lege ferenda*, o Brasil não dispõe de uma lei para tratar do abuso do direito da persecução, por exemplo pelo investigado, exatamente porque nunca se refletiu sobre o custo da investigação, como se propõe de forma inédita neste trabalho[8].

Embora a justificação ética não seja suficiente para evitar o excesso, uma interpretação constitucional pode perfeitamente fundamentar a necessidade de proporção e equilíbrio entre os atores – Fazenda Pública e abusador.

São reiteradas as decisões monocráticas e acórdãos determinando ao Estado promover a indenização de particulares em razão de comportamentos abusivos de agentes do Estado durante a investigação criminal ou a persecução de segunda fase. Como exemplo de *case*, o Recurso Especial (REsp) nº 1.842.613 São Paulo (Brasil, 2022b), relator Ministro Luis Felipe Salomão:

> Recurso especial. Ação de indenização por danos morais. Entrevista coletiva para informar o oferecimento de denúncia criminal. Ex-presidente da república entre os denunciados. Divulgação comandada por procurador da república. Entrevista destacada por narrativa ofensiva e não técnica. Utilização de powerpoint. Declaração de crimes que não constavam da peça acusatória. Alegação de cerceamento de defesa. Ilegitimidade passiva do agente público causador do dano. Matéria de ordem pública decidida e não impugnada oportunamente. Preclusão. Assistência simples. Atuação em conformidade com a do assistido e nos seus limites. Acessoriedade. Teoria da asserção. Ilegitimidade alegada

8. Por evidente a proposta de custos não inclui apenas o olhar para o abusador indiciado, investigado ou réu, mas a todos os legitimadas da relação jurídica processual e aos demais integrantes do sistema de justiça criminal, seus atores e colaboradores. Se o abuso é de integrante do Estado-investigação, a este cabe a responsabilidade, cuja natureza será objeto de debate no trabalho.

em contestação. Determinação após instrução probatória. Decisão meritória. STF. Tema n. 940. Conduta danosa que se identifica com a atividade funcional. Conduta danosa irregular, fora das atribuições funcionais. Agente pode ser o legitimado passivo.

[...]

7. Na linha do julgamento pelo STF do RE n. 1.027.633/SP, nas ações de indenização, quando a conduta danosa derivar do exercício das funções públicas regulares, o autor prejudicado não possuirá mais a opção de escolher quem irá ocupar o polo passivo da demanda ressarcitória: se o próprio agente ou se a entidade estatal a que o agente seja vinculado ou se ambos. Nessa individualizada situação, a demanda, necessariamente, será ajuizada em face do Estado, que, em ação regressiva, poderá acionar o agente público.

8. Nas situações em que o dano causado ao particular é provocado por conduta irregular do agente público, compreendendo-se "irregular" como conduta estranha ao rol das atribuições funcionais, a ação indenizatória cujo objeto seja a prática do abuso de direito que culminou em dano pode ser ajuizada em face do próprio agente.

[...]

10. O direito é meio de ordenação racional e vinculativa de uma comunidade organizada e, nessa condição, estabelece regras, formas e cria instituições, apontando para a necessidade de garantias jurídico-formais capazes de evitar comportamentos arbitrários e irregulares de poderes políticos.

11. Age com abuso de direito, ofendendo direitos da personalidade, o sujeito que, a pretexto de divulgar o oferecimento de denúncia criminal em entrevista coletiva, utiliza-se de termos e adjetivações ofensivos ("comandante máximo do esquema de corrupção", "maestro da organização criminosa") e marcados pelo desapego à técnica, assim como insinua a culpabilidade do denunciado por crimes antes que se realize o julgamento imparcial, referindo-se ainda a fatos e tipo penal que não constem da denúncia a que se dá publicidade.

12. É norma fundamental o dever de não prejudicar outrem. Essa "regra de moral elementar", de conteúdo mais amplo do que o do princípio da liberdade individual, é, forçosamente, limitativa das faculdades que o exercício desta comporta. O abuso de direito é, na origem, ato jurídico de objeto lícito, mas cujo exercício, levado a efeito sem a devida regularidade, acarreta um resultado ilícito.

13. Abusar do direito é extravasar os seus limites quando de seu exercício. Assim, quando o agente, atuando dentro das prerrogativas que o ordenamento jurídico lhe confere, não observa a função social do direito subjetivo e, ao exercitá-lo, desconsideradamente, ocasiona prejuízo a outrem, estará configurado o abuso de direito.

14. Sempre que os limites socialmente aceitos forem ultrapassados, dando lugar a situações geradoras de perplexidade, espanto ou revolta decorrentes do exercício de direitos, a resposta do ordenamento só pode ser uma: a repulsa ao agir abusado, desarrazoado.

15. O processo é o alicerce sobre o qual se materializa a tutela jurisdicional e, nessa linha, o processo penal se revela como plataforma capaz de garantir segurança jurídica na apuração de um tipo criminal, apto à concretização das garantias e dos direitos fundamentais, sem se desviar de fundamentos éticos, trabalhando pela preponderância intensificada dos princípios do devido processo legal, contraditório e ampla defesa.

16. O oferecimento de uma denúncia deve orientar-se pelo princípio da dignidade da pessoa humana, impondo-se à sua formação a certeza, a densidade e a precisão, quanto à narração dos fatos, e a coerência, quanto à sua conclusão, além do mister de ser juridicamente fundamentada.

17. Assim como a peça acusatória deve ser o espelho das investigações nas quais se alicerça, sua divulgação deve ser o espelho de seu estrito teor, balizada pelos fatos que a acusação lhe imputou, sob pena de não somente vilipendiar direitos subjetivos, mas, também, com igual gravidade, desacreditar o sistema jurídico.

> 18. Para a fixação definitiva da indenização, ajustando-se às circunstâncias particulares do caso, considera-se a gravidade do fato, ofensa à honra e reputação da vítima, ex-Presidente da República, com base em imputações da prática de crimes que não foram objeto da denúncia e em qualificações não técnicas; os meios utilizados na divulgação, com convocação dos principais canais de TV para transmissão para o Brasil e outros países, com ampla repercussão; a responsabilidade do agente, Procurador da República, capaz tecnicamente de identificar os termos utilizados em seu discurso e a repercussão do que se propagava, com razoável capacidade financeira para suportar o pagamento.
>
> 19. Recurso especial parcialmente provido, para condenar o recorrido ao pagamento de indenização no valor de R$ 75.000,00 (setenta e cinco mil reais).

O Superior Tribunal de Justiça (STJ) ao julgar o REsp nº 1.842.613/SP de forma bastante serena identificou violação a direitos subjetivos, reafirmando a necessidade de prevalência de "garantias jurídico-formais capazes de evitar comportamentos arbitrários e irregulares de poderes políticos" (Brasil, 2022b, p. 2). Da norma fundamental, portanto, extrai-se o dever de não prejudicar terceiros naqueles casos em que o exercício de um ato jurídico de objeto lícito, "levado a efeito sem a devida regularidade, acarreta um resultado ilícito" (Brasil, 2022b, p. 3).

Dessa forma, bem compreendeu o Ministro Luis Felipe Salomão que "abusar do direito é extravasar os seus limites quando de seu exercício" (Brasil, 2022b, p. 3), que vai de encontro ao processo de um processo penal que promova a garantia da segurança jurídica, realizando na necessária apuração da infração criminal, à "concretização das garantias e dos direitos fundamentais, sem se desviar de fundamentos éticos, trabalhando pela preponderância intensificada dos princípios do devido processo legal, contraditório e ampla defesa" (Brasil, 2022b, p. 3).

Note-se, é exatamente isso que se espera não apenas dos agentes do Estado, mas, com os devidos ajustes, do particular quando forem lançados idênticos estratagemas em detrimento da Fazenda Pública. No mesmo sentido, devido o reconhecimento do dever do Estado de indenizar no famoso caso da Escola Base, no REsp nº 1.088.866 São Paulo (Brasil, 2012b, p. 1-2):

> Recurso especial. Ação de indenização. Danos morais e materiais. Gravíssimas acusações formuladas por delegado de polícia em entrevistas dadas. Abuso sexual de crianças de quatro anos e quadrilha destinada a exploração de vídeos pornográficos. Inquérito policial arquivado por absoluta falta de mínimos elementos contrárias aos investigados. Procedência parcial. Danos materiais não concedidos. Sucumbência parcial em relação a um dos autores e mínima quanto aos demais. Ônus da sucumbência. Excessividade do valor dos danos morais não caracterizada.
>
> 1. Recurso especial interposto nos autos de ação de indenização envolvendo o caso relativo à "Escola Base", decorrente de fatos ocorridos no Estado de São Paulo, amplamente noticiados na mídia, em que o Delegado de Polícia encarregado das investigações, embora des provido de elementos minimamente consistentes, teria formulado de forma ininterrupta e por vários dias, em muitas entrevistas concedidas a diversos meios de comunicação, graves acusações contra os autores deste processo, que vieram a ser presos, pertinentes a abusos sexuais e exploração de crianças de 4 (quatro) anos e a formação de quadrilha destinada a produção e comércio de vídeos pornográficos.
>
> 2. Postulada em favor de um dos autores a condenação do réu em danos morais, lucros cessantes equivalentes a 3.000 salários-mínimos e danos emergentes equivalentes a 1/3 de 100 salários-mínimos, a procedência, no caso em debate, em relação apenas aos danos morais implica sucumbência recíproca, na forma do *caput* do art. 21 do Código de Processo Civil, devendo os ônus da sucumbência serem repartidos igualmente entre as partes, compensada a verba honorária.
>
> 3. Postulada em favor dos demais autores, para cada um, a condenação do réu em danos morais e danos

emergentes equivalentes a 1/3 de 100 salários-mínimos, a procedência, no caso em debate, em relação apenas aos danos morais implica sucumbência mínima, na forma do parágrafo único do art. 21 do Código de Processo Civil, cabendo ao requerido arcar, integralmente, com os ônus da sucumbência.

4. "Vencida a Fazenda Pública, a fixação dos honorários não está adstrita aos limites percentuais de 10% e 20%, podendo ser adotado como base de cálculo o valor dado à causa ou à condenação, nos termos do art. 20, § 4º, do CPC, ou mesmo um valor fixo, segundo o critério de equidade" (REsp 1.255.125/MG, Primeira Seção, deste relator, Dje de 6.4.2010 – julgado sob o regime do art. 543-C do CPC).

5. O arbitramento de danos morais, para cada um dos autores, em valor equivalente a 500 (quinhentos) salários-mínimos (R$ 175.000,00 na data do acórdão) não revela flagrante excessividade no caso concreto. Ao contrário, o acórdão recorrido e a sentença, mediante o relato dos fatos da causa, demonstram que os autores foram submetidos a (i) gravíssimos constrangimentos, (ii) acusados pública e incessantemente, por vários dias, da prática de abusos sexuais e de exploração de crianças, (iii) custodiados e (iv) expostos à mídia, notadamente por irresponsáveis e reiteradas declarações feitas por delegado de polícia, o que lhes causou danos morais e psicológicos de difícil ou impossível reparação. Após os terrores sofridos, é que veio o inquérito policial a ser arquivado por absoluta falta de elementos mínimos de convicção desfavoráveis aos investigados.

6. Recurso especial conhecido e provido em parte.

Em todos os julgados as condenações foram consideradas necessárias para corrigir condutas de agentes públicos que causaram danos a particulares.

Os exemplos verificados nos acórdãos revelam que a condenação do Estado gera um impacto financeiro para os estados federativos e a União em patamar significativo, porém não contabilizado em sua totalidade.

Nas hipóteses, a Fazenda Pública é responsabilizada duas vezes em razão de comportamentos abusivos na investigação criminal. Quando o agente público, durante as investigações ou em razão dela, mesmo que diante de ato jurídico inicialmente lícito, abusa, o Estado deve indenizar[9]. Porém, quando o particular abusa de suas prerrogativas, além de não ser obrigado a indenizar, esse prejuízo – custo abusivo da investigação – recai exclusivamente na Fazenda Pública, uma evidente contradição economicamente não sustentável para as próximas gerações. Esse é um problema que não foi revelado antes não por ausência de orçamento, mas, sim, porque a invisibilidade do impacto é decorrência direta da ausência de métricas e avaliações precisas sobre o custo de uma investigação.

Em síntese, não pode o Estado-investigação ou o investigado e indiciados ultrapassarem os limites do exercício dos seus direitos fundamentais, da segurança pública ou da manutenção da liberdade, ainda que sob falsas compreensões de preservação de um determinado direito. Mesmo que se admitisse essa violação em nome de um bem de maior valoração, ainda assim, exsurgiria o dever de indenizar do Estado, o que não encontra correlato quando o abusador é o particular.

5.5 REFLEXÕES SOBRE UMA TEORIA DAS MÚLTIPLAS ILICITUDES

Diante do aprofundamento dessa reflexão, surge o que se passa a denominar teoria das múltiplas ilicitudes. Para compreendê-la perfeitamente, devemos ter como ponto de partida a conduta humana indesejada para, a partir da compreensão do tipo penal, formar círculos concêntricos em que o ilícito penal ocupa a posição central, conforme demonstrado na Figura 1.

9. As ações regressivas nem sempre atendem aos fins teóricos de sua existência.

Figura 1 – Múltiplas ilicitudes

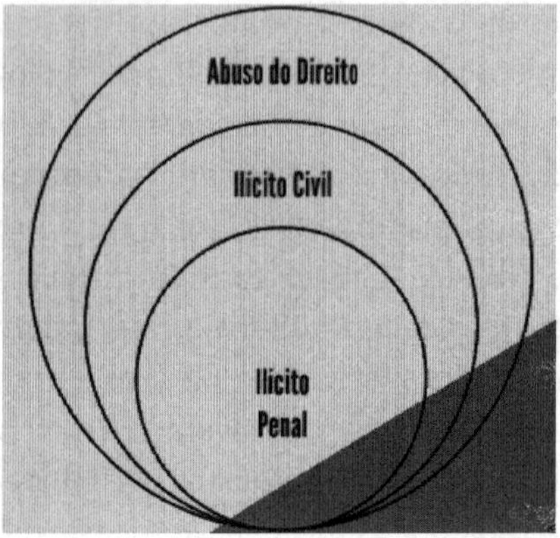

Fonte: Elaborada pelo autor.

Essa visão inicial retrata o modelo tradicional em vigor até hoje no Brasil, com a ressalva de que o abuso de direito, a despeito de ocupar lugar de destaque, não encontra uma categoria jurídica ou uma identificação com algum instituto jurídico, levando a sua incorreta absorção pela responsabilização civil ou penal.

Como *ultima ratio*, atento ao princípio da fragmentariedade, o Direito Penal deve se ocupar em responsabilizar o que for essencialmente relevante para a sociedade, deixando outras responsabilizações por conta do Direito Civil ao, ainda, do Direito Administrativo, Processual e Tributário.

Observe-se que não é porque existe uma zona de coincidência entre as circunferências que o Direito não penal deixará de aplicar a devida responsabilização. Não há uma contradição nessa análise.

Da mesma forma que não existe *bis in idem* na responsabilização civil e penal, é possível compreender que nem todos os comportamentos, ainda que em nome do direito de defesa, foram absorvidos pela responsabilidade penal e civil. Assim sendo, eventuais excessos, por exemplo, no aumento não ético ou por mero deleite dos custos da investigação criminal, constituem uma forma de abuso de direito da investigação criminal, porquanto não coincidentes com as categorias e os institutos anteriormente analisados.

É necessário compreender que outras externalidades circundam o tipo penal, a exemplo do que ocorre no crime de lavagem de dinheiro. Muito embora o tipo penal coincida com a regra matriz de incidência tributária, é perfeitamente possível que exista – sem se falar em *bis in idem* – responsabilidade penal, administrativa e tributária, dado que aqueles coincidentes fatos jurídicos tributários darão ensejo à relação jurídico-tributária. Como exemplo, vale citar o que ocorre com a incidência do imposto de renda e aplicação do princípio do *non olet* a incidir sobre valores resultantes de recuperação de ativos na investigação criminal[10].

O que se pretende com a tese é que, a partir da assimilação pelo sistema jurídico de abuso de direito na investigação criminal, seja possível avançar no procedimento de análise das demais consequências, denominadas externalidades, não perceptíveis até o momento pelo sistema de justiça criminal.

Figura 2 – Responsabilidade e externalidade

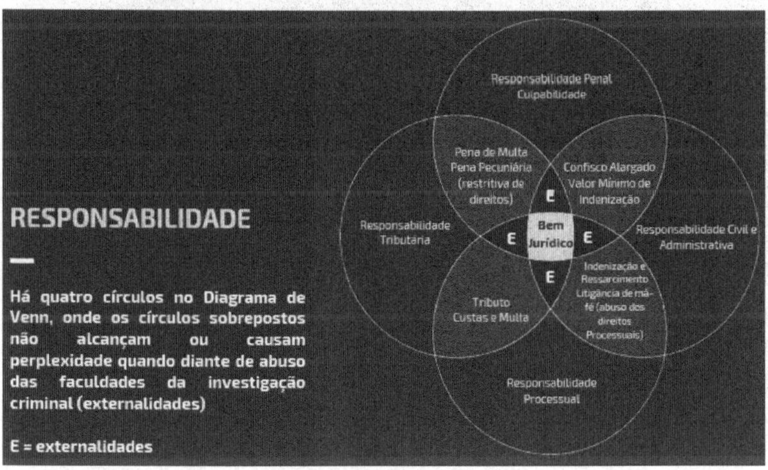

Fonte: Elaborada pelo autor.

10. Consideram-se, no entanto, distintos bens jurídicos violados.

Se o Direito Penal ocupa lugar com uma valoração no momento da decisão pela prática do delito de uma lógica racional econômica, tal como demonstrado pelas teorias etiológicas, existe espaço para pensar em ilicitude como comportamento necessário à integração do conceito analítico de crime e em demais fatores sobressalentes, abusivos e desnecessários, externalidades que merecem atenção da investigação criminal dialógica e consequente produção de efeitos jurídicos até mesmo por uma investigação tributária criminal, se assim compreender a doutrina nacional.

5.6 FALSAS VERDADES E A INCOMPREENSÃO SOBRE OS LIMITES DO DIREITO DE DEFESA

É comum no meio não técnico-jurídico afirmações de que o Direito autoriza a fuga do detento; que o acusado tem o direito de mentir de forma prejudicial a terceiro ou que a falsa identidade não gera consequências jurídico-penais ao sujeito ativo do crime. Todas essas assertivas são errôneas, e a jurisprudência dos tribunais superiores gradativamente tem corrigido essas distorções.

Nesse ponto, é necessário compreender que não se pode abrir mão, de forma alguma, ou admitir qualquer tipo de mitigação ao contraditório, à ampla defesa, e uma ampla defesa não apenas formal, mas também substancial, sob pena de evidente e inadmissível de violação frontal ao inalienável direito de liberdade, com repercussão direta no princípio da dignidade da pessoa humana e em todos os direitos fundamentais desafiados pela investigação, tais como intimidade, privacidade e vida privada.

Com efeito, não se discute – e não se admite – a flexibilização dessas garantias. Talvez, exatamente por isso – o risco de retrocesso –, algumas falsas conclusões não técnicas por vezes são vistas no Direito Penal e Processual Penal.

Quando se tem categorias, institutos e outras definições, e esses conceitos são perfeitamente delineados pela doutrina, afastam-se as falsas conclusões ou medo de retrocesso e violações daquilo que está em construção – os direitos humanos.

Mas falsas percepções estão próximas da compreensão atécnica.

Vale observar que com a revogação do crime de adultério, previsto no art. 240 do CP (Brasil, 1940), o comportamento não passou a ser permitido no sistema. Ora, ressalvada a autonomia de vontade do casamento, o comportamento correlato ao revogado tipo penal continua a ser tratado como ilícito. Nesse sentido, a decisão do STJ em manter a condenação por danos morais a despeito da revogação criminal (Brasil, 2013f). Essa conclusão dispensa qualquer comentário. Cuida-se de ilícitos distintos, sem embargo, eventualmente, os comportamentos coincidirem.

No que tange à fuga de preso sem violência, embora não constitua tipo penal, importa, sim, em comportamento violador, falta grave, nos termos do art. 50, inciso II, da Lei de Execução Penal (Brasil, 1984) e com possibilidade de regressão, daí a falsa asserção de que o preso tem direito de fugir.

No mesmo sentido, o direito constitucional ao silêncio, previsto no art. 5º, inciso LXIII[11], não significa um amplo direito de defesa a possibilitar a mentira com repercussão patrimonial aos cofres públicos. A inexistência de crime de perjúrio no Código Penal em nada se confunde com a possibilidade de mentir em interrogatório, sob pena e possibilidade de causar significativos prejuízos à investigação criminal[12].

11. "O preso será informado de seus direitos, entre os quais o de permanecer calado, sendo-lhe assegurada a assistência da família e de advogado (Brasil, 1988)".

12. Como estamos a tratar ainda de uma ideia, não poderíamos avançar em outras consequências. Porém, caso algum país aplique a teoria defendida no trabalho, chegará o momento em que teremos que discutir a possibilidade

Ainda, a falsa identidade ou o uso de documento falso perante o delegado de polícia não constitui vedação de autoincriminação (Brasil, 2013d), conforme Súmula 522 do STJ (Brasil, 2015), que considera que a conduta de se atribuir falsa identidade perante autoridade policial é típica, ainda que em situação de alegada autodefesa. Com efeito, ampla defesa corresponde à possibilidade de utilizar todos os subterfúgios, desde que não constituam comportamento desproporcional, abusivo e, doravante, reveladores de incremento dos custos da investigação criminal.

Quando alguém permanece preso por meses, com nome falso, esse comportamento constitui crime de falsidade ideológica ou material, porém e os custos dessa prisão e do tratamento e direcionamento indevidos? A Lei de Execução Penal (Brasil, 1984) estabelece critérios de distribuição de presos, mesmo que provisórios. Embora o sistema penitenciário não seja o melhor – e de longe não é – consequências gravíssimas podem ensejar ao Estado (morte se inserido em pavilhão distinto; alianças entre líderes de organizações criminosas), por vezes com responsabilidade estatal. Eventual sentença penal condenatória pela falsidade (material ou ideológica) seria suficiente para analisar esse abuso? Existem externalidades? E os custos da investigação em detrimento da pessoa inocente?

---

de mentira, mas com a emissão de uma fatura ao termo do inquérito policial, fatura em que o Estado-investigação diz "tudo bem, era seu direito mentir, mas esse comportamento (seu direito) trouxe um prejuízo, por exemplo, de um milhão de reais, já que tivemos que locar equipamentos, contratar novas tecnológicas, empregar mais mão de obra para, ao final, concluir que tudo não passava de uma farsa. Pois bem, o seu direito de mentir ensejou uma fatura, conforme extrato acompanhado pela Corte de Contas. A outra alternativa é mais simples, basta deixar como está e socializar esse custo com os demais cidadãos. Evidentemente, reconheça-se, tal conclusão requer o amadurecimento do sistema de justiça criminal. Exatamente por isso não se espera e não há a pretensão dessa aplicação ocorrer inicialmente no Brasil. Requer muito esforço e nem todos estão dispostos a pagar o custo de alterar a confortável rota.

A conclusão que restringe a simplicidade do *nemo tenetur se detegere* é perigosa porque impõe ao Estado a exclusividade do dever de indenizar por custos que não provocou, mas que foram causados e perpetuados, por mero deleite, pelo autor do crime[13]. O argumento de que o direito de defesa é absoluto não prospera quando se examinam o princípio da proporcionalidade e a justificação teleológica do direito fundamental, em especial diante da comparação com outros direitos de idêntica envergadura e suas consequências perante violações, como insuficiência de recursos para saúde, educação e a própria segurança pública, porquanto os recursos foram empregados de modo abusivo para custear essas externalidades da investigação criminal.

Dentro dessa dialogicidade proposta é necessário compreender que o comportamento pode ocorrer não apenas durante a *persecutio criminis*, mas também durante o *iter criminis*, no exaurimento e, ainda, mesmo durante os atos preparatórios.

O denominado Projeto Aton[14], da Polícia Civil de Presidente Prudente/SP, revelou isso, com consequente indiciamento de cem pessoas pelo cadastro e uso de telefones celulares e registros em outras concessionárias com nomes de terceiros inocentes.

O Projeto Aton se transformou em capítulo do livro coordenado pelo professor Nogueira Jorge, intitulado "Tratado de Investigação Criminal Tecnológica". Como observam Contelli,

13. Não se pode concluir que o Estado falhou, sob pena de alcançar a mesma conclusão de dever de indenizar todo cidadão vítima de furto no país. Note-se, ao menos no estado de São Paulo, está sendo implantando pelo Departamento de Inteligência da Polícia Civil (DIPOL) um sistema que valida a identidade de todas as pessoas quando da prisão. Essa, porém, não é a realidade do país, com seus 27 institutos de identificação civil. Por vezes, fraudes ocorrem mesmo com identificados quando a base não é confiável, não sendo esse o caso do IIRGD da Polícia Civil do Estado de São Paulo.

14. "Projeto Aton indicia 100 pessoas por uso indevido de CPF para registro de chips de celulares" (Projeto [...], 2019).

Costa e Pedrão (2020, p. 493), o Brasil não tem uma solução para os falsos registros de aparelhos telefônicos, ou seja, milhares de aparelhos que neste momento são utilizados no interior dos presídios do país estão com identificação de terceiros inocentes, com evidente impacto na eficiência da investigação criminal, para não dizer em risco ao direito fundamental de liberdade, à intimidade, privacidade e à segurança jurídica e pública do país.

Na hipótese dos falsos cadastros a externalidade se potencializa, isso porque a jurisprudência no Brasil não tem considerado falsidade ideológica o comportamento prejudicial. Mas, sim, as vítimas podem responsabilizar as concessionárias, os criminosos e, eventualmente, o Estado, mas quem pagará o custo da investigação? E a investigação nesses casos tem elevado custo.

Assim, o simples registro tem o potencial de lesar o bem jurídico tutelado pela norma penal incriminadora.

Os autores Contelli, Costa e Pedrão (2020, p. 310) ainda asseveram que:

> A questão que se discute é, como subsumir ou estabelecer um tipo penal e quais os mecanismos e técnicas de investigações criminais para enfrentar essa realidade presente, neste momento, em todos os pontos do país e que, por evidente, causam negativação, expõem a segurança e a liberdade de terceiros inocentes e gera excessivo custo ao Estado que precisa investir e aparelhar cada vez mais o sistema de investigação criminal. O sistema jurídico brasileiro possibilita alternativas para enfrentar o problema, algumas já analisadas por nossos tribunais. Em primeiro lugar, a falsificação do cadastro de telefonia móvel constitui mero ato das condutas antecedentes, se incorpora ao iter criminis e sob o recorte constitucional e processual poderia ser considerado faceta do direito de defesa. Ao contrário dessa primeira posição, note-se que o sistema constitucional em nenhum momento albergou, sob o recorte

> do direito de defesa, condutas que sobressaem à passividade do agente ou a normalidade da conduta criminosa, nem tem sob seu leque de proteção a prática criminosa. A segunda alternativa está em subsumir a conduta ao crime previsto no art. 183 da Lei nº 9.472/1997 consistente em desenvolver clandestinamente atividades de telecomunicação, que tem pena de detenção de dois a quatro anos, aumentada da metade se houver dano a terceiro, e multa de R$ 10.000,00 (dez mil reais). A lei dispõe sobre a organização dos serviços de telecomunicações, a criação e funcionamento de um órgão regulador e outros aspectos institucionais, nos termos da Emenda Constitucional nº 8, de 1995. O tipo penal, porém, tem por finalidade proteger os serviços de telecomunicações e os interesses da União, tratando-se de infração de competência da Justiça Comum Federal.

Na hipótese dos falsos cadastros, em infrações criminais cibernéticas potencializadas pelo uso da inteligência artificial e da *deepfake*, o direito de defesa ou a ausência de segurança jurídica não podem sobrepor-se a direito fundamental de inocentes que vêm seus nomes e imagens lançados indevidamente, de dentro de presídios, em cadastros gerenciados por concessionárias de telefonia, as quais insistem em não adotar controle adequado do registro de linhas no país.

Identificado o problema dos falsos cadastros e possíveis vítimas, não há uma resposta no sistema de justiça criminal para fazer frente aos custos dessa investigação tecnológica que, com efeito, não pode subsumir-se exclusivamente ao dever do estado de prestar o direito fundamental de segurança pública adequada. Ainda que acolhida a tese, *de lege ferende*, de tipificar os falsos cadastros, necessário atentar que persistirão as externalidades não aferíveis e impactantes aos cofres públicos.

Conforme Quadro Sinóptico 1, importante compreender a dimensão dos institutos.

Quadro sinóptico 1 – Compreendendo os direitos

Direito ou garantia	Finalidade da proteção	Pseudo-direito	CUSTOS			
			Vítima	"Normais" da investigação	Abuso de direito criminal	Responsabilidade Penal. Culpabilidade
Direito ao silêncio (art. 5º, LXIII, da CF).	Garante ao investigado o direito de não se autoacusar.	É permitido mentir, mesmo que causando danos a terceiros ou à investigação criminal.	Danos morais e materiais (art. 186 do CC).	Estado como detentor do monopólio da aplicação da lei penal e da promessa de prestação jurisdicional tem o dever de suportar.	Prejuízo ao orçamento da segurança pública. Abuso de direito. Dever de indenizar nos termos do art. 187 do CC.	Embora não exista o perjúrio no Brasil, poderá ser responsabilizado por eventual tipo penal (denunciação caluniosa, por exemplo).
Direito fundamental de liberdade.	Direitos de 1ª geração. Garantia liberdade individual, concentrada nos direitos civis e políticos.	Direito de fugir da prisão.	Art. 186 do CC.	Estado suporta.	Art. 187 do CC.	Somente com violência contra a pessoa (art. 352 do CP).

Fonte: Elaborado pelo autor.

5.7 A EFICÁCIA VERTICAL INVERTIDA DOS DIREITOS FUNDAMENTAIS E O ABUSO DE DIREITO

Os direitos fundamentais, sob uma perspectiva estatal, constituem-se no patrimônio comum da humanidade em determinado tempo e lugar, cujo maior desafio está na eficácia. De fato, a Constituição Federal (Brasil, 1988), no art. 5º, *caput*, atribui a titularidade desses direitos a toda e qualquer pessoa natural, brasileira ou estrangeira, residente no país, embora reconheça a titularidade coletiva dos direitos sociais. Ademais, já se discute a existência de direitos fundamentais a outros sujeitos que não os humanos. Embora o Direito Constitucional ainda não estabeleça direitos subjetivos aos animais, é assente que a vida não humana tem dignidade, o que impede práticas cruéis e causadoras de desnecessário sofrimento.

Certo é que não há dúvidas sobre um direito subjetivo de imposição dos direitos fundamentais, de forma vertical, do cidadão com relação ao Estado, o que é denominado, pela doutrina, eficácia vertical, nessa relação particular-Estado (Figura 3). Embora, tecnicamente, deva-se considerar o indivíduo em relação de equilíbrio com o Estado, na prática, reconheça-se, o indivíduo está em desigualdade, mas mantém direito subjetivo em face do Estado, a fim de evitar que sua posição constante de pretensa superioridade interfira demasiadamente nos direitos fundamentais.

Figura 3 – Eficácia vertical

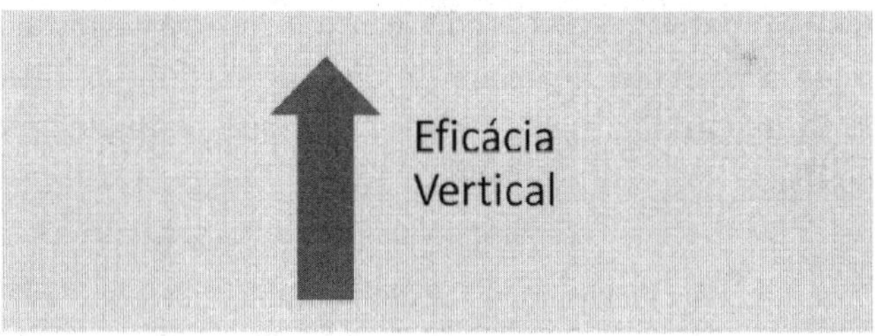

Fonte: Elaborada pelo autor.

Não demorou para a doutrina e a jurisprudência identificarem e considerarem a relevância da eficácia dos direitos fundamentais nas próprias relações entre particulares e como esse complexo de relações pode violar direitos fundamentais. A doutrina, então, assim como a chancela da jurisprudência, passou a denominá-la eficácia horizontal (Figura 4), ou seja, a aplicação de direitos fundamentais de particular para particular.

Figura 4 – Eficácia horizontal

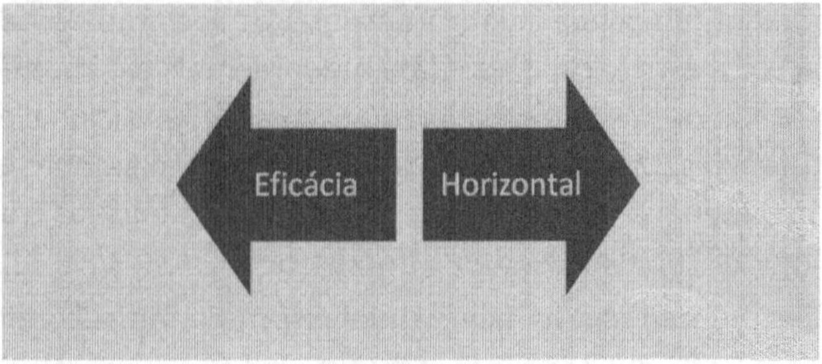

Fonte: Elaborada pelo autor.

Embora não prevista expressamente no Brasil, a doutrina e a jurisprudência atribuem titularidade de direitos fundamentais à pessoa jurídica. Assim sendo, conforme ensina Sarlet (2012, p. 223), a Constituição Federal brasileira não contém cláusula expressa nesse sentido, como a Lei Fundamental da Alemanha (art.19, III) e da República Portuguesa de 1976 (art. 12.2).

Como adverte Miranda (1971), não se trata de equiparar pessoas naturais e jurídicas, mas de reconhecer titularidade aos direitos compatíveis com a condição de pessoa jurídica. Com efeito, essa proteção à pessoa jurídica, em última análise, segundo Sarlet (2012, p. 224), tem por finalidade proteger a própria pessoa física:

> Convém não esquecer, nesta perspectiva, que a extensão da titularidade de direitos fundamentais às pessoas jurídicas tem por finalidade maior a de proteger os direitos das pessoas físicas, além do que em muitos casos é mediante a tutela da pessoa jurídica que se alcança uma melhor proteção dos indivíduos.

Portanto, existindo uma espécie de cláusula implícita de reconhecimento de titularidade à pessoa jurídica, interessa verificar se o Estado, como pessoa jurídica é titular de direitos fundamentais.

Note-se, a irradiação dos direitos fundamentais alcança não apenas pessoas físicas, mas também jurídicas, inclusive em razão da função protetiva do próprio Estado e dos indivíduos, como expõe Ferreira (2014, p. 118):

> Visualiza-se como primeira consequência lógica da inserção do Estado na titularidade de direitos fundamentais, a utilização desta possibilidade para se defender e proteger. Isso porque a complexidade do sistema de direitos fundamentais recomenda que se realizem esforços no sentido de precisar os elementos essenciais dessa categoria de direitos, em especial no que concerne à identificação dos âmbitos de proteção e à imposição de restrições ou limitações legais em favor de seus titulares.

Assim, é preciso compreender que o *nemo tenetur se detegere* não é absoluto, como nenhum outro direito fundamental, de tal modo que, quando se atribui titularidade ao próprio Estado, por decorrência, está a se referir à pessoa física. E assim o é, pois a pessoa jurídica privada tem uma função social reconhecida pelo direito empresarial e falimentar; por mais razão, não há sentido pensar em Estado sem visualizar proteção de pessoas. É por esse motivo que o Estado merece tal proteção constitucional, conforme nos ensina Ferreira (2014, p. 118):

> Da mesma forma que os indivíduos, o Estado também se beneficiaria deste domínio de proteção, podendo exigir que todos também respeitem os seus direitos fundamentais. Exemplifique-se o que se deseja explicitar com o direito estatal ao devido processo legal, ao contraditório e à ampla defesa. Como direitos fundamentais que são, representam direitos de hierarquia constitucional que somente podem ser limitados por expressa disposição constitucional ou mediante lei ordinária promulgada com fundamento imediato na própria Constituição, de forma que se preserve ainda a esfera mínima de proteção, o chamado núcleo essencial, sem o qual o próprio direito se esvaziaria. Neste caso, o Estado-Executivo poderia se utilizar da titularidade do direito fundamental para se defender contra o desvio do poder do Estado-Juiz (que não garantisse o devido

processo legal), do Estado-Legislativo (que de alguma maneira elaborasse uma lei inconstitucional que diminuísse suas prerrogativas) e dos próprios particulares (já que não há posição de superioridade estatal).

Fruto da análise e alcançando a confirmação de que o Estado é merecedor de proteção, embora não se cuide de uma produção de direito constitucional, denominaremos, doravante, esse fenômeno teoria da **eficácia vertical invertida**[15] (Figura 5). Nesse sentido, o Estado, modulando e identificando abusos de direito, se apropria do direito fundamental para a sua proteção, ou melhor esclarecendo, para uma proteção que transcende os próprios interesses administrativos para alcançar a coletividade e o indivíduo, porquanto, como asseverado, condutas abusivas na investigação criminal provocam externalidades cujos custos atingem tanto o interesse público secundário (patrimonial) como o interesse público primário (da coletividade), com repercussão direta na saúde, na educação e na segurança.

Figura 5 – Eficácia vertical invertida

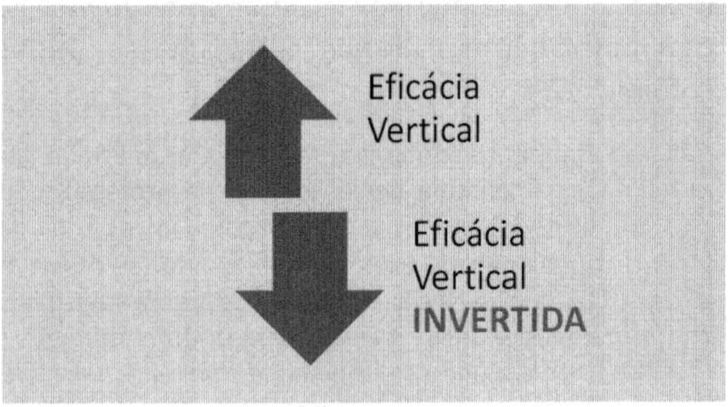

Fonte: Elaborada pelo autor.

15. A denominação proposta não tem qualquer pretensão de descobrimento de uma verdadeira teoria, tarefa que será transferida ao constitucionalista, mas, momentaneamente, facilitará o encadeamento das ideias para a construção de uma verdadeira teoria, mas de direito material e processual penal.

A inversão dessa eficácia não está propriamente na proposição do Estado em impor um comportamento ao particular, mas no interesse público primário quando atingido por comportamento abusivo, de modo a alcançar uma proteção, titularizando a pessoa jurídica Estado (Fazenda Pública) como sujeito de proteção suficiente para correção da eficácia das normas constitucionais.

5.8 COMO DISTINGUIR O INALIENÁVEL DIREITO DE DEFESA DO ABUSO DE DIREITO? O *NEMO TENETUR SE DETEGERE*

A dialogicidade entre os sistemas e os ramos do Direito impõe ao investigador a compreensão de que uma solução que possa, eventualmente, encontrar lógica no Direito Tributário ou Processual destoe, por completo, da hermenêutica e da carga dos necessários princípios de proteção do Direito Penal, erguidos com muito esforço a partir da simbólica carta de João Sem Terra e de toda construção que daí decorre com a compreensão dos princípios da reserva legal e da legalidade.

Com efeito, a transposição automática das conclusões da teoria civilista, de matriz imanentista do abuso de direito, desde Josserand sob a perspectiva objetiva e subjetiva, não será suficiente para explicar o fenômeno externalidades e custos no processo penal e na investigação criminal, porquanto o bem jurídico em discussão está entre os mais importantes do sistema jurídico. Isso porque o ser humano sem liberdade, pode-se dizer, tem cerceada, ainda que parcialmente, a vida e, por conseguinte, a dignidade.

Portanto, o trabalho não pode – e não é – mera transposição de conclusões civilistas, como, em geral, ocorreu com o Processo Penal ao longo da História, de tal modo que até hoje esse ramo do Direito empresta conceitos da fase científica do Processo Civil. Não se cuida disso. Pretende-se, ainda que desafiando ao erro das conclusões, apresentar uma teoria construída para o Processo Penal a partir da identificação das externalidades, se é que elas existem.

Pois bem, o primeiro passo é compreender o problema evitando-se distorções decorrentes de idiossincrasias humanas.

Existe externalidade? Nesse aspecto, auxiliando o leitor no raciocínio de negação dessa pergunta, pode-se compreender que caberia ao Estado o papel de indeclinável proteção da liberdade e, independentemente dos custos da investigação, esse é um problema de política pública e de socialização dos riscos. Note-se, a opção do Estado de trazer para si o monopólio da aplicação da lei penal e a redução de direitos dos indivíduos tem um custo. Desse modo, para os que defenderem a tese de exclusividade estatal dos gastos da investigação, não importa qual seja esse custo, isso é um problema do Estado, sendo inexigível que em um Estado Democrático existam sacrifícios de direitos fundamentais da pessoa física. Por tal razão, uma vez mais enfrentamos o princípio *nemo tenetur se detegere*.

A doutrina italiana se posiciona pela prevalência do princípio *nemo tenetur se detegere* como verdadeira causa excludente da culpabilidade, em patamar de inexigibilidade de conduta diversa. Manzillo *apud* Queijo (2002, p. 254) assevera que:

> No Estado Democrático, não se pode pretender que haja sacrifícios de direitos fundamentais da pessoa, exigindo-se dela que assuma um comportamento lesivo a bem personalíssimo. Aduz o referido autor que, sempre que o indivíduo, para cumprir um dever que lhe é imposto, tiver que sacrificar sua integridade física ou liberdade, pode-se afirmar que o mesmo não foi livre para determinar sua conduta. Assim, incide o princípio da inexigibilidade quando o comportamento que se impõe ao indivíduo acaba por expô-lo a consequências excessivamente gravosas.

Vale notar que o indivíduo não pode se autoacusar para observar um dever jurídico. Pode, sim, decidir se coopera ou não com a investigação criminal:

> Modernamente, assumiu caráter garantístico no processo penal, resguardando a liberdade moral o acusado para decidir, conscientemente, se coopera ou não com os órgãos de investigação ou com a autoridade judiciária (Manzillo *apud* Queijo, 2002, p. 254).

Observa-se que cooperar ou não cooperar está no âmbito do *nemo tenetur se detegere*, de maneira que eventuais custos são exclusivos do Estado, que os absorve ao decidir assumir e prometer resolver todos os conflitos de interesses e a lide penal (Figura 6). Agora, o excesso está fora dos custos tidos como normais e, por isso, são considerados externalidades ou fato típico (Figura 7).

Figura 6 – Princípio garantístico *nemo tenetur se detegere*

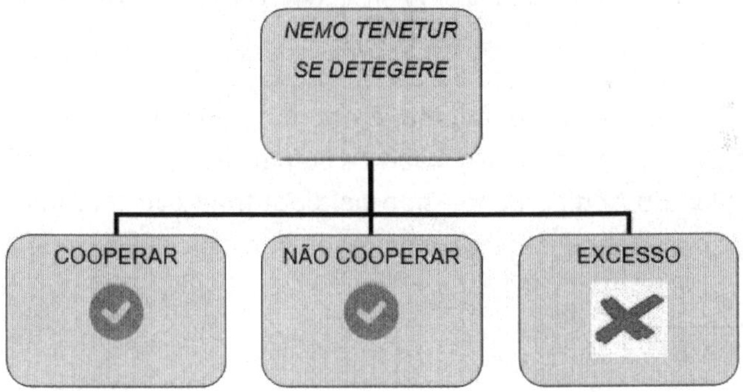

Fonte: Elaborada pelo autor.

Figura 7 – Limites do princípio garantístico *nemo tenetur se detegere*

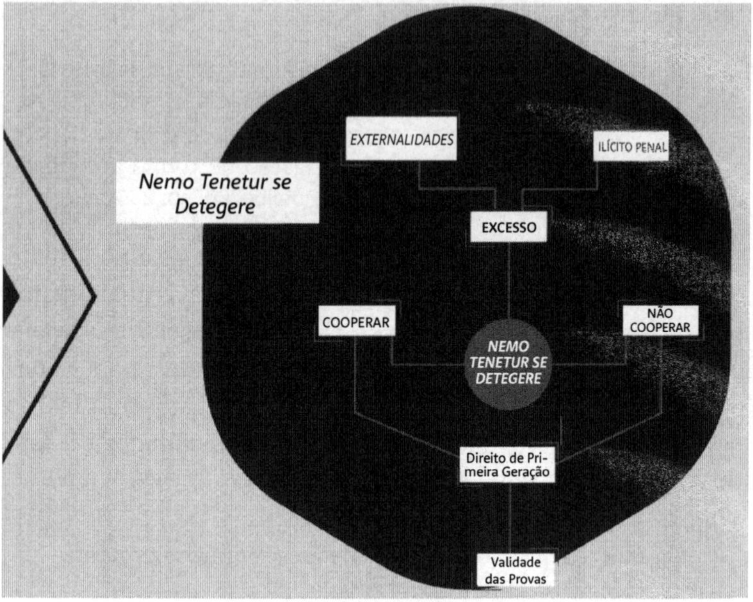

Fonte: Elaborada pelo autor.

No ordenamento italiano, embora o princípio não constitua uma cláusula geral de exclusão de culpabilidade, há previsão no art. 384[16] do Código Penal, tido pela doutrina como uma excludente de culpabilidade para os casos que especifica, de forma a

16. "384. Casi di non punibilità

Nei casi previsti dagli articoli 361, 362, 363, 364, 365, 366, 369, 371 bis, 371-ter, 372, 373, 374 e 378, non è punibile chi ha commesso il fatto per esservi stato costretto dalla necessità di salvare se medesimo o un prossimo congiunto da un grave e inevitabile nocumento nella libertà o nell'onore.

Nei casi previsti dagli articoli 371 bis, 371-ter, 372, e 373, la punibilità è esclusa se il fatto è commesso da chi per legge non avrebbe dovuto essere richiesto di fornire informazioni ai fini delle indagini o assunto come testimonio, perito, consulente tecnico o interprete ovvero non avrebbe potuto essere obbligato a deporre o comunque a rispondere o avrebbe dovuto essere avvertito della facoltà di astenersi dal rendere informazioni, testimonianza, perizia, consulenza o interpretazione" (Itália, 1930).

afastar a responsabilidade criminal em hipóteses de delitos contra a administração da justiça. Portanto, no sistema italiano, não pode ser considerado como causa de exclusão da culpabilidade.

Ainda na Itália, a doutrina aponta o princípio *nemo tenetur se detegere* como uma exclusão de ilicitude, na modalidade de estado de necessidade, o que também acaba sendo afastado diante do argumento de contradição no balanceamento de bens e no fato de o perigo ter sido causado pelo próprio agente, como ensina Queijo (2002, p. 398).

Considerado no Brasil como um direito fundamental, no princípio *nemo tenetur se detegere* defende-se sua posição como uma excludente de ilicitude denominada exercício regular de direito. Com efeito, ao exercitar o inalienável direito de defesa não há que se falar em dever, ilícito ou abuso de direito. Cuida-se de simples exercício de um direito fundamental que, em hipótese alguma, pode ser desafiado.

5.9 *NEMO TENETUR SE DETEGERE*

Para delimitação do trabalho, importante considerar que existem duas formas de compreender o direito ao silêncio e o custo da investigação, mas ambos são complementados pelo princípio da proporcionalidade.

"384. Casos de não punição

Nos casos previstos nos artigos 361, 362, 363, 364, 365, 366, 369, 371 bis, 371-ter, 372, 373, 374 e 378, quem cometeu o ato por ter necessidade de salvar não é punível ele mesmo ou um vizinho próximo de um dano grave e inevitável à liberdade ou à honra.

Nos casos previstos nos artigos 371 bis, 371-ter, 372 e 373, a pena é excluída se o delito for cometido por alguém que por lei não deveria ter sido obrigado a prestar informações para fins de investigação ou contratado como testemunha, perito, consultor, técnico ou intérprete ou não poderia ter sido obrigado a testemunhar ou responder de outra forma ou deveria ter sido avisado do direito de se abster de fornecer informações, testemunhos, perícia, aconselhamento ou interpretação" (Itália, 1930, tradução nossa).

Em primeiro lugar, consideram-se comportamentos abusivos aqueles que violam o bem jurídico tutelado e as disposições processuais equivalentes. Em outros termos, o primeiro recorte, embora não seja objeto de análise deste trabalho, também é passível de ponderação pelo princípio da proporcionalidade.

No que tange ao primeiro ponto de vista, Queijo (2002, p. 341) assevera que:

> O *nemo tenetur se detegere* é direito fundamental que não apresenta limites expressos na Constituição brasileira, assim como em textos constitucionais estrangeiros. Mas a inexistência de limites expressos na própria Constituição ou na legislação infraconstitucional não significa que o *nemo tenetur se detegere* seja um direito absoluto. Os limites do *nemo tenetur se detegere* são imanentes, implícitos e decorrem da necessidade de coexistência com outros valores que, igualmente, são protegidos pelo ordenamento, em sede constitucional. A definição dos limites ao *nemo tenetur se detegere* diz respeito à solução do conflito entre o exercício do referido direito fundamental e a necessidade de preservação de outros bens protegidos constitucionalmente, representados pela segurança pública e a paz social, que são alcançados por meio da persecução penal.

Sob esse primeiro enfoque – que não é o abordado neste trabalho – verifica-se que o *nemo tenetur se detegere* é submetido a uma justificação teleológica e amparado socialmente pela própria Constituição Federal, que busca a paz social e a segurança pública.

Na segunda perspectiva, por sua vez, serão analisadas as hipóteses exclusivamente de externalidades. Acerca desse ponto de vista, no aspecto delimitado por este trabalho – as externalidades –, com mais razão será necessário admitir limitações ao *nemo tenetur se detegere*. Importante, antes, verificar se, efetivamente, as externalidades são limitações. Ao que tudo indica, se a proposta das externalidades prosperar, não estaremos diante de uma limitação, simplesmente porque não se está a tratar de assuntos de idêntica natureza jurídica.

O princípio da não autoincriminação, disposto no Pacto Internacional de Direitos Civis e Políticos de 1966 e na Convenção Americana de Direitos Humanos de 1969, significa o direito ao acusado de não se autoincriminar, expressão que, em um Estado Democrático de Direito, representa a consagração e a preservação de direito à intimidade, à liberdade e à preservação da incolumidade corporal em respeito à dignidade da pessoa humana.

Embora os ordenamentos jurídicos recebam influências de correntes garantísticas e de recrudescimento da persecução penal, esse assunto também merece ser tratado à luz da compreensão de que não estamos a abordar as limitações propriamente ditas, mas que externalidades correspondem a um assunto diverso.

Sobre as tendências do Processo Penal, Queijo ressalta (2002, p. 2):

> Mais recentemente passou-se a cogitar da aplicação do princípio às provas que dependem da cooperação do acusado, especialmente nos exames de sangue de DNA e nos exames de alcoolemia, relacionados aos crimes de trânsito. O estudo do tema desvenda duas tendências existentes no processo penal: de um lado, a vertente garantística, que reconhece o princípio *nemo tenetur se detegere* e suas várias repercussões no interrogatório e nas provas que dependem da colaboração do acusado. De outro, a vertente que se inclina pelo recrudescimento da persecução penal, com a mitigação dos direitos e garantias individuais. Segundo a última vertente, o direito ao silêncio sobre diversas restrições. A colaboração do acusado na produção das provas passa a ser exigida ou, quando menos, sensivelmente estimulada.

Basicamente, o direito ao silêncio se destina à limitação ao uso abusivo do poder pelo Estado. Observa-se que esse tema em nada se confunde com comportamentos abusivos, dispendiosos e não relacionados ao comportamento em si de silenciar, e, muito menos, com algum dever anexo de colaborar. Quem silencia apenas omite, note-se, um não fazer que alcança, até mesmo, a não obrigação ou o dever jurídico de colaboração. Ao acusado, ressalvados ordenamentos jurídicos arbitrários, não se impõe a produção de provas. É o caso do Brasil, em que ninguém pode ser obrigado a produzir provas contra si mesmo.

Em correlato, basta verificar que o direito ao silencio, por não corresponder a um direito absoluto, admite outros tipos de responsabilidades, a exemplo da administrativa. Por isso, é necessária a compreensão de que existem responsabilidades e categorias distintas de ilícitos diante de cada comportamento.

Em recente julgamento, o Supremo Tribunal Federal, no Recurso RE nº 1.224.374 Rio Grande do Sul, repercussão geral – mérito (Tema 1079), julgado em 19 de maio de 2022 (Brasil, 2022d, p. 4-5), decidiu, em matéria penal e processual penal:

> 12. O princípio da não-autoincriminação, reconhecido pelo Pacto Internacional de Direitos Civis e Políticos de 1966 e pela Convenção Americana de Direitos Humanos de 1969, assegura a prerrogativa de seu titular não ser obrigado a produzir prova ou de não contribuir, de qualquer modo, para a própria condenação no âmbito criminal (*nemo tenetur se detegere*). 13. *In casu*, a natureza administrativa das punições e sanções estabelecidas pelas leis hostilizadas afasta as alegações de incompatibilidade do artigo 277, § 3°, do CTB, com o art. 5°, LXIII, da Constituição Federal. 14. A recusa do condutor em realizar os testes referidos não importará a presunção da prática de delito ou na imposição de pena criminal, mas apenas um incentivo instituído pelo Código de Trânsito Brasileiro para que os condutores cooperem com a fiscalização do trânsito, cabível penalização administrativa em caso de não cumprimento como único meio de conferir efetividade à norma e estimular o bom comportamento. 15. Deveras, a medida visa a contribuir para a exequibilidade da proibição de ingestão de

> álcool em qualquer nível. A toda evidência, se não houvesse consequência legal para o motorista que deixasse de realizar o teste do etilômetro, a proibição do consumo de álcool antes de dirigir seria inócua. A fim de se desincentivar essa conduta, é necessário que a recusa produza efeitos no âmbito administrativo, operando-se a restrição de direitos de modo independente da incidência das normas penais. Ausente transbordamento, pelo legislador, do espaço de conformação outorgado constitucionalmente à sua competência para o desenho de políticas públicas voltadas à segurança no trânsito, à proteção da integridade física, da vida e de outros bens protegidos em nosso ordenamento, cabendo deferência do Poder Judiciário ante a razoabilidade do juízo de adequação, necessidade e proporcionalidade em sentido estrito das medidas e sanções legalmente estabelecidas.

Mesmo o silêncio diante de suposta infração criminal pode ensejar consequências de natureza diversa. No recente julgado (RE 1.224.374/RS), a omissão deixou de ser valorada no Direito Penal para encontrar consequências técnico-jurídicas no Direito Administrativo.

Por outro lado, quem abusa diante de direito criminal não silencia, mas, sim, pratica um comportamento que, simplesmente, ao longo da História foi identificado como direito ao silêncio, porém com este em nada se assemelha. Isso porque o abuso de direito criminal, em geral, está relacionado ao comportamento positivo, um fazer distante do simples silêncio, o que merece uma análise mais detalhada sobre o interesse individual do investigado.

Malatesta (1995, p. 140) afirma que as negações podem ser de duas naturezas. Podem ser negações de direito ou de qualidade ou negações de fato. Quanto às negações de fato, elas podem ser divididas em formais e substanciais. Segundo Malatesta (1995, p. 140), "são formais quando se nega um fato, de modo imediato e se admite outro em seu lugar; são substanciais, quando se nega um fato admitindo a inércia e o nada em seu lugar".

Note-se que mesmo negações, quando formais, podem gerar externalidades, desde que, de forma abusiva, se atribua responsabilidade a terceiros ou mesmo se altere a condição de local de coisas ou pessoas, interferindo em interesses de terceiros ou do próprio Estado.

Aos interesses públicos primários ou secundários do Estado corresponde o compromisso assumido nesta tese, o desafio de identificar, interpretar e distribuir responsabilidades pelo custo abusivo na investigação.

Queijo assevera (2002, p. 3):

> Prevalecendo o interesse individual, de forma absoluta, a persecução penal seria inviabilizada. Mas, prevalecendo o interesse público, de modo exclusivo, não haveria qualquer freio para a persecução penal, abrindo-se espaço para arbitrariedade e violações de direitos.

A autora citada pretende esclarecer que da mesma maneira que não há interesse individual absoluto, também o Estado não pode compelir o investigado a produzir provas diante da presunção inocência e a busca de tutela da dignidade humana.

Último aspecto importante para comentar é o que diz respeito ao *nemo tenetur se detegere* e o dever de colaborar. Não existindo no Brasil o dever de colaborar com a investigação, sua recusa não constitui desobediência. Ressalta Queijo (2002, p. 301), no entanto:

> Contudo, a inexistência do dever de colaborar, em todos os casos, redundaria em uma concepção do *nemo tenetur se detegere* como direito absoluto, aniquilando, em determinadas situações, por completo, a possibilidade de desencadeamento da persecução penal ou de dar seguimento a ela. Em outras palavras: equivaleria, em diversos casos, à consagração da impunidade.

> Em razão disso, os vários ordenamentos jurídicos oferecem soluções diferenciadas para o problema, que revela a própria tensão do processo penal: o dilema entre a proteção do indivíduo frente ao poder estatal e o interesse público na persecução penal e apuração dos responsáveis pelos delitos. Assim, como anteriormente descrito, no direito norte-americano, não se reconhece a incidência do nemo tenetur se detegere nas provas, mas somente no interrogatório. Algumas cortes admitem a execução coercitiva de coleta de sangue. Além disso, a recusa do acusado a submeter-se a determinada prova pode ser comentada pela acusação.

No mesmo sentido o direito francês, alemão e espanhol, nos quais não se aplica o *nemo tenetur se detegere* quanto àquelas provas dependentes de colaboração e, à própria recusa.

Ora, não se pretende discutir neste trabalho a flexibilização ou a redução do *nemo tenetur se detegere,* pois não conciliável com o ordenamento jurídico pátrio, por exemplo a produção de provas invasivas sem consentimento. O tema do estudo está no comportamento abusivo.

5.10 INVESTIGAÇÃO CRIMINAL CONSTITUCIONAL *VERSUS* ABUSO DE DIREITO

O Estado-investigação tem o dever não apenas de controlar a ação desenfreada do monopólio estatal – e até mesmo pela necessidade populista de produção de justiça a qualquer custo –, mas também de produzir uma investigação criminal para a promoção do dever ético dos envolvidos.

Não há maior tragédia no país, que vitima grupos vulneráveis ou escolhidos pelo estado de guerra, quando a investigação criminal, que pode ser um perigo para regimes tendentes ao autoritarismo, controla e produz não apenas materialidade e autoria suficientes para a busca da verdade, mas, por vezes, comete excessos e abusos.

De qualquer forma, é preciso compreender que, quando se fala em Estado-investigação, há uma confusão entre monopólio estatal de aplicação da lei penal e polícia de investigação. Contudo, o sistema de justiça criminal é composto por diversos autores, dentre os quais está o Estado-investigação, responsável por buscar a verdade, a justiça e a preservação de direitos e garantias fundamentais. Sempre que existentes desequilíbrios, logo se verifica a carga de violações de direitos humanos, inclusive com consequências não apenas para pessoas, mas também para o Estado brasileiro, sujeito a controle pela Corte Interamericana de Direitos Humanos.

Com efeito, a investigação criminal constitucional não possibilita o abuso de direito, punindo o abuso de autoridade – uma das formas de abuso de direito – com sérias violações a direitos individuais. Note-se, o abuso de autoridade não pode se confundir com o abuso de direito, dado que nenhum Estado civilizado permitiu o uso autoritário do Direito. O que ocorre é que no exercício da função sobressai o excesso. Isso não significa que existia um direito inicial de abusar.

E essa investigação criminal, obviamente, tem a função de proteger o indivíduo e o próprio Estado diante da possibilidade de responsabilização internacional. Mas essa moeda tem dois lados. Observe-se, a desconfiança de que o Estado sempre irá violar direitos – daí a necessidade de fortalecimento constante dos direitos humanos – fez com que ninguém, até o momento, tenha pensado em atribuir responsabilidade a outro violador, ao particular, seja ele indiciado, simples investigado ou outro colaborador, todas as vezes em que observado o abuso de direito da investigação criminal.

5.11 O QUE NÃO É ABUSO DE DIREITO?

Para atribuir responsabilidade é necessário compreender o que não significa abuso de direito. Não constitui abuso de direito na investigação criminal todos os comportamentos normais e esperados quando da prática de um crime.

É evidente que quem comete uma infração penal age com dolo ou culpa com relação ao tipo penal descrito na norma penal incriminadora. É necessário reafirmar que não se trata de identidade de natureza jurídica. Em outros termos, o abuso de direito que se defende nesta tese é um comportamento de natureza jurídica distinta à responsabilidade penal ou civil. Cuida-se bens jurídicos e dolo e culpa distintos, não havendo que se falar em *bis in idem*.

Isso quer dizer que se alguém pratica um homicídio e o Estado-investigação tem um elevado custo com a investigação, o indiciado não terá que ressarcir o valor gasto ao Estado. Esse é um problema do Estado, que surgiu quando, no pacto social, chamou para si o monopólio da força em detrimento dos indivíduos e assumiu a responsabilidade pelos custos – e esses custos existem e são elevados. Custos que constituem um problema do Estado, que não poderia exigir do indivíduo a produção de provas contra si (*nemo tenetur se detegere*).

Embora exista a preocupação sobre a necessidade de cálculo do custo da investigação – um assunto até o momento não aprofundado no Brasil – e se deva proceder à apuração desses custos, tal responsabilidade recai sobre o Estado, pelo menos até que exista um maior amadurecimento democrático e de observação dos direitos fundamentais e humanos.

O que se discute neste trabalho, assim, não é a responsabilidade pelos custos normais do crime e da investigação[17], mas,

17. Custos que vale a pena pagar em busca não apenas de segurança pública mas, principalmente, de segurança jurídica. Esses custos, portanto, não

sim, os custos das externalidades correspondentes aos comportamentos emulativos e que potencializam os gastos do Estado.

5.12 EM BUSCA DE UMA NATUREZA JURÍDICA

O abuso de direito da investigação criminal sobreleva o ilícito (penal e não penal)? Qual será a categoria jurídica desse fenômeno revelado pela investigação criminal dialógica?

Define-se como o abuso de direito material e processual penal o uso abusivo de comportamentos que ultrapassam o comportamento humano indesejado (infração criminal) e o *nemo tenetur se detegere*, com objetivo de causar prejuízo orçamentário à Fazenda Pública e descrédito ao Estado, bem como produzir consequências e externalidades ao crime para vítimas e/ou terceiros. O tipo penal se constitui na emolduração de um comportamento humano a uma previsão legal e, embora constitua um ilícito, existem consequências não englobadas pelo dolo e pela culpa que merecem atenção, sob pena de evidente prejuízo econômico, social e institucional. A essas externalidades não aferíveis até o momento no Brasil é que se denomina comportamentos abusivos e desproporcionais à ocorrência normal do tipo penal e aos fins sociais e econômicos da investigação criminal.

Não se pretende, de maneira alguma, desconhecer as condutas abusivas do Estado em detrimento da liberdade e de toda a construção jurídica dos últimos séculos em torno da não obrigação de produzir provas contra si. O ponto de debate da tese está focado, basicamente, em identificar e criar uma categoria jurídica na externalidade para além do ilícito criminal e civil, em que, a partir de uma formulação sobre o uso abusivo, será

envolvem apenas o aspecto econômico, mas também estão ligados a outros valores relacionados, até mesmo, com a sobrevivência do Estado.

possível alcançar o custo da investigação e, por conseguinte, suas consequências, responsabilidades e forma de ressarcimento[18].

O objetivo, que parece simples, tem uma contradição intrínseca que merece ser superada na pesquisa. Note-se, para existir alguma espécie de responsabilidade é preciso que exista um custo, cuja justificação somente se sustenta, em termos teóricos para a tese, se existirem as externalidades. Em outros termos: sem externalidade, não há tese.

É neste momento que surgem seis possibilidades para solução do problema proposto.

A **primeira** é uma solução intrínseca ao ilícito penal. Vale dizer, é óbvio que o legislador somente tipifica comportamentos tidos por indesejados pela sociedade e, dessa maneira, o tipo penal e o próprio conceito de culpabilidade[19] existem exa-

18. Mas tão somente se for uma opção de política criminal e orçamentária.

19. O STF, no *Habeas Corpus* nº 134.193 Goiás (Brasil, 2016b), já decidiu que o custo da investigação não pode ser valorado na dosimetria da pena como fator negativo das consequências do crime: "Dosimetria da pena e custos da atuação estatal. Os elevados custos da atuação estatal para apuração da conduta criminosa e o enriquecimento ilícito logrado pelo agente não constituem motivação idônea para a valoração negativa do vetor 'consequências do crime' na primeira fase da dosimetria da pena (CP/1940, art. 59). Com base nesse entendimento, a Segunda Turma concedeu de ofício a ordem em *habeas corpus*, para determinar ao juízo que redimensione a pena do paciente, condenado pela prática de tráfico de drogas (art. 12 da Lei nº 6.368/1976). No caso, o juízo prolator da sentença condenatória reputou desfavoráveis as consequências do crime, por entender que a investigação criminal teria exigido despesas excessivas dos órgãos estatais responsáveis pela repressão, assim como por ter o condenado obtido enriquecimento ilícito em decorrência da prática criminosa. A defesa sustentou ter havido violação dos princípios constitucionais da individualização da pena e da motivação das decisões judiciais (CF/1988, arts. 5º, XLVI, e 93, IX). Alegou que o alto custo da investigação criminal não serviria de justificativa para a majoração da pena, bem como que os vetores negativos considerados na sentença condenatória teriam sido valorados de forma global, e não individualmente. O Colegiado decidiu que as despesas suportadas pelo Estado com a persecução criminal e o enriquecimento ilícito do condenado não se subsomem no vetor negativo 'consequências do crime' (CP/1940, art. 59),

tamente para absorver o comportamento ilícito, que, por vezes, ainda que abusivo, está contido na previsão do Direito Penal objetivo (direito material). A solução é de direito material. No entanto, a solução é afastada, porquanto tema similar foi enfrentado pelo STF no HC 134.193 (Brasil, 2016b, p. 1-2), ao refutar a valoração do excesso de custos da investigação criminal:

> EMENTA *Habeas corpus*. Penal. Tráfico de drogas (art. 12 da Lei nº 6.368/76). Pena. Redimensionamento. Questões não examinadas pelo Superior Tribunal de Justiça. Supressão de instância. Precedentes. Não conhecimento da impetração. Possibilidade de concessão, de ofício, do *writ*, nas hipóteses de flagrante ilegalidade. Pena-base. [...] 27. Constata-se, todavia, a existência de flagrante ilegalidade na valoração negativa das consequências do crime de tráfico de drogas (art. 12 da Lei nº 6.368/76). 28. O juízo de primeiro grau reputou desfavoráveis as consequências do crime, por ter "exigi[do] despesas acima do comum dos órgãos estatais responsáveis pela repressão, com constantes deslocamentos de agentes, inclusive aéreos, para acompanhamento do então investigado. Além disso, importou em enriquecimento ilícito do condenado". 29. Essa motivação é manifestamente inidônea, uma vez que as despesas suportadas pelo Estado com a investigação de um

---

entendido como dano decorrente da conduta praticada pelo agente. Além disso, assentou que, embora recomendável a valoração individualizada de cada vetor na primeira fase da dosimetria, a fixação da pena-base de forma conglobada — sem a particularização do 'quantum' de pena especificamente atribuído a cada um dos vetores negativos — não impede que as instâncias superiores exerçam o controle de sua legalidade e determinem o seu reajustamento. Assim, em se tratando de pena-base conglobada, nada obsta que, decotado algum vetor negativo indevidamente reconhecido, seja determinado ao juízo de primeiro grau que proceda ao redimensionamento da pena imposta, com os abatimentos pertinentes. Asseverou, também, que o efeito devolutivo da apelação, no caso de recurso exclusivo da defesa, transfere o conhecimento de toda a matéria impugnada ao Tribunal 'ad quem', que pode até mesmo rever os critérios de individualização definidos na sentença penal condenatória, para manter ou reduzir a pena. O reajustamento da pena-base, nessas hipóteses, não deve extravasar a pena aplicada em primeiro grau, sob risco de 'reformatio in pejus'".

> crime e o enriquecimento do paciente não se subsomem no vetor "consequências do crime", entendido como extensão do dano produzido pelo ilícito em si. 30. O Tribunal Regional Federal não glosou esse vetor nem aduziu nenhum outro elemento de prova que lhe desse suporte, limitando-se a invocar, genericamente, "as consequências do crime" e a "elevada quantidade da droga apreendida (1.691 kg) e a sua natureza (cocaína)." 31. Ocorre que, como a quantidade e a natureza da droga já haviam sido valoradas negativamente a título de culpabilidade, não poderiam vir a sê-lo também a título de consequências do crime, sob pena de *bis in idem*. 32. Cumpre, portanto, decotar o vetor negativo "consequências do crime" no tocante à conduta descrita no art. 12 da Lei nº 6.368/76. 33. *Habeas corpus* do qual não se conhece. 34. Concessão, de ofício, do *writ* para decotar o vetor "consequências do crime" da primeira fase da dosimetria da pena do crime descrito no art. 12 da Lei nº 6.368/76, determinando-se ao juízo de primeiro grau que, motivadamente, fixe o quantum correspondente de redução da pena-base e, por via de consequência, redimensione a pena final.

Extrai-se do mesmo julgado, no que se refere às consequências do crime, que o juízo de primeira instância valorou as despesas estatais como fator negativo da primeira fase da dosimetria, aspecto que sofreu adequação e recorte pelo STF (Brasil, 2016b, p. 5-6):

> Embora a droga tenha sido apreendida, o certo e que comportamento criminoso, diante da complexidade e da duração, exigiu despesas acima do comum dos órgãos estatais responsáveis pela repressão, com constantes deslocamentos de agentes, inclusive aéreos, para acompanhamento do então investigado. Além disso, importou em enriquecimento ilícito do condenado. Não há falar em comportamento da vítima. Nesta perspectiva, e considerando a necessidade e suficiência para a reprovação e repressão das graves condutas praticadas, fixo a pena-base em 12 (doze) anos e

> 10 (dez) meses de reclusão e 280 (duzentos e oitenta) dias-multa.

Com efeito, não estamos diante de contradição, mas tão somente próximos ao reconhecimento de um novo paradigma que, conforme compreende Kuhn (1998, p. 39), implica uma definição nova e mais rígida do campo de estudos. Reconhecida a externalidade, tem-se que a percepção do problema pelo juízo singular não pode (*rectius* não deve) ser valorada na primeira fase da dosimetria. Observe-se, esse não é um problema de direito material ou processual penal[20], mas um problema externo à relação de direito material, do Direito Penal objetivo, e distante da relação jurídica processual, tratando-se, deveras, de um problema de gasto público[21].

Antes de passar à **segunda** possibilidade de compreensão, vale pontuar que o reconhecimento da externalidade como correlato ao direito material constitui evidente óbice às análises subsequentes.

Embora sedutora a primeira possibilidade, é necessário compreender que o abuso de direito na investigação criminal também é um problema **processual**, segunda alternativa. Observe-se, eventuais comportamentos abusivos encontraram correlação na própria litigância de má-fé e nas soluções endoprocessuais, que, quando não alcançadas pelo âmbito restrito

---

20. Importante notar que, ao se afirmar que não é um problema processual penal, necessária a compreensão de que se está a referir não um problema da relação jurídica processual, mas da investigação criminal, que não deixa de encontrar seu campo normativo em um Código de Processo Penal.

21. Em outro ponto da decisão (Brasil, 2016), o STF considerou válida a valoração, como fator negativo, da quantidade da droga. No entanto, é possível antecipar, caso esta tese prospere e alcance a estrutura de um novo paradigma de Kuhn (1998), que o assunto pode ser melhor analisado quanto à quantidade da droga naquilo que se afigura excessivo, embora valorado o comportamento na dosimetria, que a externalidade, como nova categoria jurídica, merece a devida análise a título de responsabilização não penal, quem sabe com a subconsequente inscrição do débito em dívida ativa do estado.

do exercício da função jurisdicional, suas consequências não têm relação com o Estado-juiz, mas se constituem como problema exclusivamente do Poder Executivo. Note-se, se a conduta é abusiva, pelo ponto de vista do particular ou do Estado, e desde que não constitua um crime, isso é um problema orçamentário, do Executivo, em que não cabe intervenção do Poder Judiciário.

Para a segunda possibilidade, nada pode ser trabalhado em termos de inovação, nem mesmo legislativa, porquanto obstada pelo princípio da intranscendência e da proibição de *bis in idem*.

Aqueles que optarem pela segunda posição devem estar cientes que deixam de considerar a necessidade daquilo que Kuhn (1998, p. 46) chama de redeterminação de categoria de fatos anteriormente conhecidos, imposição da precisão, segurança e alcance dos métodos pelos cientistas de maior reputação.

A **terceira** solução é constitucional. Observe-se, ainda no âmbito do *nemo tenetur se detegere*, que a ninguém é atribuído o dever de autoacusação, de produção de provas contra si; sequer existe um dever de uso da ética, já que está intrínseco ao comportamento criminoso uma contrariedade ética. Com efeito, a amplitude dos direitos constitucionais e a exigência de um dever de não retrocesso, principalmente diante das reiteradas violações a direitos fundamentais e aos direitos humanos, em especial na América, fazem com que a conclusão para essas externalidades – discussão de custos abusivos – fiquem por completo absorvidas pelo direito constitucional de ampla defesa (material), em uma perspectiva processual ou instrumental.

Até o momento, foram fortalecidos argumentos úteis para refutar por completo a ideia de externalidades, de custos, ou de qualquer tipo de tentativa de comparação entre custos da investigação e direitos fundamentais.

Note-se, todas as conclusões são corretas para uma análise de um comportamento ilícito não abusivo, isso porque, mesmo sem adentrar a qualquer tipo de debate sobre reserva do possível, é necessário avaliar que não se trata de transferir o problema aos cofres públicos, bem como se o Estado tem ou não reservas suficientes.

A discussão efetivamente está em outro patamar. Todos os custos da investigação criminal, razoáveis ou não, devem estar a cargo do Estado. Isso porque existe uma promessa, não somente de proteção à liberdade e à ampla defesa, mas uma promessa superior, de proteção às pessoas, às vítimas, à verdade e à justiça. Nesse aspecto, ao assumir o monopólio da *persecutio criminis* não é cabível a violação por omissão ao argumento falho de auxiliar nos custos orçamentários. Essa falta de recursos não é um problema jurisdicional, muito menos das partes e colaboradores da investigação. É um problema estatal.

Pois bem. Discute-se não a suficiência ou a insuficiência de recursos, mas a quem cabe os custos dos gastos abusivos com a investigação criminal. Note-se, em caso de um fato de violência doméstica, os gastos necessários e úteis para a comprovação da autoria e da materialidade devem ficar sob responsabilidade do Estado.

Agora, a partir do exemplo retratado de falsos cadastros. Imaginemos que o sujeito que pretenda cometer um homicídio utilize falsos cadastros para contratar o matador; adultere ou oculte (mascare) IPs de conexões de *internet*; utilize redes do exterior e, ainda, indique testemunha fictícia que exija alto custo para sua oitiva. Tudo isso visando não apenas o *animus necandi* (vontade de matar), mas também – seja nos atos preparatórios, seja nos executórios, seja após a consumação – abusar do direito de defesa em evidente confronto à investigação.

Não se exige de forma romântica que o homicida tenha que entregar todas as provas, mas é evidente que o Estado não pode pagar para o mero deleite do criminoso. Em outros termos: tudo que for necessário para o esclarecimento de autoria e de materialidade, sob a perspectiva de uma normalidade do crime, em termos de custos, caberá ao Estado. As externalidades – e como calculá-las é um segundo problema – devem ser contabilizadas para a produção dos necessários efeitos jurídicos.

Não há violação ao *nemo tenetur se detegere*, isso porque, em outros termos, essa conclusão tem o significado da correta compreensão. É como se o Estado dissesse "é permitido mentir, não há problema, tudo bem, a sociedade não exige do agente que pratica o crime um correlato comportamento ético, isso seria uma contradição, porém, utilize a mentira ou o quê preferir, mas, além dos custos normais da investigação, você será responsável por todas as externalidades[22]".

Dessa forma, a partir de uma perspectiva de múltiplas ilicitudes, existe uma terceira camada. Para além da responsabilidade penal e não penal, há um dever de indenizar decorrente de um comportamento abusivo (**quarta solução**). Essa é uma possibilidade. A partir de um recorte objetivo do abuso de direito,

22. Em evento hipotético - que pode ocorrer no futuro - Tício pretende "sequestrar" Mévio e com uso de uma aeronave remotamente pilotada o embarca inconsciente e o remete para o espaço, onde passa a orbitar em cativeiro. Não existindo exigência de valores, estaremos diante de um singelo crime de cárcere privado. Tício é interrogado e, inicialmente, afirma que enviou Mévio para o Amazonas, depois confessa que o enviou para as montanhas do Afeganistão, onde diligências são realizadas pelo Estado-investigação, mas sem sucesso. Quando, finalmente, em investigações no inquérito policial se revela o verdadeiro paradeiro da vítima e se constata a necessidade de uma medida, não somente para salvar a vida de Mévio, mas para produzir provas de autoria, materialidade e início espacial da cadeia de custódia da aeronave e outros instrumentos. Embora hipotético, é possível perceber que uma operação dessa natureza deva custar alguns milhões de dólares. Mas algum estudioso pode afirmar que Mévio, se resgatado, pode ingressar com ação civil de indenização de danos materiais e reparação de danos morais em face de Tício. Sim, Mévio pode e deve proceder dessa forma, porém nunca poderá cobrar os custos da investigação, isso porque é uma externalidade não incluída no ilícito penal e em eventual sentença penal condenatória, muito menos em eventual sentença de indenização e reparação de danos. Com efeito, mesmo que acionados todos os mecanismos existentes atualmente, as externalidades deverão ser socializadas. É óbvio que o Estado irá arcar com esses custos não somente para salvar a vida, mas também para revelar a autoria e a materialidade, porém esse custo em nada se confunde com o custo da ampla defesa *nemo tenetur se detegere*.

é possível afirmar que esse comportamento vai de encontro à função social da investigação e ao bem comum, de maneira que o comportamento abusivo correspondente à externalidade possibilitará à Fazenda Pública a respectiva cobrança.

A **quinta solução**, que pugna pela possibilidade de cobrança, está no estabelecimento de uma relação jurídica obrigacional. O Estado-investigação, quando posicionado nessa situação, não mantém nenhum vínculo obrigacional para com o investigado. Contudo, a partir do momento em que exsurge a relação abusiva, o poderoso Estado-investigação se transmuda em sujeito de direitos e, conforme analisado, em sujeito apto a ter direitos fundamentais ou, ao menos de forma reflexa e nessa posição, passa a sofrer prejuízos. Observe-se, de *lege ferenda*, com a inserção de único dispositivo no Código de Processo Penal (Brasil, 1941), de maneira dialógica, é possível prever a aplicação do Livro I, Título I, do Código Civil, que trata das obrigações, como mecanismo nos seguintes termos:

> Art. 13. Incumbirá ainda à autoridade policial:
>
> I - fornecer às autoridades judiciárias as informações necessárias à instrução e julgamento dos processos;
>
> II - realizar as diligências requisitadas pelo juiz ou pelo Ministério Público;
>
> III - cumprir os mandados de prisão expedidos pelas autoridades judiciárias;
>
> IV - representar acerca da prisão preventiva;
>
> V - promover a apuração dos custos da investigação, apontando em planilha detalhada eventuais comportamentos abusivos do investigado.

Vale pontuar que tal solução, ademais, independe de alteração legislativa, isso se considerada uma violação à regra geral do Código Civil, que trata das obrigações[23].

23. O direito das obrigações é tratado na Parte Especial do Código Civil, Livro I, denominado "Das Modalidades das Obrigações" (Brasil, 2002).

Outra alternativa (**sexta solução**), essa de viés utilitarista, está no estabelecimento de uma espécie de contrato de adesão, em que o investigado ou o indiciado deva indenizar gastos não considerados típicos e normais em qualquer investigação. Com efeito, uma verdadeira relação de prestação de serviços, em que o investigado adere ao compromisso de indenizar toda vez que aceita praticar um crime.

Para essa última finalidade, é possível, *de lege ferenda*, a introdução de dispositivo no Código de Processo Penal (Brasil, 1941) para tratar do assunto, senão vejamos:

> Art. 13. Incumbirá ainda à autoridade policial:
>
> [...]
>
> V - promover a apuração dos custos da investigação, apontando em planilha detalhada eventuais comportamentos abusivos do investigado.
>
> a) Incorre na obrigação de indenizar perdas e danos o investigado, indiciado que durante atos preparatórios, no *iter criminis*, em seu exaurimento ou posteriormente gerar gastos abusivos.
>
> b) Com a prática do crime o agente adere ao dever de indenizar as externalidades da investigação.
>
> c) Considera-se externalidade da investigação todos os comportamentos abusivos e não necessários e normais aos atos preparatórios, ao *iter crimines*, exaurimento de posteriores à consumação, assim aqueles que geram custos desnecessários à investigação criminal.

Analisa-se, ainda, sob o ponto de vista tributário (**sétima solução**), isto é, o surgimento de um fato gerador, seja de uma tarifa, seja de um tributo, capaz de suportar os custos decorrentes das externalidades das investigações.

6

CUSTO DA INVESTIGAÇÃO CRIMINAL

Por um lado, segundo levantamento do Anuário Brasileiro de Segurança Pública 2023 (FBSP, 2023), União, Estados, Distrito Federal e Municípios investiram R$ 124,8 bilhões em despesas em segurança pública no ano de 2022. Desse valor, R$ 101 bilhões foram financiados pelos estados e Distrito Federal. O valor total inclui gastos com polícias e sistema penitenciário.

Por outro lado, o setor de segurança privada cresce a cada ano. O faturamento médio das empresas de segurança privada entre os anos de 2017 e 2021 foi de R$ 35,9 bilhões. Em 2021, o faturamento alcançou, aproximadamente, R$ 36,3 bilhões ainda segundo o Anuário Brasileiro de Segurança Pública 2023 (FBSP, 2023).

Observe-se que é necessária certa reserva para considerar esses dados, uma vez que esse levantamento corresponde a um pequeno percentual dos investimentos com segurança, não incluindo nichos de equipamentos, assessoria, transporte de valores, proteção predial, segurança cibernética, prevenção e tantos outros setores e ramos impactados pela criminalidade moderna.

Muito menos é possível aferir o valor de gastos exclusivamente com investigação criminal realizada pelas Polícias Judiciárias, pelos Ministérios Públicos ou pela nova investigação denominada defensiva. E isso porque não existe no Brasil e no direito comparado a preocupação em criar métricas e estabelecer uma metodologia de cálculo para identificar o gasto anual com investigação criminal, pública e privada. Uma das metas deste trabalho é fomentar o debate e a pesquisa nessa seara.

Nosso sistema público de investigação criminal não trabalha com a lógica do custo da investigação. Bem por isso, talvez fosse mais fácil que o custo da investigação criminal tivesse surgido na investigação defensiva, o que também não ocorre. No entanto, como a perspectiva dessa investigação da defesa é privada, não haveria grandes impactos no setor público ou na definição, doravante, de políticas públicas ou em posturas legislativas vinculadas ao orçamento público.

Dessa forma, persistindo a ausência de valoração, ocorre um desprestígio à própria investigação e às instituições que a realizam, pois tudo aquilo que não é perceptível e transformado em equivalente econômico tem a aparência de algo sem importância, descartável, não havendo a necessidade de auditar os custos de investigação[1]. Aliás, auditar custos de investigação é mais um daqueles não assuntos perante as Cortes de Contas[2]. De tal modo, o tema investigação criminal é tratado

1. Essa despreocupação com a contabilização de custos é uma característica do serviço público no Brasil, e é ainda mais presente no serviço público que envolve a investigação criminal, embora também se identifique a mesma dificuldade no serviço de saúde e educação.

2. As Cortes de Contas no Brasil auditam, sim, os custos globais do serviço de segurança pública prestado pelas Polícias Judiciárias (aquisição de insumos, gastos com pessoal, locação de prédios etc.), porém não detalham o custo da investigação criminal, exatamente porque **ainda** não existem métricas para uma aferição segura.

em termos jurídicos[3], ou seja, analisa-se o tipo penal violado. O termômetro para gastos públicos, assim, tem relação direta com a pretensão, calibrado tão somente pelo tipo de ação penal, por vezes influenciado por modelos de políticas públicas ou criminais.

Com efeito, basta que um crime seja de ação penal pública incondicionada – e a regra no Brasil é, justamente, essa – para o acionamento obrigatório (princípio da obrigatoriedade e da indisponibilidade) do serviço público essencial, especialíssimo e custoso, denominado investigação criminal.

Mas e se o crime é de bagatela ou insignificante? A fragmentariedade do Direito Penal não deve alcançar a investigação criminal[4]. Em outros termos, pouco importa no Brasil se o bem jurídico violado tem valor insignificante ou milionário[5]. Até o presente momento não se discutiu o custo da investigação.

Não surpreende se nas primeiras leituras destas linhas muitos questionarem se, efetivamente, a investigação tem custo.

Nessa primeira aproximação, a resposta é que não há dúvidas de que o serviço público de investigação criminal tem um custo, que é muito elevado. Apenas não se estabeleceu até o momento quais serão as métricas para sua aferição – ademais, para além da identificação dos custos, o que é de atribuição do Estado como entrega, dever, decorrência e consolidação da promessa constitucional de direitos fundamentais e em que

---

3. As graves violações aos direitos humanos praticados (diariamente) no país pelo Estado e o tratamento constitucional, de certa forma romântico sobre os (não) limites do *nemo tenetur se detegere*, ofuscam o intérprete na tarefa de enxergar externalidades e buscar responsabilidade diante desse estado de coisas.

4. Reafirma-se, não existe aplicabilidade do princípio da insignificância sem produção de provas pela investigação criminal, até mesmo para avaliar o objeto material do crime.

5. Pouco importa - para fins de investigação criminal, não de direito material ou processual - se o furto foi de uma bicicleta ou do conteúdo completo do cofre de um banco por único agente.

parcela – e se deve o particular arcar com parte dos custos, especialmente aqueles causados por simples deleite dos sujeitos processuais da investigação criminal ou dos colaboradores[6].

O objeto da pesquisa não está em quantificar deliberadamente todas as investigações, até porque não há valor que se deva economizar quando o assunto é violação de direitos fundamentais ou que desafie a própria liberdade, mas sim utilizar de uma métrica para identificar os custos da investigação criminal decorrente de abuso de direito. Note-se, porém, que mesmo nos casos de uso não abusivo da investigação criminal, é deveras importante que o Estado (Fazendas Públicas, Poder Legislativo e Cortes de Contas) tenha uma previsão individualizada dos gastos, para, que desse modo, possa se organizar, planejar e, eventualmente, valorar o custo individual das investigações no momento de decisão de políticas públicas ou de criação de novos tipos penais[7].

É importante compreender que na atualidade[8] é possível produzir provas científicas de todo fato criminoso. Desde DNA

---

6. Na investigação criminal dialógica existe um número expressivo de colaboradores essenciais, a exemplo, em crimes cibernéticos, dos provedores de conexão; dos provedores de aplicação, assim como das concessionárias de telefonia; instituições financeiras dentre outras. Alguns desses essenciais colaboradores se aproveitam dessa nuvem de fumaça formada pelo *nemo tenetur se detegere* para, de forma deliberada, potencializar o custo da investigação e o fazem exatamente porque quando causam prejuízo - e quase sempre causam - não há quem os responsabilize, exatamente porque o pressuposto nunca foi superado, qual seja, o custo da investigação criminal, para só então se aferir a externalidade e o prejuízo.
7. O Congresso Nacional submete a aprovação de um crime a algum controle de orçamentário? Foi exatamente esse lógica que fez com que o Banco Central do Brasil implantasse o eficiente e tecnológico Pix, esquecendo-se de dialogar com o sistema de justiça criminal (investigação criminal dialógica).
8. O Código Penal e o Código de Processo Penal foram idealizadas na década de 1940, em que os conflitos de interesse estavam entre um ou mais agentes delimitados de um lado e o Estado do outro. Na atualidade, com o avanço do modelo de organizações criminosas, a discussão é difusão. Não se fala mais em Tício e mais alguns agentes e Mévio e seus aliados em disputa contra o Estado, mas em organizações criminosas de atuação difusa,

até batimentos cardíacos no momento de um homicídio (prova cibernética), reconhecimento facial e fragmentos de conexão em crimes cibernéticos. Mas essas provas têm custos[9].

Para iniciar as provocações, imaginemos que uma prova tenha um custo de poucos reais a milhões de dólares. Caso alguém no Brasil formule a pergunta a um jurista, diante de um caso concreto em que o valor monetário da prova é milionário, sob o ponto de vista da análise constitucional e com a possibilidade de envolver liberdade, qual será a provável resposta do operador do direito?

Essa mesma resposta pode ser totalmente diferente se a pergunta for formulada a um economista ou à sociedade em geral que custeará os gastos, sem a perfeita delimitação de *accountability*. Aliás, antes de um questionamento, essa pergunta pode constituir um direito da sociedade, qual seja, o de saber o custo, ainda que os cofres públicos tenham – e devam – que suportar toda a carga da investigação criminal não abusiva.

Existe, portanto, uma correlação entre o deferimento de uma tutela provisória de natureza antecipada para medicamentos ou métodos cirúrgicos no exterior com possibilidade de salvar uma vida, mas que coloca em risco o orçamento de um ente federativo, e a opção e o investimento milionário em uma

---

com milhares de integrantes - as maiores organizações criminosas sequer têm ideia do número atual de afiliados - em face do Estado e um grande número de colaboradores.

9. No Brasil, ao contrário de outros países como França, o fornecimento dessas informações não são cobradas. É provável que com a discussão de custos das investigações, esses colaboradores venham a tabelar seus trabalhos. Somente não o fizeram até o momento porque a legislação brasileira deixa no limbo a discussão a respeito dos custos da investigação. Não há dúvidas de que quando se sentirem pressionadas pela proposta desse trabalho, eles passarão a tabelar seus serviços, por exemplo, para fornecer planilhas de ligações telefônicas. Ademais, essa cobrança pode ocorrer a qualquer momento e pegará o Estado-investigação de surpresa, porquanto não poderá rebater os argumentos, já que a investigação não tem um custo calculável quando da redação deste material.

investigação criminal regida pelo princípio da obrigatoriedade, com idêntica possibilidade de prejudicar o orçamento público.

6.1 O CUSTO DOS DIREITOS

O debate que abre o livro "O Custo dos Direitos" (Holmes; Sunstein, 2019, p. 10-11) evidencia que os "direitos e liberdades dependem fundamentalmente de uma ação vigorosa do Estado, uma espécie de dependência da cooperação social administrada pelas autoridades do governo".

A afirmação é feita a partir do relato do incêndio ocorrido em Westhampton, no estado de Nova York, em 26 de agosto de 1995, evento que atingiu a extremidade oeste dos célebres Hamptons de Long Island. Considerado o pior incêndio no último meio século no estado, levou 36 horas para ser controlado e alcançou extensões de 10 a 20 quilômetros.

Forças locais, estaduais e federais, com mobilização de funcionários e mais de 1.500 bombeiros voluntários, controlaram o fogo sem nenhuma morte e destruição mínima, porém a um custo do contribuinte norte-americano no valor inicial de US$ 1,1 milhão. Esse custo, entretanto, pode ter alcançado US$ 2,9 milhões e que abriu uma discussão sobre o excesso de Estado na questionada defesa da propriedade privada, pertencente a um número "relativamente pequeno de famílias ricas" (Holmes; Sunstein, 2019, p. 36).

A despeito das críticas, os autores provocam o leitor com a informação de que em 1996, contribuintes norte-americanos dedicaram pelo menos US$ 11,6 bilhões à proteção de bens particulares por meio de ações de socorro e seguros contra catástrofes (2019, p. 11). Nesse sentido (Holmes; Sunstein, 2019, p. 11):

> Apesar da alta incidência de crimes nos Estados Unidos, por exemplo, a maioria dos cidadãos se sente relativamente segura a maior parte do tempo, em grande medida em razão dos esforços dos policiais, que recebem

> salários do público para proteger uma das nossas liberdades mais básicas: a segurança pessoal ou física.
>
> O apoio público à "rede de segurança" que beneficiou os donos de propriedades em Westhampton é amplo e profundo, mas, ao mesmo tempo, os norte-americanos dão a impressão de se esquecer facilmente de que os direitos e liberdades dependem fundamentalmente de uma ação vigorosa do Estado. Sem um governo eficaz, os cidadãos norte-americanos não seriam capazes de gozar, como gozam, de seus bens particulares. Além disso, não gozariam de nenhum ou quase nenhum direito individual garantido pela Constituição. A liberdade pessoal, tal como os norte-americanos a vivem e valorizam, pressupõe uma cooperação social administrada pelas autoridades do governo. A esfera privada que tanto prezamos, e com razão, é sustentada - aliás, criada - pela ação pública. Nem do mais independente dos cidadãos se exige que cuide autonomamente de seu bem-estar material sem que receba nenhum apoio de seus concidadãos ou das autoridades públicas.

Sem aviso prévio, o Poder Público no caso do incêndio, realizou um dispendioso esforço coletivo para proteger a propriedade privada, uma cooperação social levada a efeito pelas autoridades do governo.

Holmes e Sunstein (2019, p. 12) asseveram que os direitos custam dinheiro e não podem ser protegidos nem garantidos sem financiamento e apoio públicos. É importante notar que, para análise de custo, sejam direitos positivos, sejam direitos negativos – todos geram gastos –, sejam direitos de liberdade, proteção da propriedade ou direito à liberdade de expressão, todos esses direitos pressupõem exigências ao tesouro público, mesmo os de primeira dimensão.

Sendo o direito moldado por aspirações morais ou sob uma análise descritiva, é necessário compreender o direito e, a partir daí, a investigação criminal que seja pautada em valores (moral) ou na identificação, como advertem Holmes e Sunstein (2019, p.

13) dos "tipos de interesses que uma sociedade politicamente organizada protege na prática" (descritiva).

Sob o ponto de vista descritivo, sendo a investigação criminal constitucional, será considerado um direito do particular e do Estado quando um sistema jurídico o identifica como tal, valendo-se de recursos públicos para suportá-lo. E não poderia ser diferente.

No Direito Brasileiro a investigação criminal tem feições para além da apuração da autoria e da materialidade, ou seja, apresenta traços reveladores do cumprimento da função social, econômica e política. Diante dessa característica, a investigação deve ser entendida como um poder oferecido à comunidade e ao próprio Estado para o cumprimento da missão de revelar a verdade; buscar a justiça; cumprir o direito: identificar a autoria e a materialidade; preservar o patrimônio privado ou público contra o evento criminoso; recuperar ativos; cessar agressão à vida, à saúde, à segurança pública e jurídica, à dignidade sexual; proteger o trabalho e a própria Administração Pública contra atos de corrupção; proteger o sistema financeiro, o sistema eleitoral, a economia e a liberdade de expressão, enfim, a dignidade da pessoa humana, seja autor de crime, seja vítima, sejam testemunhas. Tudo isso com o contributo dos colaborares, ainda que não integrantes de eventual relação jurídica processual.

Com efeito, ao exercer esse direito – de investigação criminal constitucional e dialógica – seu titular pode se sentir tentado a usá-lo para o mal (2019, p. 13).

Ao tratarem dos custos do direito, ensinam Holmes e Sunstein (2019, p. 13-14):

> E, como qualquer outra pessoa que exerça um poder, o titular de um direito pode se sentir tentado a usá-lo para o mal. O direito de um indivíduo de mover ação judicial contra outro é um exemplo clássico. Pelo fato de um direito implicar um poder que pode ser exercido para o bem ou para o mal sobre outras pessoas, esse

> direito deve ser restrito e devem se colocar obstáculos ao seu exercício, mesmo que ele seja, ao mesmo tempo, escrupulosamente protegido. A própria liberdade de expressão deve ser restringida quando seu mau uso (gritar "Fogo!" num cinema lotado, por exemplo) põe em risco a segurança pública. Um regime político baseado nos direitos se dissolveria num caos suicida e de destruição mútua, a menos que conte com proteções cuidadosamente planejadas e garantidas contra o mau uso dos direitos básicos. Por outro lado, quando não são respaldados pela força jurídica, os direitos morais são, por definição, ineficazes. Os direitos morais não garantidos são aspirações que vinculam a consciência, não poderes que vinculam autoridades públicas. Impõem dívidas morais a toda a humanidade, não obrigações jurídicas aos habitantes de um Estado nacional delimitado por fronteiras territoriais. Pelo fato de não serem maculados pelo poder, os direitos morais não reconhecidos pelo sistema jurídico podem ser livremente defendidos sem muita preocupação com o mau uso, os incentivos perversos e os efeitos colaterais inadvertidos. Já os direitos jurídicos suscitam inevitavelmente essas preocupações.

Com adaptações para a investigação criminal, como direito reconhecido e sob a perspectiva descritiva, o que se vê neste momento é que o Brasil vivencia um caos suicida e de destruição mútua[10]. E isso ocorre porque existe um sistema de proteção ao mau uso desse direito, ainda que para invocar o *nemo tenetur se detegere*, quando de forma concomitante, se verifique um comportamento abusivo de direito na investigação criminal.

10. O uso nocivo da investigação criminal, além dos evidentes prejuízos, interferem na credibilidade das instituições, desafia a sobrevivência do próprio Estado Democrático de Direito, viola direitos humanos e conduz a punições do Estado brasileiro, reduzindo o importante índice de confiança e, por vezes, lançando dúvidas aos legitimados constitucionais pela investigação criminal (delegado de polícia), ao próprio instituto investigação criminal e à sua instrumentalização por meio do devido e legal inquérito policial.

Embora a análise seja meramente descritiva, os direitos morais podem ter um custo quando reconhecidos dentro do sistema. Note-se, o presente trabalho parte exatamente da coerência do sistema, de uma análise dialógica, para reafirmar que a investigação criminal, como técnica e como direito, clama por incorporar exigências morais. Essa não é uma visão romântica, mas factível, pautada numa espécie de justiça distributiva, em que mesmo na dimensão moral, é necessária uma análise dialógica, que considere a tributação e o orçamento público, sob pena de os recursos públicos protegerem alguns cidadãos em detrimento do direito de outros[11].

Holmes e Sunstein provocam ao considerarem a mesma discussão quanto a custos deliberados e abusivos. Mas é importante considerar que o comportamento abusivo, no Brasil, não está adstrito exclusivamente ao aspecto moral, como parecem interpretar Holmes e Sunstein, mas também descritivo, conforme descortinado neste trabalho. Nessa hipótese, o comportamento abuso é previsto no Código Civil Brasileiro.

Nesse aspecto, a partir das contribuições de Holmes e Sunstein, complementado pela interpretação do custo da investigação criminal, chega-se a uma nova crítica e reflexão: a investigação criminal tem custos que vale a pena pagá-los, desde que não sejam abusivos, porquanto violadores do sistema de justiça criminal. O abuso da investigação criminal é um instituto jurídico capaz, no mundo jurídico, de gerar um dever, com consequente responsabilização.

Na linha do que asseveram Holmes e Sunstein, é necessário indagar como os custos da investigação criminal afetam quem não praticou crime ou quem o praticou sem abuso de direito.

---

11. Com recursos escassos não somente no Brasil, mas nos demais sistemas, é muito provável que o dinheiro gasto indevidamente com as externalidades das investigações criminais submetidas ao abuso de direito seja exatamente aquele que não chegará à saúde e à educação ou à proteção de outros direitos fundamentais que necessitam de igual ou maior garantia.

Holmes e Sunstein indagam: como impedir que as pessoas sem propriedades – e essa pergunta se refere à forma mais básica de cooperação social – saqueiem as que as que possuem? Parafraseando, como impedir que pessoas que não praticam crimes ou que praticam sem abusar de direito durante a investigação criminal, não passem a praticar crime diante da certeza de gastos abusivos assumidos exclusivamente pelo Estado?

Nesse aspecto, o custo da investigação criminal tem um vetor da criminologia, que é a compreensão dos mecanismos de repressão que não estimulem novos comportamentos indesejados[12].

6.2 O CUSTO DA INVESTIGAÇÃO CRIMINAL

Se, por um lado, não existem mais dúvidas sobre a realidade do custo da investigação criminal, por outro, ainda resta identificá-lo, propor uma forma de cálculo e extrair desses custos as externalidades que não confrontem o *nemo tenetur se detegere*.

Embora o custo da investigação criminal utilize valores, o objetivo não é uma avaliação quantitativa desses valores, mas a identificação de um serviço público, entendido como a densificação de diversos direitos fundamentais que devem ser custeados pela estrutura estatal.

Reafirma-se que o presente raciocínio não vai de encontro ao imprescindível e essencial gasto do Estado com a investigação criminal, uma promessa constitucional não somente expressa ao positivar os órgãos legítimos que promoverão investigação criminal no Brasil, mas também implícita, já que

12. A admissibilidade de eventual responsabilização por comportamentos abusivos na investigação criminal, para efeitos da criminologia moderna, tem o condão de criar e estabelecer uma nova espécie de controle formal da criminalidade.

a investigação invariavelmente serve para proteger os direitos fundamentais e os princípios constitucionais. Note-se, o Direito Penal objetivo, ao elencar bens jurídicos, em sua totalidade está a proteger algum direito fundamental[13].

É importante tal reafirmação para asseverar que direitos fundamentais e princípios correlatos são valores incalculáveis para a sociedade, cujo preço, ainda que excessivo, merece o esforço orçamentário, como uma espécie de proteção do mínimo existencial.

Estados totalitários, aliás, têm muita facilidade em violar direitos. Basta a assertiva falsa de não existência de recursos ou direcionamento de políticas públicas de confronto às minorias em detrimento das ações de investigação para debilitar o sistema de investigação e as polícias judiciárias e, em última análise, reduzir os custos da investigação – até o momento invisíveis – como mecanismo de violação de direitos fundamentais e facilitador dos objetivos nefastos dos dirigentes estatais. Portanto, política criminal pode ser utilizada para coarctar custos da investigação em evidente violação de direitos fundamentais.

O ponto que se destaca nesse discurso e que encontra consenso é que a investigação tem custos e como calculá-los demanda simples elaboração de fórmula matemática, de aplicação, caso necessário, por regulamentos ou portarias, seja da Polícia Judiciária, seja das Cortes de Contas, seja do Conselho Nacional de Justiça[14].

Mas o nó górdio, a divergência, pode surgir na identificação das **externalidades**. São externalidades, para fins deste trabalho, todos os comportamentos de uma pessoa física ou jurídica que provoquem impactos econômicos ou sociais a pessoas

13. Por exemplo, a previsão do crime de furto no Código Penal é uma proteção ao direito de propriedade, assim como o estupro protege a dignidade sexual como dimensão da dignidade da pessoa humana.
14. Toda investigação criminal, mesmo que não abusiva, deveria gerar uma planilha de custos.

adversas, sejam ou não componentes da relação jurídica processual.

Essas ações e comportamentos correspondem ao abuso do direito criminal, com efeitos no bem-estar de outros. Note-se, se estivéssemos a discutir exclusivamente sobre o abuso do direito processual penal, tenderíamos a apresentar a repercussão dos atos processuais abusivos com correspectivo impacto na relação jurídica processual. Não é desse tema que estamos a cuidar, como anteriormente analisado.

O abuso de direito criminal até pode produzir consequências à relação jurídica processual, e normalmente produz, porém, o que se pretende neste trabalho é a revelação de um instituto jurídico que não corresponda à responsabilidade penal – decorrência do Direito Penal objetivo –, nem à responsabilidade processual penal – decorrência do processo penal, como a litigância de má-fé –, mas uma responsabilidade, conforme discutido, de outra camada, como apresentado pela teoria dos múltiplos ilícitos.

As externalidades da investigação criminal causam prejuízos anuais às vítimas, que, por terem uma investigação prejudicada, veem diminuída chance de recuperação de ativos e do consequente ressarcimento; lesam os próprios autores de infrações criminais, porquanto, por vezes, fruto de denunciação caluniosa[15] ou falsa comunicação de crimes; atingem terceiros inocentes; prejudicam o Estado-investigação como detentor do monopólio da aplicação da reprimenda penal por se ver tolhido do seu direito. As instituições do sistema de justiça criminal também são prejudicadas; o Poder Judiciário sofre prejuízos de duas ordens, a primeira quanto à credibilidade de suas decisões

15. O comportamento humano compatível com a infração criminal denunciação criminosa tem o condão de desafiar bens jurídicos. No plano do direito material civil, o comportamento pode gerar dano material e moral; no aspecto penal, atinge o bem jurídico que tutela a administração da justiça; no plano financeiro, atinge o bem jurídico patrimônio público como interesse público secundário ou interesse patrimonial.

e a segunda quanto à multiplicação de processos desnecessários; a Fazenda Pública, como representante do Estado orçamentário; e a sociedade, com efeitos reversos, que retroalimentam a prática criminosa.

Em outros termos, essas externalidades não são apenas econômicas, mas também atingem e interferem na política criminal e causam perplexidade, quando conhecidas, à pesquisa da criminologia, a exemplo da cifra invertida, que consiste na falsa comunicação de crime que não existiu.

Lições de Economia ensinaram que a mão invisível do Estado, famosa releitura de Smith (1981), por vezes auxilia no desempenho da Economia. Nesse sentido, observando a partir da lente de Smith, é possível enxergar a investigação criminal como um dos deveres essenciais do Estado, qual seja, o de proteção dos indivíduos contra as ofensas mútuas, contra a injustiça e contra a opressão de outros membros da sociedade, ou "dever de estabelecer uma exata administração da justiça, requer também graus bem diferentes de despesa nos diversos períodos da sociedade" (Smith, 1981, p. 743). E acrescenta o autor em questão (1981, p. 743):

> Entre nações de caçadores, como mal há qualquer propriedade, ou pelo menos nenhuma excede o valor de dois ou três dias de trabalho, raramente há qualquer magistrado estabelecido ou qualquer administração regular da justiça.

Além de estabelecer uma evidente distinção entre crimes relacionados à vida e ao patrimônio em sociedade primitivas, em que estes têm um benefício econômico igual à perda daquele que sofre (vítima), Smith aponta a origem da autoridade. Sempre partindo de um olhar da Economia, o citado autor considera que a autoridade judicial por muito tempo gerou renda, uma renda obtida de maneira abusiva, em que, por perturbar o rei, o culpado deveria indenizar o soberano, senão vejamos (Smith, 1981, p. 748):

> Nos governos tártaros da Ásia, nos governos da Europa que foram fundados pelas nações germânicas e citas que derrubaram o império romano, a administração da justiça era uma considerável fonte de renda, ao soberano e a todos os chefes menores ou senhores que exerciam sob ele qualquer jurisdição particular, quer sobre alguma tribo ou clã em particular, ou sobre algum território ou distrito.

Atento, ele considera que essa cobrança como fonte de renda e mecanismo de promover a administração da justiça é subserviente aos propósitos de renda e produziu grosseiros abusos.

Atualmente, a administração da justiça, compreendida para fins deste trabalho como um espectro mais amplo de funções jurisdicionais e de auxiliares do Poder Judiciário, assim denominada Polícia Judiciária, além de não tributar ou tarifar o serviço prestado, ainda admite (*rectius* tolera) o uso abusivo da investigação criminal.

A ausência de uma planilha de custos da investigação e das externalidades pode causar nos usuários a sensação de algo sem valor, sem controle econômico[16], quiçá potencializador de corrupção[17] e da seletividade. Comportamentos abusivos,

16. O inquérito policial como instrumentalização da investigação criminal no Brasil é o mecanismo mais legítimo e avaliado, porquanto submetido a controle externo do Ministério Público e judicial pelo Poder Judiciário, sendo impossível no país o arquivamento administrativo.

17. O custo da investigação criminal pode ser considerado um fator de redução da corrupção de agentes públicos. A maior seletividade do sistema interfere, efetivamente, na possibilidade de escolha, pelo setor econômico, das investigações de interesse, já que não há custos identificados a justificar a escolha, o que em alguns casos fomenta a corrupção ativa e passiva. Ademais, exerce a função preventiva, uma vez que a certeza de investimento em determinada política pública e o respectivo controle possibilitarão a legitimidade da discricionariedade no que tange à seletividade abusiva, ao mesmo tempo em que não apenas reconhece o problema, mas indica a responsabilidade da escolha e do resultado deliberado pelo governante. A valoração do custo da investigação criminal, ademais, minimiza o uso de

não importam à espécie, devem ser analisados, reconhecidos pelo Estado e, eventualmente cobrados, sem deixar margem a qualquer tipo de lacuna, zona sombria, dúvidas ou promessa de venda de facilidades ou de favores pelos agentes do Estado responsáveis pela persecução criminal.

O problema de corrupção também já foi retratado por Smith (1981, p. 749):

> Em todos os governos bárbaros, concomitantemente, em todos aqueles antigos governos da Europa em particular, que foram fundados sob ruína do império romano, a administração da justiça parece por longo tempo ter sido extremamente corrupta, longe de ser igual e imparcial, mesmo sob os melhores monarcas, e totalmente contrariada sob os piores.

É certo que essa cobrança pelos juízes cessa quando os bens particulares são insuficientes para custear a administração da justiça, e os custos são dissolvidos em outras cobranças e taxas, como as taxas da Corte, que perduram até a completa separação dos poderes.

Na atualidade, com um Poder Judiciário autônomo, imparcial e eficiente, não há motivos para duvidar da prestação de um serviço público de qualidade, o que se constitui um exercício do dever-poder de prestação de segurança jurídica, que repercute em direito fundamental de segurança pública, em busca de verdade e justiça.

Mas, se por um lado, a preocupação de Smith foi superada, com proposta orçamentária do Poder Judiciário, no Brasil, de R$ 59,7 bilhões, valor que representa 10,02% de aumento em relação ao ano anterior (Proposta [...], 2022), por outro persistem comportamentos abusivos que deveriam ser submetidos a

pressões políticas e atos de corrupção na seleção do gasto público com segurança pública, na delimitação recursos para investigação.

controle contábil, fiscal, orçamentário, tributário, investigativo e judicial.

Note-se, de um estado primitivo de cobrança como mecanismo de arrecadar que ocasionou erros grosseiros tem-se que o modelo de imparcialidade a que está submetido o Poder Judiciário na atualidade faz com que sejamos forçados a pensar em um próximo passo para as décadas vindouras. O resultado poderia ser um modelo de responsabilização, se preciso com taxação ou tarifação do abuso de direito criminal, decorrência de uma investigação criminal contendo um anexo, uma espécie de incidente ou de planilha fiscal, de lançamento fiscal policial, com consequente ingresso de receita para o fisco, como mecanismo não de financiar a administração de justiça – dever estatal –, mas de reduzir os prejuízos decorrentes das externalidades negativas.

As externalidades que sempre existiram na sociedade moderna têm sido potencializadas nos últimos anos com a utilização de novas tecnologias, plataformas e sistemas de negociação. Em uma sociedade em que o real tem se confundido com o virtual, evidencia-se a necessidade de novos investimentos em persecução com a finalidade de promover a adequada e eficiente investigação criminal tecnológica e financeira.

6.3 O CUSTO DAS INSTITUIÇÕES FINANCEIRAS PARA A INVESTIGAÇÃO CRIMINAL

As instituições financeiras ocupam lugar de destaque na economia nacional, e como toda e qualquer empresa, exercem uma importante função social, que pode ser concretizada de inúmeras formas, como na contribuição para uma justa cobrança de juros, incentivo ao empreendedorismo e financiamento pautado em requisitos de sustentabilidade.

Mas uma essencial função parece se afastar das instituições financeiras, ao menos no Brasil, que é o exercício da função social no aspecto segurança pública, uma evidente contradição quando o setor em que mais se discute *compliance* está nessas instituições.

Em última (ou em primeira) análise *compliance* nada mais é que cumprir de forma ética as normas legais, regulamentares e promover um modelo colaborativo para evitar a ocorrência de crime (*compliance* criminal).

Paradoxo quando as instituições financeiras assumem o prejuízo e, de imediato, deixam de fornecer informações para a Polícia Judiciária. A maioria das instituições financeiras do Brasil são colaborativas, mas **todas** adotam essa prática, qual seja, da socialização dos custos do crime com a população em geral, e muitos desconhecem essa prática no país. Não somente há a socialização dos custos do crime, como também isso faz com que as vítimas sejam lançadas contra o Estado-investigação, por vezes pela ausência de interesse e pelo comportamento complementar de recusar fornecimento de dados básicos[18] à investigação, de forma deliberada, que ocasionam um alto custo para as investigações.

Apesar de o mercado financeiro funcionar atualmente em rede, com fluxos nacionais e globais, as respostas às questões básicas da investigação parecem retroceder ao século passado, muito decorrência da securitização.

18. O Brasil desenvolveu o mais moderno e tecnológico sistema bancário, com reconhecimento facial, coleta de biometria e georreferenciamento, mas instituições conhecidas no país não conseguem identificar o IP de conexão de um aplicativo ou a porta lógica. Paradoxo, somente compreendido quando analisado o custo da investigação e o interesse em segurança pública e o fim único de lucro. É chegada a hora de as instituições financeiras assumirem seu papel e exercitarem a função social da segurança pública com impacto na investigação criminal. Vide a tragédia Pix, modelo disruptivo e tecnológico arcaico e não dialógico quando o assunto é segurança pública.

No *case* Operação *Per Saltum*[19] e a ação denominada inferência estatística[20], isto é, o estudo de caso identificou que algumas instituições financeiras podem ser complacentes com a prática de fraudes e golpes bancários, com uso de seus sistemas e rotinas, daí a denominação cifra invertida[21], um comportamento emulativo e que causa considerável prejuízo à investigação criminal.

6.4 O CUSTO DAS ORGANIZAÇÕES CRIMINOSAS PARA A INVESTIGAÇÃO CRIMINAL

As organizações criminosas constituem uma novidade no Brasil e são tratadas por um sistema de justiça criminal não adaptado para o seu enfrentamento.

---

19. Operação *per saltum*, desenvolvida pela Polícia Civil de São Paulo em fase de campo em 18 de outubro de 2022 apurou crimes eletrônicos em detrimento da Fazenda Pública de municípios brasileiros, conforme divulgado na imprensa (Operação [...], 2022).
20. Não existe um levantamento de dados sobre os casos em que crimes registrados como roubo em saídas de bancos na capital paulista.
21. Cifra invertida corresponde à inferência estatística e aos "ruídos" da *notítia criminis* em falsos registros de crimes cibernéticos na segurança pública e na sociedade. Tão perniciosa como a cifra negra, para fins estatísticos, de planejamento de políticas públicas, de repressão e de ações estatais, estão as comunicações de crimes cibernéticos inexistentes, que os autores Contelli e Galvão (2022) denominam cifra invertida ou oposta. Cifra invertida, que não se confunde com a eficácia invertida do Direito Penal - espécie de inversão de valores em que a pena é utilizada para sufocar minorias -, a cifra oposta ou invertida está relacionada, normalmente, a serviços securitários não controláveis cujas falsas notícias impactam a investigação criminal, o sistema de justiça e a própria sociedade, porquanto o sobrevalor de gastos e o descrédito gerados impactam de forma reversa à segurança pública do país e a adequada repressão. Tal fenômeno se agrava e é facilitado em tempos pós-pandêmicos, já que não há mais a necessidade de comparecimento físico-presencial das supostas vítimas para a *notitia criminis* de alguns crimes perante as principais Polícias Judiciárias do país, avanço que, em tese, potencializa falsas comunicações delitivas. Trata-se de fenômeno criminológico que, doravante, apresentamos à comunidade científica com a denominação cifra criminal oposta ou invertida.

O engajamento de centenas a milhares de pessoas, bem como o investimento, a racionalidade e as estratégias de divisão de tarefas nos grupos criminosos, cada vez mais, além de tentarem solapar os alicerces do Estado, visam minar ou produzir estratégias para prejudicar, de forma deliberada, a investigação criminal. Faz-se necessário, assim, uma investigação criminal dialógica, disruptiva e econômica, mas, ao mesmo tempo, constitucional, que promova a proteção de direitos e garantias básicas e que não permita que comportamentos para além de criminosos, mas abusivos, gerem prejuízos à instrução processual e ao orçamento público, com consequente concentração de riqueza nos mercados ilícitos nacionais e internacionais.

Com efeito, o investimento em segurança pública para o combate à criminalidade organizada sem o debate sobre o abuso de direito criminal no momento da investigação constitui um retrocesso civilizatório. Com a redução do Estado (estado liberal) e a despeito de eventuais abusos estatais em todo o mundo, caminha-se para um momento de equilíbrio em que não apenas o monopólio da força estatal é mitigado e controlado, como também se aproxima o momento de discussão acerca da fragilidade do tecido social e da confiança, com consequente incremento do gasto público, porque parcela mínima da população (grupos criminosos) se apropria de recursos de toda a sociedade.

Em outros termos, parcela mínima de pessoas investigadas concentram a maior parte do capital investido pelo Estado em investigação criminal decorrente de comportamentos abusivos do particular (externalidades indiretas)[22]. Esse desequilíbrio ocasionado pelo comportamento abusivo, por um lado, gera

22. A pesquisa não questiona o investimento público qualificado e, ainda que custoso, de enfrentamento ao crime organizado, exatamente por constituir uma obrigação estatal. A análise continua no âmbito exclusivo das externalidades indiretas.

impunidade e, por outro lado, impulsiona a concentração do capital ilícito em detrimento da recuperação de ativos.

Em outros termos, o investimento em comportamentos abusivos gera um interessante – e ainda desconhecido – capital de retorno que estimula ainda mais a prática ilícita, fomenta o crime organizado e possibilita uma curva crescente de gasto público que não será suportada pelos países que enfrentam o fenômeno de grupos criminosos e caminham, portanto, para um rompimento orçamentário em menos de uma década. Países como Brasil, Colômbia, Venezuela e México necessitam repensar imediatamente a forma como injetam recursos públicos em externalidades indiretas, sob pena de esse rompimento econômico ocorrer em menos tempo.

Como esses recursos não decorrem de atividade de natureza criminal, não existe, na atualidade, no sistema de justiça criminal brasileiro um mecanismo para arrestar ou sequestrar eventuais vantagens dessa natureza. Mesmo o confisco alargado, de incerta aplicabilidade, não se destina a recuperar esses recursos, o que exige medidas de controle e ressarcimento dos custos abusivos como forma de recompor o gasto público e preservar a sustentabilidade financeira para as futuras gerações.

6.5 ORÇAMENTO PÚBLICO E RESPONSABILIDADE DO ESTADO: CUSTOS ESSENCIAIS

O orçamento público controlado pelo Poder Legislativo é um instrumento de exercício da democracia, uma peça jurídica que dispõe sobre a atividade financeira do Estado. Ele representa o planejamento econômico realizado pelos particulares, por meio da representatividade e da legitimidade do Poder Legislativo. As despesas públicas, entretanto, requerem receitas.

Conforme ensina Bastos (1999, p. 23):

> Característica importante da despesa pública é que há de ser sempre antecedida de previsão orçamentária, que fará a fixação das despesas. Aliás, o art. 167, II, da Constituição da República proíbe a realização de despesas ou a assunção de obrigações diretas que excedam os créditos orçamentários ou adicionais. Há, portanto, uma disciplina bastante estrita a regular a realização da despesa pública.

Os gastos públicos com investigação criminal obviamente estão incluídos nas despesas públicas, mas o mesmo não ocorre com os custos das externalidades decorrentes de condutas abusivas na investigação criminal.

Com efeito, ao disciplinar sobre as despesas com investigação criminal, é essencial incluir no debate orçamentário o custo não apenas das investigações, mas também dos comportamentos abusivos que absorverão recursos públicos em detrimento das demais investigações, a maioria em que não se identificam externalidades abusivas.

Esses custos devem ser redistribuídos aos respectivos causadores, sejam pessoas físicas, sejam pessoas jurídicas ou, se comprovada provocação deliberada e abusiva, até mesmo ao advogado, naquilo que ultrapassar os contornos do direito de ampla defesa proposto neste trabalho.

6.6 LIMITES DE GASTOS PÚBLICOS E AÇÃO PENAL PÚBLICA INCONDICIONADA

Pouco importa o valor financeiro do objeto material do crime, ao Estado cabe financiar a investigação criminal, porquanto a regra no processo penal brasileiro é a ação penal incondicionada.

Em outros termos, se um crime contra o patrimônio gera um prejuízo de R$ 1 mil, não existe no Brasil nenhum tipo de análise para controlar o custo da investigação. Note-se, a investigação desse crime, se exigir produção probatória e diligências de valor de R$ 1 milhão, tecnicamente nada pode ser feito para impedir o gasto – ao menos, até hoje, pois nunca foram discutidos mecanismos de controles ou, melhor considerando, de análise econômica da investigação criminal.

Conceitos como pequeno valor na subtração e princípio da insignificância em nada interferem na redução do custo da investigação criminal, já que não se afasta a tipicidade material, como no caso da insignificância, sem uma investigação criminal.

A mitigação do princípio da obrigatoriedade do processo penal com o ingresso da Lei nº 9.099/1995 (Lei dos Juizados Especiais Criminais), com a introdução da transação e mais recentemente, com o Pacote Anticrime (Lei nº 13.964/2019) do acordo de não persecução penal, embora possibilite uma redução de custos, em nada interfere na análise econômica da investigação criminal.

O custo da investigação criminal, e não somente abusivo, requer a abertura desse debate. Até que ponto o Estado, para manter a regra da ação penal pública incondicionada, deve pagar custos excessivos da investigação e como as Cortes de Contas poderiam compreender, controlar e fiscalizar esses gastos?

Observe-se, no entanto, que a simples aplicação do princípio da obrigatoriedade é insuficiente para justificar ou afastar os custos da investigação perante a Corte de Contas. É insuficiente, ademais, porque, mesmo diante de evento compatível com o princípio da insignificância, o alto investimento pode ser necessário para afastar a tipicidade formal ou identificar causas excludentes de ilicitude, o que alcança um significado prático equivalente, mas que envolve direito de liberdade, verdade ou inocência, temas pelos quais, assim como nas tutelas provisórias de urgência e medicamentos de alto custo, valem a pena pagar.

O assunto, com efeito, não é de simples aplicabilidade de regra, visto que investigação envolve liberdade de pessoas.

6.7 PROPOSTA METODOLÓGICA DE CÁLCULO DOS CUSTOS DA INVESTIGAÇÃO

Fórmula matemática não será suficiente e necessária neste trabalho, porquanto o que se espera, neste primeiro momento, é o despertar de uma discussão.

O serviço público de investigação criminal pode ser aferível como qualquer outro e sempre estará revestido de incertezas quanto a inclusão de salários, valoração de horas trabalhadas, custo de equipamentos de investigação, dentre outras peculiaridades.

Com esforço científico, é possível alcançar uma planilha de cálculo que trate de um custo médio de horas ou técnicas empregadas, o que poderá ser absolutamente variável, mesmo diante de idêntico tipo penal, em razão das circunstâncias e dos contornos práticos das elementares.

Observa-se que, no lugar de formular uma planilha de cálculo para cada caso concreto, uma metodologia adequada, caso se pretenda avançar nessa discussão e na identificação das consequências apresentadas neste trabalho, está em formar um grupo de trabalho representativo do Estado-investigação para formular uma tabela a partir de levantamentos orçamentários e gastos individualizados. Isso possibilitaria que o relatório final do inquérito policial determinasse a quantidade de técnicas, diligências e exames, a fim de emitir uma nota de identificação de custos.

Técnica semelhante já ocorre, por exemplo, no tabelamento de serviços cartorários ou de fornecimento de cópias pelo setor público. Diante da impossibilidade de aferir o real valor gasto com horas de servidores públicos, custo de equipamentos e em que medida aquele servidor esteve dedicado exclusivamente para a extração de cópias, é que existe um tabelamento em praticamente todos os estados da federação, apontando o custo de uma cópia, pouco importando a estrutura estatal utilizada.

Desenha-se, portanto, que o custo da investigação criminal ocorra por estimativa, a partir de pontos abusivos que exacerbam os custos normais, a exemplo da quantidade de diligências abusivas e em locais distantes, procrastinação e direcionamento malicioso de serviços públicos de investigação e mesmo a valoração na elaboração de provas inúteis provocadas não para a tentativa de absolvição (direito do investigado), mas solicitadas com único ânimo de prejudicar o orçamento público.

Pode existir uma frustração nessa primeira conclusão, no entanto, a complexidade dos fatos humanos indesejados torna impossível a valoração individualizada e exata de uma investigação criminal no Brasil.

O que o Estado precisa é a identificação de uma métrica capaz de apontar o custo médio de uma investigação a partir de custos médios de determinadas diligências, emprego de servidores, exames, análises, para que possa confrontar com a receita destinada à pasta que cuida de segurança pública – no item investigação criminal – no respectivo Estado e, assim, identificar o problema.

Como a comunidade científica não identificou o problema, o tema O Custo da Investigação Criminal ainda não incomoda, já que deixa o governante em situação de conforto por desconhecimento.

Mas se a frustração do leitor estiver em identificar um custo aproximado, basta verificar o valor total da receita destinada exclusivamente para os gastos com investigação criminal e dividir pela quantidade de crimes, modulando, na sequência, com a distinção crimes de autoria conhecida e desconhecida e confrontando com valor médio de uma investigação.

Por outro lado, sob o ponto de vista da análise do custo de uma investigação criminal individualizada, a melhor opção, ao menos nesse primeiro olhar para o problema formulado, está, reafirma-se, no estabelecimento do custo da investigação criminal por estimativa[23]. Ou seja, antes da incerteza de se calcular horas de trabalho, valores periciais, campanas e deslocamentos de equipes em cada caso, melhor seria o estabelecimento de um valor médio, ainda que com variações diante da quantidade de diligências ou perícias, o que pode ser produzido com consequente publicação anual no Diário Oficial da tabela de custos ou de fator de multiplicação por unidades fiscais.

6.8 SERVIÇO PÚBLICO, SEGURANÇA PÚBLICA E FATO HUMANO INDESEJADO

A redução da criminalidade de massa e organizada em países que têm o fator econômico como eixo de fomento da prática criminosa requer a revisão de conceitos e a análise do que fora produzido em termos legislativos, doutrinários e jurisprudências sobre serviços públicos, dever do Estado em favor da sociedade que espera e merece a adequada e proporcional ação prestacional.

Costuma-se identificar um evidente absenteísmo estatal na prestação de alguns dos serviços públicos indivisíveis: saúde, educação e segurança pública.

Ao lado da saúde e da educação, a segurança pública ocupa lugar de destaque, uma espécie de núcleo duro correspondente às atividades essenciais do Estado. Embora as duas primeiras cada vez mais admitam a participação de particulares na prestação de seus serviços, na área de segurança pública existe uma nítida distinção daquilo que pode ser prestado por particulares – a exemplo da segurança privada patrimonial e cibernética – e daquilo que cabe à segurança pública propriamente dita.

23. A solução encontra correlato no Direito Tributário quando estabelece o cálculo do imposto de renda por estimativa ou arbitramento.

Em outros termos, se cabe ao Poder Público permitir que particulares realizem uma cirurgia cardíaca ou que concedam um diploma universitário, o mesmo não acontece com a segurança pública, não sendo passível, por exemplo, a prisão de grupo criminoso por atividade exclusivamente particular.

Com efeito, embora também seja um serviço público, há que se considerar que existem atividades indelegáveis, essenciais, que mesmo em análises mais liberais, não poderiam autorizar a completa privatização da segurança pública do país. Exatamente por isso que esse é um serviço público, considerado – com razão – indivisível.

No que tange ao objeto de estudo, a ocorrência do fato humano indesejado funciona como uma espécie automática de ordem de serviço para que o Estado-investigação empregue todo o esforço estatal para fornecer a devida e constitucional investigação criminal. Sob o ponto de vista jurídico, essa devida e constitucional investigação criminal é delimitada por um conjunto de balizas fornecidas pela Constituição Federal, pelos tratados e documentos internacionais de direitos humanos e pela legislação infraconstitucional.

Ao mesmo tempo, se o recorte for econômico, financeiro e orçamentário, senão os usuais de qualquer serviço público, essa investigação criminal, produto do serviço público prestado pelas polícias judiciárias do país, não encontra qualquer tipo de baliza econômica, contradição que se espera superar nestas singelas linhas.

Não há como pensar em serviço público sem a necessária correlação com gastos públicos, daí a existência do orçamento público que, a despeito das vicissitudes, deve manter o mínimo de previsibilidade. Por evidente que pandemias, catástrofes e outros eventos podem ensejar uma suplementação, mas, ainda assim, estaremos dentro de uma previsibilidade de acontecimentos não controláveis.

O problema está quando eventos controláveis, mas abusivos, ultrapassam o exercício regular do direito e o constitucional direito de defesa e caminham para o campo das externalidades abusivas.

Na Figura 8 é possível verificar que o gasto público decorrente de comportamentos abusivos extrapola o limite do orçamento público. A ilustração é sem escalas porque são gastos não contabilizados, que engrossam as despesas, sem, no entanto, aparecer formalmente com o nome abuso.

Figura 8 – Gastos abusivos

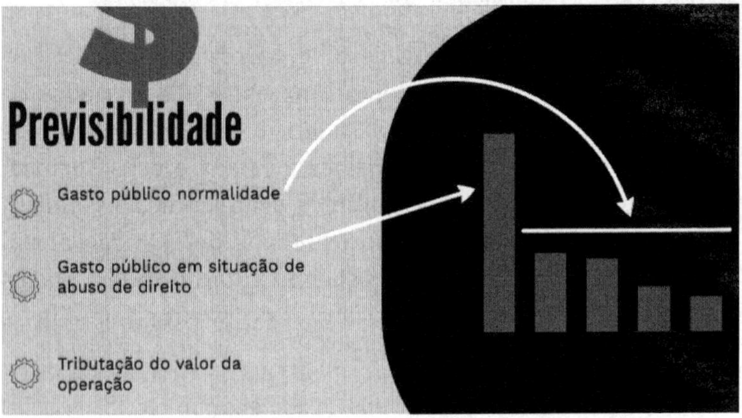

Fonte: Elaborada pelo autor.

O objeto de discussão, com efeito, encontra-se exatamente na identificação das externalidades e na seguinte indagação: o sobrevalor do gasto público deve constituir uma operação espontânea, capaz de, por exemplo, ensejar a tributação?

A resposta, conforme já se adiantou, não comporta aprofundamento nesta pesquisa, mas em trabalho posterior.

6.9 SERVIÇO PÚBLICO *UTI UNIVERSI*

As políticas públicas são desenvolvidas para incrementar a prestação de serviços públicos como mecanismos de efetivação de direitos decorrentes de uma ampla promessa constitucional. Porém, na prática, é importante observar que os recursos são finitos, e os gastos, quando não controlados, podem ser muito superiores, daí temos nos contentado ao longo dos anos com a atenção ao mínimo existencial. Note-se, em países como o Brasil nem toda promessa constitucional foi, de fato, atendida, mas existe uma espécie de consenso em satisfazer, com algum esforço, aquelas demandas interligadas com o mínimo de dignidade da pessoa humana.

Para atender a essas necessidades, nem sempre individualizadas e personalíssimas, existe aquilo que a doutrina denomina serviços públicos indivisíveis, que, aliás, são custeados, basicamente, pela espécie tributária de impostos e pelo conjunto de ingressos públicos que não correspondam a uma contraprestação.

Com efeito, não é possível um contribuinte de impostos solicitar pela via judicial a redução de impostos porque a estrada que sempre utiliza está esburacada ou argumentar que não mais pagará impostos porque a segurança pública de seu estado não é a adequada, isso porque são serviços públicos indivisíveis ou *uti universi*.

A regra, portanto, é a normalidade da indivisibilidade dos serviços públicos essenciais, embora o Estado também preste serviços públicos de possível divisibilidade, aqueles com possibilidade de retribuição por taxas ou contribuição de melhorias.

Para alcançar os objetivos da pesquisa, desenvolvemos uma espécie de teste para serviços públicos indivisíveis, mas que poderiam ser indenizados na divisibilidade abusiva, que vale para todos os serviços públicos.

Todo serviço público *uti universi* tem um valor econômico que, porém, não poderá ser cobrado individualmente, salvo naquilo que constituir uma externalidade. Na verdade, o que se cobra não é o serviço público, mas a externalidade abusiva.

Na saúde, por exemplo, como decorrência da prestação do dever de saúde o Poder Público presta o serviço de socorro. Desse modo, pouco importa que um determinado paciente não acione a ambulância ou eventualmente tenha que acioná-la dezenas de vezes, não há que se falar em contraprestação, porquanto estaremos diante de um serviço para atender a uma promessa constitucional.

O que se pretende discutir neste trabalho ou, ao menos, levantar uma reflexão, é se esse mesmo paciente que aciona a ambulância uma vez, no lugar de indicar uma rota precisa para socorro de 1 quilômetro, faça com que o veículo se desloque 100 quilômetros, por absoluto comportamento abusivo.

Note-se, todo serviço público essencial e indivisível deve ser prestado independente de contraprestação, na linha do que reiteradamente decide o Supremo Tribunal Federal ou, em verdade, estaremos diante de um assunto diverso, que não corresponde ao serviço público, mas a uma externalidade que merece avaliação?

É necessário o debate para afirmar que se a teoria do abuso de direito que desenvolvemos estiver correta, não será aplicada apenas à investigação criminal como serviço público, mas a qualquer outro serviço público.

Aplica-se o teste também para o serviço público de educação. Imaginemos que um aluno de escola pública foi reprovado dez vezes. Ainda assim, embora receba mais prestação de serviço do que outros alunos, não haverá o dever de indenizar. Em outra hipótese, o aluno alcança uma bolsa de maneira fraudulenta. Note-se, por corresponder a um ilícito, deverá indenizar, bastando, para tanto, que a Procuradoria respectiva ingresse com ação. Mas, e se o exemplo for de uso abusivo do serviço público, ainda assim, não terá que fazê-lo, pois constitui uma promessa de prestação de educação? Mas, e se um grupo de doutorandos se reúne para se autorreprovarem em todas as avaliações e, por conseguinte, rebaixar a faculdade perante o Ministério da Educação? E se a Universidade for rebaixada pelo comportamento abusivo? Com efeito, a teoria do abuso de direito, se aplicada na investigação criminal, por idêntico raciocínio também poderá ser aplicada a qualquer outro serviço público, mesmo que educacional. Os testes e os exemplos, desse modo, são replicados em quaisquer serviços públicos em que se alcance o que denominamos externalidades[24].

Como se observa, o problema desta tese não está em responder afirmativamente ou não à pergunta, mas em compreender o que está sendo debatido.

Agora, seguindo o caminho de se reaproximar à investigação criminal, o mesmo teste pode ser aplicado. Na hipótese de Tício matar, estuprar e furtar, todos os custos da investigação, prisão, transporte etc. são, exclusivamente, de responsabilidade

24. No sistema penitenciário, imaginemos que um preso não aceite trabalhar, tente fugir ou consuma alimentos ou medicamentos para seu cuidado e manutenção de vida digna. Em nenhuma dessas hipóteses terá que indenizar o Estado, exatamente porque cuidar da segurança pública, restringir a liberdade e garantir a integridade física e mental do preso é uma promessa estatal, assumidamente com a previsão de custos. Mas, e se o preso, deliberadamente, agride um agente estatal ou serra a cela? Em ambas as hipóteses, deverá indenizar. O sistema jurídico, inclusive, previu mecanismos de responsabilização civil, criminal ou administrativa. Mas, e se o preso desenvolve engenhoso plano para lançar celulares com uso de drones, elabora um plano para resgate com uso de helicóptero ou treina e utiliza arqueiro para lançar flechas no interior do presídio contendo informações para assassinatos ou objetos ilícitos? Note-se, primeiro é importante observar que o ordenamento jurídico brasileiro nunca possibilitou um direito a fuga. O que existe, simplesmente, é uma não responsabilização exclusivamente criminal para fuga sem violência, o que em nada se confunde com direito a fuga e, muito menos, possibilita a utilização de comportamentos abusivos que geram externalidades ao Estado. E os presos que, diante de alimentos adequados, produzidos por supervisão de nutricionista, decidem jogar toda a refeição fora? Ainda assim não terão que indenizar?

do Estado, porque assim convencionado quando se optou pelo monopólio estatal do uso da força.

O problema começa a surgir quando vítimas são penalizadas pela repercussão do crime, e os indivíduos não têm como ressarci-las, uma realidade brasileira[25].

A análise pode ser realizada também por tipos individuais de comportamentos, a fim de identificar se as pessoas deveriam pagar alguns desses gastos. Veja-se que no crime de tráfico de drogas, para sua tipificação, pouco importa que o agente transporte 100 gramas ou 5 toneladas de substância proibida. Ressalvada a consideração na dosimetria, nenhuma outra consequência existe no Brasil para quem transporta 5 ou 10 toneladas de drogas.

Note-se, 5 ou 10 toneladas de drogas produzem para o Estado-investigação um custo em logística e contratação de mão de obra para transporte; a própria locomoção; pesagem; análise; depósito e, ainda, contratação de empresa com licenciamento ambiental no país apta para fazer a incineração. Pode-se dizer que o tráfico de drogas até, por exemplo, 500 quilos é um comportamento que merece a resposta estatal. Aliás, foi a política pública de enfrentamento ao tráfico de drogas que deliberou assim, porém, desde 1976, data da primeira importante lei de drogas (Lei nº 6.368/1976), nunca se discutiu no Brasil sobre quem indenizará a incineração[26].

25. Contelli (2022) defende no livro "Arca Restaurativa" a necessidade de criação de um fundo internacional para recomposição das vítimas, mesmo que não identificado o comportamento abusivo.

26. No Pregão Eletrônico nº 002/2020, extraído do Processo nº 026/2020, o estado de São Paulo, por meio da 8ª Delegacia Seccional de Polícia de São Paulo, firmou contrato com a empresa Essencis Soluções Ambientais S.A. para incineração de entorpecentes, com valor contratado, à época, de R$ 10 o quilo incinerado. Ainda segundo a simulação publicada no termo de contrato, a apreensão de 4.123,50 importará no valor de incineração de R$ 41.235,00. Com efeito, 4 toneladas de drogas, além de todo o custo da polícia ostensiva e da polícia de investigação e da logística para transporte, guarda e do risco social, ainda impacta os cofres públicos em R$ 40 mil.

Há notícia de que em alguns estados do Brasil, a incineração continua a ser realizada sem qualquer tipo de licitação ou estudo de impacto ambiental. Desse modo, o que se pretende, sem se fixar em quantidade, é despertar a percepção de que quem transporta 10 quilos de maconha talvez não deva indenizar, mas quem transporta 10 toneladas de droga, pelo comportamento abusivo que suplanta o ilícito penal, deva indenizar a externalidade, que não se confunde com a infração criminal e, por isso mesmo, não está abarcada no sobrevalor dosimétrico de eventual sentença penal condenatória.

Outra externalidade não percebida pela doutrina e pela jurisprudência está em uma tragédia vivenciada no Brasil quanto ao tráfico de drogas e a juventude. Imaginemos exemplo em que um traficante é identificado pelo Estado-investigação como único responsável pelo tráfico de drogas em uma comunidade ou município. Imaginemos, agora, que, provando-se que as drogas eram fornecidas por tal traficante, um adolescente consumidor desenvolva problemas de saúde e necessite de tratamento, quem sabe de internação e, até mesmo, de atuação estatal via SUS, uma tentativa de salvar o garoto.

Por que em casos tais, até hoje no Brasil, não existe responsabilização pelo comportamento abusivo do traficante com relação ao gasto público com a saúde do garoto? Não estamos a tratar do tipo penal de tráfico de drogas, mas da responsabilização, seja privada, seja estatal, com relação aos gastos para recuperação do jovem consumidor. Embora hipotético, isso acomete milhares de famílias neste momento em diversas regiões da *terra brasilis*[27].

Desse modo, é chegada a hora de iniciar o debate público sobre as externalidades e por uma deontologia da investigação criminal.

27. O exemplo é específico e não deixa dúvidas de que o traficante foi identificado como vendedor de drogas para o adolescente. Imaginemos que o SUS deva investir em gastos com hospitais psiquiátricos para absorver os gastos com pacientes que usam drogas. Ainda assim, os traficantes devem continuar a ser responsabilizados apenas pela infração criminal? E aqueles

O mesmo ocorre para o crime de furto. Como demonstrado, de ação penal pública incondicionada. Então, se o furto é de uma bicicleta ou dos cofres do Banco Central de Fortaleza pouco importa, pois a análise de custos, na atualidade, tem a mesma relevância. Desse modo a pergunta: quem furta uma bicicleta ou cava um túnel para ingressar em um cofre federal será responsabilizado tão somente pela infração criminal?

Os exemplos se repetem em todos os tipos penais. Recentemente, operação da Polícia Civil paulista identificou que 200 roubos de cargas foram falsificados. Um evidente impacto para a economia do país. Ainda assim, o singelo tipo penal de comunicação falsa de crime e, por vezes, de estelionato, são suficientes para absorver toda a externalidade? Ou estaremos diante de um ilícito de outra natureza jurídica?

O fato humano indesejado – infração criminal – encontra seus limites de responsabilização penal na dogmática penal e no Direito Penal objetivo. Com efeito, em exemplos de continuidade delitiva com ou sem violência, o legislador estabeleceu uma espécie de ficção para a aplicação da pena privativa de liberdade. Tal medida significa a aplicação da pena a um só dos crimes e incidência de uma respectiva causa de aumento, considerada de um sexto a dois terços nos crimes sem violência ou multiplicando-se até o triplo nos crimes dolosos contra vítimas diferentes, cometidos com violência ou grave ameaça à pessoa, nos termos do art. 71 do Código Penal (Brasil, 1940).

> Crime continuado
>
> Art. 71 – Quando o agente, mediante mais de uma ação ou omissão, pratica dois ou mais crimes da mesma

---

líderes de organizações que financiam e controlam o tráfico de drogas nas "cracolândias" do país a alto custo familiar, social e humanitário? A culpabilidade do tipo penal de tráfico é suficiente ou o legislador previu a pena de tráfico de drogas pensando em comportamentos abusivos? Ademais, o Fundo Nacional Antidrogas (FUNAD) tem capilaridade para responder a indagação satisfatoriamente.

> espécie e, pelas condições de tempo, lugar, maneira de execução e outras semelhantes, devem os subsequentes ser havidos como continuação do primeiro, aplica-se-lhe a pena de um só dos crimes, se idênticas, ou a mais grave, se diversas, aumentada, em qualquer caso, de um sexto a dois terços. (Redação dada pela Lei nº 7.209, de 11.7.1984)
>
> Parágrafo único – Nos crimes dolosos, contra vítimas diferentes, cometidos com violência ou grave ameaça à pessoa, poderá o juiz, considerando a culpabilidade, os antecedentes, a conduta social e a personalidade do agente, bem como os motivos e as circunstâncias, aumentar a pena de um só dos crimes, se idênticas, ou a mais grave, se diversas, até o triplo, observadas as regras do parágrafo único do art. 70 e do art. 75 deste Código. (Redação dada pela Lei nº 7.209, de 11.7.1984).

A demonstração de que a responsabilização criminal não é exauriente, bem como uma interpretação teleológica excluem qualquer tipo de valoração pelo magistrado de externalidades. Isso porque existe um estabelecimento de limites para a aplicação e para a dosimetria da pena nos casos de continuidade delitiva, com apresentação de uma quantidade de crimes para a definição do patamar máximo de aumento na espécie. Assim, segundo a jurisprudência, a delimitação do *quantum* o magistrado poderá aplicar o aumento máximo consistirá em dois terços. Nesse sentido, o Recurso Especial nº 1.377.150 Minas Gerais (Brasil, 2017b, p. 1):

> Recurso especial. Estupro. Continuidade delitiva. Patamar de aumento. Número de crimes cometidos. Súmula n. 7 do STJ. Afastamento. Fração de 2/3. Imposição. Recurso provido.
>
> 1. Relativamente à exasperação da reprimenda procedida em razão do crime continuado, é imperioso salientar que esta Corte Superior de Justiça possui o entendimento consolidado de que, cuidando-se aumento de pena referente à continuidade delitiva, aplica-se a fração de aumento de 1/6 pela prática de 2 infrações; 1/5, para 3

infrações; ¼, para 4 infrações; 1/3, para 5 infrações; ½, para 6 infrações e 2/3, para 7 ou mais infrações.

A hipótese aventada de 200 crimes, ao menos no Brasil, para fins penais, somente recebe aumento até o limite de 7 crimes, de tal modo que 193 crimes, eventualmente praticados de forma abusiva, e com forte impacto orçamentário – porquanto serão 193 inquéritos policiais, produção de perícias etc. – podem (devem) representar algum tipo de externalidade.

O objetivo deste trabalho não é estabelecer o valor preciso de um inquérito policial, senão fomentar a busca pela necessidade de cálculo. Por menor que seja, se cada inquérito policial for avaliado em um valor mínimo de R$ 5 mil[28] estaremos diante de um prejuízo, somente para o Estado-investigação, leia-se, Estado detentor do orçamento público, de exatos R$ 1 milhão.

Mas, e os 7 primeiros crimes que já foram valorados? Embora consideremos hipóteses distintas que poderiam ser externalidades[29], mesmo diante de menos crimes, tem-se que, excluindo os 7 crimes, ainda haveria um prejuízo ao orçamento público de R$ 965 mil, fruto exclusivo de comportamento abusivo, considerando-se tão somente a suposição com o valor mínimo de R$ 5 mil – o que pode ser muito maior, isso porque basta a realização de um confronto de DNA ou uma diligência para outro estado da federação para superar tal quantia.

6.10 INVESTIGAÇÃO CRIMINAL TRIBUTÁRIA E INVESTIGAÇÃO TRIBUTÁRIA CRIMINAL

A investigação tributária criminal tem por finalidade identificar as externalidades da prática criminosa e da investigação criminal, auxiliar na formulação de estudo de impacto de

28. Apenas uma hipótese.

29. E podem ser, porque as causas de externalidades não se confundem com a continuidade delitiva do ramo do Direito Penal.

segurança pública (EISP) e apresentar, de forma jurídica e contábil o custo da investigação criminal para fins fazendários.

Para tanto, necessário compreender a existência de um Direito Penal Tributário e Direito Tributário Penal. Sem descurar a importância de um Direito Penal Tributário, ou seja, o direito objetivo a cuidar de infrações criminais tributárias, com previsão de tipos penais, a exemplo dos previstos na Lei nº 8.137/1990 (Brasil, 1990d) tem-se por Direito Tributário Penal o conjunto de mecanismos destinados a aplicar sanções tributárias.

A partir dos conceitos apresentados pelos vocábulos jurídicos de Direito Penal Tributário e Direito Tributário penal, valendo-se do modelo propugnado de investigação criminal dialógica, têm-se que também é possível falar, como proposta deste trabalho, em investigação criminal tributária e investigação tributária criminal.

Sem esforço de compreensão, investigação criminal tributária é toda aquela investigação em que o Estado-investigação tem por finalidade apurar autoria, materialidade e cumprir as funções da investigação criminal em busca da verdade acerca de uma infração criminal tributária. Nesse aspecto, é um dever do Estado- investigação identificar os custos normais da investigação, função complementar da investigação criminal tributária.

Propõe-se como investigação tributária criminal o conjunto complementar e dialógico de princípios da investigação estatal destinados a identificar, apurar e comunicar, os custos da investigação decorrentes das externalidades aferíveis pelo abuso do direito no fenômeno criminal e na investigação criminal, com a finalidade de integrar o gasto público, compor o custo de produção do país e integrar a atividade econômica, o que exige uma espécie de Polícia de Fiscalização.

As alternativas para enfrentar o abuso de direito na investigação criminal e no fenômeno criminal pressupõem, em primeiro lugar, a identificação da externalidade, papel que deve ser desempenhado por um modelo dialógico de polícia denominado de Polícia de Fiscalização. Em outros termos, existe uma ausência de atuação estatal da denominada função fiscalizatória da Polícia Judiciária[30], que se pretende ativar com as assertivas deste trabalho.

As investigações criminais exigem um esforço interdisciplinar dos operadores do direito e, quanto as externalidades, existe um dever fiscal e quiçá tributário de uma investigação tributária penal para o consequente debate público sobre os custos da investigação criminal.

Então a Polícia Judiciária de Fiscalização atua somente quando existe sentença penal condenatória? A resposta é não. Caso a análise das externalidades fosse um problema da dogmática penal e do devido processo penal, certamente o decidido no decreto condenatório e absolutório teria efeitos jurídicos no cível. Contudo, o esforço do trabalho está exatamente em demonstrar que externalidades não se confundem com dogmática penal, de maneira que podem existir hipóteses em que a Polícia Judiciária de Fiscalização deva atuar, a despeito do arquivamento do inquérito policial.

É possível formular a hipótese em que Tício, a despeito de montar complexa estrutura de golpes cibernéticos e engenharia social, com criação e hospedagem de *sites* e uso de *IPs* no exterior, por circunstâncias alheias a sua vontade não alcance a consumação. Para alguns, especialmente quando o exemplo é de estelionato e não de extorsão, a hipótese não configura crime no país. Note-se, centenas de investigações são arquivadas

30. Em março de 2023, na região de Presidente Prudente/SP, a Polícia Civil apresentou o primeiro projeto do país para o ressarcimento do SUS em razão de custos decorrentes de tratamentos médicos em casos de violência doméstica. A partir de protocolo de atuação, identificados os custos pela Polícia, os quais chamamos de fiscalização, o delegado de polícia expedido comunicado às respectivas Procuradorias Jurídicas ou entidades de representação de Municípios, Estados e União informando o custo do tratamento médico das vítimas para respectivas ações de ressarcimento (Contelli, 2023).

anualmente. Com efeito, caso identificado algum custo excessivo, decorrente não dos meios executórios normais a consumação, mas de externalidades, devem ser ressarcidos, e isso somente ocorrerá com a atuação da Polícia Judiciária de Fiscalização[31].

Idêntica conclusão nas hipóteses de prescrição ou outras causas de extinção da punibilidade, mesmo pela morte. O princípio da intranscendência da ação penal diz respeito exclusivamente a pena e não a obrigação de reparar o dano, nos termos do art. 5º, inciso XLV, da Constituição Federal (Brasil, 1988):

> nenhuma pena passará da pessoa do condenado, podendo a obrigação de reparar o dano e a declaração do perdimento de bens ser, nos termos da lei, estendidas aos sucessores e contra eles executadas, até o limite do valor do patrimônio transferido.

Exatamente por isso que se identifica um novo tipo de responsabilidade. Um misto que, ao mesmo tempo em que não se confunde com espécie tributária ou simples indenização, se aproxima desses institutos. O que existem são externalidades que exigem sua completa identificação e formalização, ainda que outro debate venha à tona, que é como judicializar. No entanto, opta-se, neste trabalho, por lançar a discussão para outro momento, após a consolidação do debate sobre a existência das externalidades.

É importante notar, no entanto, que o Brasil não tem esse órgão policial, Polícia Judiciária de Fiscalização, mas certamente nova estrutura não será necessária, bastando para tanto simples

31. Esse modelo de Polícia Judiciária de Fiscalização decorre de um pensamento reducionista da proposta maior para o enfrentamento qualificado da criminalidade cibernética a que se propõe, destinada à promoção de segurança pública de escala, objeto de pesquisas em andamento e que merecem uma maior reflexão para implantação de medida disruptiva pelas Polícias Judiciárias do país.

adaptação e estabelecimentos de procedimentos e protocolos de atuação paralelos à investigação criminal[32].

6.11 AS EXTERNALIDADES PASSÍVEIS DE COMPARTILHAMENTO

As externalidades encontram acepção específica para o objeto deste trabalho. Examiná-las significa, seguindo Coase (1960), que estamos inserindo o debate nas consequências externas de um comportamento.

A aproximação com Coase evidentemente merece os adequados ajustes, isso porque o denominado problema a ser examinado no artigo "The problem of social cost" (1960) parte da análise de uma fábrica em que o grau de poluição gera efeitos nas propriedades vizinhas.

Uma observação é necessária para assegurar que a análise econômica do direito realizada ocorreu antes das principais legislações ambientais internacionais. Como alternativas iniciais da maioria dos economistas, ressalta Coase (1960), está na responsabilidade civil pelos danos aos vizinhos; a aplicação de uma multa proporcional ao impacto causado ou a medida extrema de retirar a fábrica daquele local, conclusões que para Coase são inadequadas.

32. Uma vez mais, embora não seja o objetivo deste trabalho o aspecto arrecadatório, apenas para lembrar, o país discute neste momento novas fontes e novas receitas em contraposição à limitação de despesas públicas, como a suspensão de criação de novos cargos públicos (Novo Arcabouço Fiscal (PLP 93/2023). Porém o país não sabe qual é o custo de uma investigação criminal ou, para além da simples quantificação dos custos reais e necessários, em que medida o orçamento público sobre impacto decorrente do abuso de direito criminal e quais as medidas poderiam ser adotadas para minorar esse gasto público. Todas essas questões integram a proposta do trabalho. Obviamente, não pretendemos lançar respostas prontas neste momento, mas apenas lançar luz no não assunto.

A semelhança do problema examinado por Coase (1960) com o deste trabalho encontra equivalência que merece ajustes. A relação do problema que o citado autor sugere é de ente privado – fábrica – para particulares que absorvem estes custos sociais. Neste trabalho, a relação é de particular – investigado – para Estado, detentor do orçamento público, mas que nada mais é que a socialização dos custos, porquanto a ficção jurídica Estado e orçamento refletem apenas e tão somente os interesses de pessoas físicas, atingidas que são pelo aumento de gastos públicos.

Coase (1960), portanto, formula um problema particular-particular. Este trabalho apenas insere o ente público entre os particulares, mas as consequências sociais são idênticas. Para o custo de investigação criminal a norma jurídica é violada por comportamento abusivo em uma relação representada por particular-Estado-particular, ou seja, comportamento abusivo do investigado, prejuízo ao patrimônio público e reflexo em toda a coletividade.

Outro ajuste necessário, antes de avançar em busca de alguma semelhança entre a análise de Coase e este trabalho, está em que o comportamento abusivo criminal deve ser obtemperado pelo direito ao silêncio e suas consequências jurídicas, essencialmente aquelas de estatura constitucional.

Não estamos diante de simples descumprimento contratual ou abusivo em que o causador do dano indeniza o prejudicado. Essa ressalva é importante até mesmo para concordar com o autor, que já assevera que no problema entre fábrica e particular, que a solução tradicional, que obscurece a natureza da escolha ao concluir pela simples indenização está errada, simplesmente porque estaremos diante de um problema de natureza recíproca (Coase, 1960, p. 1). Partindo da análise do autor em questão, o problema não está apenas em causar um dano no vizinho, mas se o vizinho está habilitado a causar um dano na fábrica.

Coase (1960, p. 2) utiliza exemplos para facilitar a compreensão:

> exemplifiquei em meu artigo anterior o caso de um confeiteiro, de cujo maquinário provinham ruído e vibrações que perturbavam a atividade de um médico. A fim de evitar o dano ao doutor, infligir-se-ia um dano ao confeiteiro. O problema posto nesse caso era, em essência, se valeria a pena, como resultado da restrição dos métodos de produção dos quais o confeiteiro poderia se valer, assegurar mais atividade médica ao custo da redução da oferta de produtos de confeitaria. Um outro exemplo é proveniente do problema do gado que, ao vaguear, destrói a plantação na propriedade vizinha. Em sendo inevitável o dano causado pelo gado na propriedade vizinha, o aumento da oferta de carne somente será obtido mediante o decréscimo da oferta de produtos agrícolas. A natureza da escolha é clara: carne ou messe. A resposta deve ser dada não é, por óbvio, determinada, a menos que se saiba o valor daquilo que é obtido, bem como o valor daquilo que se sacrifica para obtê-lo.

Com efeito, para Coase, a questão a ser investigada está em decidir o maior ou menor valor dos bens envolvidos. Em termos jurídicos, a análise pode ser compreendida como a comparação de bens jurídicos ou mesmo a ponderação, a proporcionalidade ou a racionalidade.

Importante considerar que o abuso com reflexos em segurança pública não envolve apenas prejuízo estatal econômico, mas uma série de outros interesses relevantes para políticas criminais como confiança, segurança jurídica, ética e o próprio desafiar ao direito de liberdade.

Retornando a análise de Coase, observa-se que sempre que o causador e responsável pelo dano indeniza integralmente e a operação se mantém sem custo, afirma-se que o sistema de preços continua suavemente, solução assimilável pelos economistas. A lógica empregada por Coase passa pela análise do menor custo. Ou seja, no caso do produtor de gado, pode ser que o custo pela cerca seja muito superior a opção de indenizar pela agricultura destruída, conforme ensina Coase (1960, p. 3):

> Isso pode se tornar mais claro por meio de um exemplo aritmético. Suponha, inicialmente, que o valor da colheita obtido do cultivo de uma dada área de terra seja $12 e que o custo para cultivar essa mesma área seja de $10, o valor total adquirido com o cultivo será de $2. Eu assumo, por questão de simplificação, que o agricultor seja o proprietário da terra em que planta. Agora, assuma que o pecuarista comece sua atividade em uma propriedade vizinha e que o valor da messe destruída seja de $1. Nesse caso, $11 são obtidos pelo agricultor com a venda no mercado e $1 é proveniente do criador de gado, em razão do dano que causou, e o valor total produzido continua sendo $2. Agora, suponha que o criador de gado ache rentável aumentar o tamanho do rebanho, ainda que o montante de dano aumente para $3; o que significa que a receita marginal da carne produzida é maior do que o seu custo marginal, incluindo-se o pagamento adicional de $2 pelos danos causados. Mas, o total do pagamento a ser feito agora elevou-se a $3. O valor total da produção permanece $2. O criador de gado estaria em uma posição melhor caso o agricultor concordasse em não cultivar sua terra por qualquer quantia menor do que $3. O agricultor concordaria em deixar a terra não-cultivada por qualquer pagamento maior do que $2. Há, claramente, espaço para uma barganha mutuamente satisfatória, o que levaria ao abandono do cultivo da terra. Contudo, o mesmo argumento serve não apenas ao total de terra cultivada pelo agricultor, mas, também, a qualquer subdivisão da mesma. Suponha, por exemplo, que o gado tenha uma rota bem definida, vale dizer, em direção a um riacho ou a uma área de sombrosa. Nessas circunstâncias, o dano causado à messe, ao longo da definida rota, pode ser grande e, em assim sendo, o agricultor e o pecuarista poderiam achar rentável entabular uma barganha, a qual tenha por resultado a concordância

> do agricultor em não cultivar a referida faixa de terra. Mas, disso exsurge outra possibilidade. Suponha que exista uma rota bem definida. Suponha, ainda, que o valor da colheita que seria obtido pelo cultivo da área de terra correspondente à definida rota seja $10, mas o custo para cultivá-la é de $11. Se não houvesse o pecuarista, tal faixa de terra seria desperdiçadamente cultivada. Entretanto, dado a presença do criador de gado, ter-se-ia que, fosse cultivada tal faixa, a totalidade da messe resultaria destruída pelo gado. Nesse caso, o pecuarista seria forçado a pagar $10 ao agricultor. É verdade que este ainda perderia $1. Mas, o criador de gado perderia $10. Claro está que tal situação duraria indefinidamente, porquanto nenhuma das partes gostaria que isso ocorresse. O objetivo do agricultor seria o de induzir o pecuarista a pagar-lhe tendo por contrapartida o não-cultivo da terra. O agricultor não estaria capacitado a receber um valor superior ao custo de cercar a área plantada, nem um valor tão alto a ponto de levar o criador de gado a abandonar o uso da terra vizinha. O montante a ser pago dependeria da perspicácia do agricultor e do pecuarista como barganhistas. Mas, já que o pagamento não seria tão elevado a ponto de levar pecuarista a abandonar a localidade vizinha e como não variaria com o tamanho do rebanho, tal acordo não afetaria a alocação de recursos, mas, meramente, alteraria a distribuição de renda e riqueza entre o criador de gado e o agricultor.

O mecanismo multiplica os exemplos na atualidade da economia com escolhas de prejuízos e de prejudicados. Esses problemas que afligem o consumidor parecem se repetir na segurança pública brasileira.

Conforme apontado, a criminalidade contemporânea, desde crimes patrimoniais até crimes contra a ordem tributária e contra a vida ou a dignidade sexual, recebe neste início de século inegável influência econômica.

A pergunta que se faz é se existem atividades econômicas que, observando o sistema jurídico, especialmente o sistema de justiça criminal nacional, realizam escolhas? Essa lógica, que já lesou muitos consumidores em todo o mundo, pode estar sendo reproduzida de forma silenciosa neste momento no sistema de justiça criminal brasileiro.

Escolha matemática, como o caso Fatalities Associated with Crash-Induced Fuel Leakage and Fires[33], evento que tem relação com a opção da Ford Motor Company, em 1973, de não realizar *recall* de veículo lançado em 1971, relativo ao tanque de combustível na traseira, e que ocasionou, entre a decisão e 1977, data da determinação do *recall* por agência governamental dos Estados Unidos, ao menos 500 mortes (Dowie, 1977).

Existiria alguma semelhança entre essas escolhas no sistema financeiro nacional? Uma espécie de sistema de preços com responsabilidade por danos atribuída exclusivamente ao Estado-investigação, sem possibilidade de barganha, em evidente rompimento da natureza recíproca dos problemas complexos apresentados.

O problema que se levanta é se isso, de fato, estiver ocorrendo, a forma de manipulação é muito simples. Isso porque basta um singelo estudo sem muito aprofundamento jurídico para lançar óbices de natureza constitucional, uma espécie de cortina de fumaça, para se inserir mecanismos abusivos à investigação criminal, ou seja, um sistema em que os benefícios são exclusivamente econômicos, porém subsidiados pela segurança pública, principalmente dos Estados. E assim o é já que, de forma residual, a quase totalidade de investigações são conduzidas pelas Polícias Judiciárias, que utilizam orçamento da segurança pública dos Estados da federação. Uma espécie de subsídio forçado, decorrente apenas do abuso de direito no sistema de justiça criminal.

33. Fatalidades associadas a vazamento de combustível e incêndios induzidos por acidentes (tradução nossa).

Isso ocorre quando bancos, para não assumir falhas de segurança e mesmo na condição de vítimas que repercute em outros consumidores, não repassam dados que não exigem reserva de jurisdição para o Estado-investigação, socializando, na sequência, todo o custo do prejuízo criminoso.

Coase identifica que as decisões dos tribunais com frequência são estranhas aos economistas, em especial ao valorar aspectos que não identificam quem são os verdadeiros responsáveis pelos danos, o que possibilita que o sistema de preços funcione sem custos, já que a atividade danosa não é responsável pelos dados causados pelo seu funcionamento. Embora possam ser alterados por meio de transações, alguns custos não são atribuídos ao causador do dano (Coase, 1960, p. 12):

> Mas deve ser lembrado que a questão imediata encarada pelos tribunais não é o que deve ser feito por quem, mas quem tem o direito de fazer aquilo. É sempre possível modificar através de transações no mercado a delimitação inicial dos direitos. E, é claro, se tais transações no mercado são sem custo, tal rearranjo de direitos sempre irá ocorrer se levar a um aumento no valor.

Como essas operações são, em geral, custosas, as transações e rearranjo de direitos acontecem apenas quando o sistema de preços funciona sem custos. Na prática, as transações acabam ocorrendo apenas quando o aumento do valor de produção, for maior que o dos custos do rearranjo.

A solução da firma, proposta por Coase (1937), tem o propósito de regular esses custos, no entanto, isso pode atingir um valor tão elevado que a única solução será a regulação pelo governo (Coase, 1937, p. 13, tradução nossa):

> [...] uma alternativa é a regulação direta pelo governo. Em vez de estabelecer um sistema legal de direitos, o qual possa ser modificado pelas transações no mercado, o governo impõe regulamentos acerca do que as pessoas podem ou não fazer, devendo ser obedecidos.

Sempre importante ressaltar que se busca nessa análise apenas verificar se há alguma semelhança entre o custo da investigação criminal, seus fatores potencializadores e as conclusões de Coase. Não serão desconsideradas, nessa aproximação, as características próprias da investigação criminal, sua inafastável proteção às garantias individuais e todas as consequências da identificação de uma das partes consistir exatamente no Estado, o monopólio da persecução penal e demais consequências de normas jurídicas de direito público.

Por sorte, quando se escreve este trabalho há um forte movimento, não apenas no Brasil, de avanço de mecanismos do Direito Penal Negocial, obviamente com consequências na investigação criminal.

A suposição que existe até o presente momento é a de que não existem custos na investigação criminal que mereçam ser indenizados pelo particular, o que é tão normalizado que o primeiro olhar a este trabalho sempre é sucedido da assertiva de impossibilidade em discutir custos diante do monopólio da ação penal.

Resta, no entanto, um pouco mais de fôlego para superar todas essas barreiras.

As premissas de monopólio da ação penal ao Estado como único e exclusivo responsável pelos custos, inclusive os abusivos, nunca preocuparam os cientistas, porque, realmente, quando das edições de nossos Códigos Penal e Processual Penal os custos do comportamento abusivo não impactavam, como acometem hoje, o orçamento público.

O custo da investigação criminal não está submetido, até o momento, a processos de barganha ou à disciplina contratual, de maneira que a única forma de rearranjo será com a correta compreensão deste instituto e, eventualmente, com o rearranjo de direitos a regular essa relação jurídica sobremaneira complexa, que supera qualquer outro tipo de relação contratual privada, pelos motivos explicitados.

O rearranjo do direito pelo mercado, no modelo adotado atualmente, por não considerar esse sobrevalor, tende a cada vez mais impactar o orçamento público naquilo que pode se aproximar de um subsídio do Poder Público a legitimar condutas não éticas por indivíduos e corporações que souberam caminhar por esse emaranhado de normas jurídicas.

Basta verificar o que está ocorrendo nas investigações sobre crimes cibernéticos no país e a relação com alguns colaboradores. Esse é um tipo de investigação que não encontra aderência nas normas tradicionais e exige medidas disruptivas, algumas já analisadas em outros estudos paralelos a este, mas que dependerão da correta compreensão sobre as responsabilidades dos participantes da exploração econômica. Pelo contrário, estaremos diante de produção, a custo mínimo para *big techs*[34], e socialização dos custos aos cidadãos, por meio de impacto em recursos que poderiam ser redistribuídos da pasta da segurança pública para saúde ou educação e, até mesmo, para reinvestir em maior tecnologia na investigação criminal.

Com efeito, não há dúvidas de que o mercado realizou o rearranjo dos direitos, o que nos conduziu até a situação atual. O problema a ser enfrentado não está apenas em conhecer uma nova categoria jurídica e criar suas bases teóricas a partir da proposta de comportamentos abusivos na seara criminal, mas, sim, em inverter, ou ao menos ajustar, uma lógica de décadas.

Procura-se demonstrar a realidade por meio de teorias, hipóteses e leis, sistema conceitual que interfere, de modo evidente, em toda comunidade científica e no senso comum, isso porque conforme Costa (1993, p. 11) "não há razão sem conceituação" e, em termos gerais em categorias, o que justifica determinadas sistematizações racionais.

34. Denominadas empresas de tecnologia e inovação com predomínio de controle do mercado.

Ensina Costa (1993, p. 12), no trabalho lógica indutiva e probabilidade que:

> Dado um sistema de categorias, o qual pode servir de fundamento para certas sistematizações racionais, a ele em geral acha-se associada uma lógica, a qual determina as inferências válidas, correlativas ao sistema de categorias considerando. (Mais do que isso, aos sistemas de categorias adequadamente desenvolvidas, via de regra, encontra-se associada não apenas uma lógica, mas também uma dada matemática. Porém não trataremos desta questão aqui.) Qualquer lógica L envolve a fixação de família de linguagens, sem as quais ela não poderia expressar suas regras, que são, no fundo, cânones linguísticos. Isto implica que L possui, pelo menos, duas dimensões: a sintática e a semântica.

Essa escolha de categorias pode se mostrar vaga para a própria lógica tradicional, por isso, importante pontuar que, mesmo a lógica, não é revestida apenas de estrutura abstrata e formal da matemática-formal pura, e que a intuição e axiomas podem influenciar a reflexão de ordem superior ou, conforme Costa (1993, p. 13) "a lógica clássica trata, essencialmente, do cálculo de predicados de primeira ordem usual", mas é necessário considerar as lógicas não clássicas.

Dito isso, para asseverar que fatores exteriores podem influenciar a comunidade científica, a exemplo das conclusões axiomáticas, o que parece estar ocorrendo com o tema custos da investigação criminal, abuso de direito e direito criminal e *nemo tenetur se detegere*.

A formulação de conclusões para deduzir uma teoria ou sistema lógico ou matemático como verdade universal, sem demonstração científica e empírica, requer neste ponto uma parada[35], uma reflexão.

35. Este trabalho não pretende promover a revolução, até porque este pode não ser o momento. A missão final está em fincar um ponto de reflexão. É possível refletir sobre essas questões, sem afastar toda a construção

Pontua-se neste trabalho a proposta, sim, de um novo axioma: 1) a investigação criminal tem custos e externalidades que merecem consideração ou, de forma muito sincera, 2) a investigação, embora tenha custos, esse é um problema do Estado, ainda que seus gastos sejam abusivos.

O ponto para a virada nessas reflexões está no equilíbrio do que se pretende. Uma responsabilização que não interfira na produção, na desistência do mercado pelas empresas ou que não importe em violação a conquistas básicas do cidadão e que, ao mesmo tempo, resulte em um ganho de produção ou em um ganho social, de confiança, de segurança jurídica, de ética e dissuasão[36] da criminalidade pelo exemplo de que determinados comportamentos são identificados, valorados e previstos no arcabouço normativo existente neste momento.

Esses comportamentos humanos indesejados deixam de ser influenciados apenas pelo mercado, como já o são, e passam a receber também influxos éticos de uma espécie de controle daquilo que ultrapassa o dever do Estado, dos comportamentos emulativos dirigidos não diretamente ao bem jurídico objeto de proteção da norma penal incriminadora, mas destinadas a atingir lateralmente a investigação criminal e o ente que a representa em termos financeiros – Fazenda Pública. Nesse momento de ponto de equilíbrio, a sociedade e a própria Fazenda Pública estarão aptas a deixarem de subestimar o impacto nos cofres públicos.

---

histórica em busca da garantia de direitos em Estados que sempre abusaram de sua condição de vantagem e que, mesmo com os limites impostos pelos direitos humanos e exata delimitação do princípio da legalidade, continuarão a abusar dessa sua posição?

36. Lembrando, ainda, acerca do conceito de paternalismo em Dworkin (1972), ou seja, em outros termos, uma teoria do abuso de direito na investigação criminal poderá modular e, até mesmo, interferir sobre a liberdade de ação. Conforme o autor (Dworkin, 1972, p. 66, tradução nossa), as interferências sobre a liberdade de ação de uma "pessoa é justificada por razões concernentes exclusivamente ao bem-estar, à felicidade, às necessidades, aos interesses ou valores da pessoa coercionada".

Os aspectos e as considerações econômicas, financeiras e tributárias já formuladas serão suficientemente analisados em estudo subsequente[37] a este, que se constitui simples germe para eventuais discussões vindouras. Essas externalidades, para a finalidade do trabalho, são classificadas em duas categorias.

A primeira categoria é denominada **externalidade direta**, simples decorrência da interferência do direito, de comportamentos humanos ajustados e como isso repercute em aspectos relacionais ao fenômeno criminal. É certo que todo crime de homicídio causa gravíssimas consequências não apenas à vítima e sua família, mas também à comunidade[38], com a sensação de insegurança. Ainda, quando examinadas as mortes de jovens e homens é possível antever as consequências à população economicamente ativa (PEA). No entanto, nenhum desses aspectos tem pertinência com a análise proposta no trabalho, porquanto, em sua maioria, passíveis de integrar uma pretensão por meio de pedido ou a correspectiva tutela de direito material.

Dentro do dolo do Direito Penal de primeiro, segundo ou de terceiro grau[39], exsurgem consequências de direito material (Direito Penal), Processual Penal ou, até mesmo, externalidades, a exemplo da alteração da curva da população economicamente ativa.

37. Estudos que apenas terão significado se validadas algumas das premissas do presente trabalho.

38. Segundo o Relatório de Conjuntura nº 4 sobre custos econômicos da criminalidade (Brasil, 2018b, p. 9), estima-se que para cada homicídio de jovens entre 13 a 25 anos o valor presente na perda da capacidade produtiva é de cerca de R$ 550 mil.

39. Compreende-se por dolo de primeiro grau aquele em que o agente dirige seu comportamento para atingir integralmente a proposta do tipo penal. Dolo indireto, de segundo grau ou de consequências necessárias, é aquele em que o agente tem o resultado representado como certo ou necessário. O dolo de terceiro grau é aquele em que o agente não se preocupa com os efeitos colaterais, como no conhecido exemplo daquele que pretende matar o piloto e explode o avião com outros passageiros.

As externalidades de interesse à pesquisa são aquelas de **segunda categoria**, denominadas **indiretas, anormais** ou **emulativas**, não decorrência natural da atividade criminosa, mas que provocam uma espécie de dolo não de quarto grau como poderiam sugerir alguns, mas um dolo exterior ao Direito Penal, um dolo transcendente ao analisado no conceito de ação como pressuposto essencial para existência do delito a partir do conceito analítico, mas um dolo de segunda dimensão. Com efeito, é um dolo que não é valorado no Direito Penal, decorrente de um comportamento emulativo.

Note-se, não há novidade alguma em falar em dolo de segunda dimensão. Recuperando o exemplo do homicídio. Quando alguém mata outrem com um único disparo de arma de fogo, esse resumido *iter criminis*, embora integrante da vontade de ação orientada à realização da infração criminal, dolo do Direito Penal, também será valorado na seara cível e administrativa. Isso nunca causou perplexidade, exatamente porque são dolos (ou culpas) de dimensões diferentes, embora o ato humano praticado seja único e com aproximação a características dos institutos jurídicos. Nem se fala em *bis in idem* quando um comportamento criminoso é valorado e objeto de lançamento tributário. Seguindo a regra do *non olet*, um crime tributário[40]

40. "Agravo regimental em *habeas corpus*. Processo penal. Impetração formalizada contra decisão que não conheceu recurso especial. Impossibilidade do reexame dos requisitos de admissibilidade de recurso especial em sede de *habeas corpus*. Condenação pela conduta prevista no art. 1º, parágrafo único da Lei 8.137/90. Ausência de violação ao princípio da *nemo tenetur se detegere*. Entendimento consagrado em sede de repercussão geral (tema 907). Conduta já sancionada civilmente. Ausência de óbice à persecução penal. Independência de instâncias. Precedentes. Não conhecimento. Inexistência de ilegalidade evidente ou teratologia. 1. A jurisprudência desta Corte é firme no sentido do não cabimento de *habeas corpus* destinado ao reexame dos pressupostos de admissibilidade de recurso interposto no Superior Tribunal de Justiça. 2. Não há violação ao princípio da *nemo tenetur se detegere* em razão da condenação do ora agravante como incurso na figura prevista no art. 1º, parágrafo único, da Lei 8.137/90, pois conforme decidido em sede de repercussão geral (Tema 709): "A persecução penal, pela sua natureza, admite a relativização de direitos nas hipóteses de justificável

ou de lavagem de dinheiro pode ensejar, por correlatos argumentos fáticos, mas com fundamentação jurídica distinta, um lançamento tributário e consequente pretensão diversa.

Esse é o motivo que explica que não estamos criando uma nova categoria jurídica. Note-se, a simplicidade deste trabalho se resume em convencer a comunidade que essas externalidades de segunda categoria não se identificam com as externalidades de primeira. Além disso, elas estão muito distantes, em outra dimensão, do comportamento humano indesejado analisado pelo Direito Penal e com um detalhe importante, as externalidades de interesse ao trabalho normalmente são revestidas de uma segunda camada, denominada comportamento abusivo criminal.

Note-se, com essa argumentação, que seria mais difícil compreender que alguém pudesse ser responsabilizado civilmente por danos morais em razão de um homicídio do que compreender as externalidades de segunda categoria. Na responsabilidade civil, o ato humano pode ser o mesmo[41], embora com consequências não penais. Nas externalidades, esse comportamento inicial é incrementado por uma camada de abuso de direito, como ocorre com alguém que, após matar e esconder o corpo no subúrbio de São Paulo, encaminha os investigadores, espontaneamente, a procurarem o corpo em alto mar, no topo de uma perigosa montanha, ou indica a coordenada geográfica

tensão (e aparente colisão) entre o dever do Poder Público de promover uma repressão eficaz às condutas puníveis e as esferas de liberdade e/ou intimidade daquele que se encontre na posição de suspeito ou acusado. É o que ocorre com a garantia do *nemo tenetur se detegere*, que pode ser eventualmente relativizada pelo legislador" (RE 971959/RS, Relator: Min. Luiz Fux, Tribunal Pleno, j. 14/11/2018). 3. A imposição de sanção ao acusado, na esfera civil, não impossibilita o regular desenvolvimento da correlata *perscutio criminis*, dada a independência entre as instâncias processantes. Precedentes. 4. Inocorrência das hipóteses de excepcional superação do entendimento jurisprudencial. 5. Agravo regimental desprovido" (Brasil, 2021, p. 1-2).

41. Embora sejam apenas semelhantes.

dentro do lago de Itaipú, o que, por certo, gera milhões de reais em gastos, quando o comportamento em si, ocultação de cadáver, em sua modalidade normal, já ensejaria custos normais (ainda que altos) e responsabilidade penal[42].

Neste momento é necessário, portanto, classificar. De Plácido e Silva, em sua conhecida e tradicional obra "Vocabulário Jurídico" (1996, p. 434), ensina que classificação "serve para indicar a ação de classificar, isto é, de agrupar coisas da mesma espécie, para que formem classes, categorias ou grupos distintos".

Importante observar que o ato humano de ocultar cadáver é objeto de diversas classificações. Alguém pode pretender realizar uma aproximação a partir do ponto de vista sanitário e chegar à conclusão de que esse ato emana consequências sanitárias e ambientais que mereçam valoração. Outro pode pretender classificar como um tipo penal e o Estado terá interesse em iniciar a persecução para exercer o monopólio da ação penal. Familiares podem classificá-lo como um comportamento que, para além do homicídio, potencializou a responsabilidade civil em termos de danos morais ou materiais, como os pertinentes ao traslado do corpo.

A própria persecução e o processo penal podem classificar a partir das consequências probatórias e eventualmente, caso não se localize, desenvolver medidas para a produção do exame de corpo de delito indireto, nos termos do art. 167 do Código de Processo Penal. Nesse sentido decidido no HC 116.909, de Rondônia, ao considerar a análise do conjunto diante da não localização do cadáver.[43]

---

42. O Direito brasileiro já prevê, como comportamento autônomo ao de homicídio, a ocultação de cadáver conforme descrição típica prevista no art. 211, consistente em destruir, subtrair ou ocultar cadáver ou parte dele e tem preceito secundário com penal de reclusão, de um a três anos, e multa (Brasil, 1940).

43. "*Habeas corpus*. Oitiva de testemunhas deprecadas. Ausência de defensor. Nulidade absoluta. Trânsito em julgado. Preclusão. Utilização dos depoimentos para condenação pelo tribunal do júri. Improcedência. Condenação

Mas nenhuma das classificações anteriores se confundem com as externalidades de segunda categoria. Note-se, se o ato de ocultação de cadáver ocorreu no subúrbio de São Paulo, mas os agentes da persecução tiveram que gastar milhões de reais com contratação de mergulhadores e deslocamentos desnecessários para procurar o corpo no lago de Itaipú, evidentemente que esse custo não pode ser suportado pelo Estado-investigação e pela sociedade, que será impactada com menos recursos para outras pastas.

O argumento que remanesce pode ser a invocação do princípio do *nemo tenetur se detegere*. Ora, as categorias jurídicas são distintas. O investigado tem o direito ao silêncio e, por isso, nenhuma consequência lhe poderá resultar, seja no trâmite da persecução de primeira fase, seja no julgamento, por permanecer em silêncio, e isso gerar milhões de reais em gastos pelo Estado. Aliás, a violação ao direito ao silêncio pode ensejar tipo penal de tortura, abuso de autoridade e, com muita segurança em afirmar, consequências indenizatórias contra o Estado e seus agentes e, até mesmo, internacionais e humanitários em razão da ação ou omissão de materialização de suas funções administrativas.

---

com base em outros meios de prova. Falta de materialidade. Inexistência de exame de corpo de delito. Prescindibilidade. Ausência de vestígios. Cadáver não encontrado. Meios indiretos de prova. Ordem denegada. 1. Nulidade não arguida no momento oportuno - alegações finais -, tampouco quando do julgamento pelo plenário do júri, com trânsito em julgado da condenação, configurando mera tentativa de desconstituir a sentença condenatória. 2. Sendo o advogado devidamente intimado da expedição de carta precatória para intimação de testemunhas a fim de prestarem depoimentos, cabe ao paciente ou seu defensor acompanhar o processamento do feito no juízo deprecado. 3. Não há que se falar em nulidade do ato processual, sem que haja comprovação do fato ter acarretado efetivo prejuízo para a parte - *princípio pas de nullité sans grief*. 4. A ausência de exame de corpo de delito não é capaz, por si só, de impedir a condenação do paciente, já que a prova técnica não afasta outros meios de prova da materialidade delitiva, como também não vincula o juiz. Ademais, a realização do referido exame só é possível nas hipóteses em que a infração tenha deixado vestígio material, o que não ocorreu no caso concreto. 5. Ordem denegada" (Brasil, 2012a, p. 1).

Porém, se o sujeito ativo, de maneira emulativa, provoca o deslocamento de equipes e a contratação de profissionais para mergulho e locomoção em águas, até mesmo de outros países, por evidente, esse comportamento não é classificado como integrante do exercício da defesa ou com o conteúdo principiológico da garantia, traduzidos pelo direito ao silêncio e da autodefesa negativa.

Nesse sentido, quando se examinam as externalidades, isso não significa a construção de uma exceção a uma garantia constitucional de tamanha envergadura, simplesmente porque as categorias de análise são distintas, embora, conforme visto, a relativização seja possível, ainda que de mesma categoria se tratasse. No entanto, ainda que não existam direitos absolutos, a hipótese proposta no trabalho ocupa dimensão diversa, porquanto algumas externalidades dependem de previsão legislativa para serem submetidas a regras de exceção.

A divisão em categorias de (1) externalidade diretas ou simples decorrência da interferência do direito e (2) externalidades indiretas anormais ou emulativas geram efeitos e consequências constitucionais.

Atente-se que essas externalidades são analisadas com o propósito de identificar consequências diretas ao Estado, não esgotando o trabalho as demais consequências econômicas, sociais, culturais, ambientais e relacionadas aos demais ramos do Direito.

6.11.1 Externalidades diretas

Ao considerar que o comportamento humano indesejado (infração criminal) resulta em consequências para além do resultado típico, antijurídico e, para aqueles que assim defendem culpável, é evidente que existem consequências ínsitas ao comportamento, tais como prejuízos financeiros para as vítimas, custos suportáveis pelo Estado e, até mesmo, novos tipos penais.

Essas são consequências óbvias, decorrentes da análise do dolo e da culpa, denominadas externalidades diretas, de primeira categoria ou simples decorrência da interferência do direito, embora algumas estejam inseridas na autodefesa passiva que consiste no silêncio[44], na inatividade do indivíduo, de acordo com o princípio da não autoincriminação. Não existindo um dever de natureza material ou processual, ao indivíduo apontado oficialmente como suposto autor de um crime (indiciado) ou mesmo ao simples investigado, não há um dever de colaborar.

Recentemente, o legislador brasileiro introduziu um novo dever ao indiciado em crimes de violência doméstica e familiar contra a mulher. A introdução ocorreu na Lei nº 11.340/2006, que criou mecanismos para coibir a violência doméstica e familiar contra a mulher, nos termos do § 8º do art. 226 da Constituição Federal (Brasil, 1988), da Convenção sobre a Eliminação de Todas as Formas de Discriminação contra as Mulheres e da Convenção Interamericana para Prevenir, Punir e Erradicar a Violência contra a Mulher.

Ao tratar da assistência à mulher em situação de violência doméstica e familiar, a Lei nº 13.871, de 17 de setembro de 2019 incluiu o § 4º ao art. 9º da Lei Maria da Penha (Lei nº 11.340/2006) para disciplinar que:

> Aquele que, por ação ou omissão, causar lesão, violência física, sexual ou psicológica e dano moral ou patrimonial a mulher fica obrigado a ressarcir todos os danos causados, inclusive ressarcir ao Sistema Único de Saúde (SUS), de acordo com a tabela SUS, os custos relativos aos serviços de saúde prestados para o total tratamento das vítimas em situação de violência doméstica e familiar, recolhidos os recursos assim arrecadados ao Fundo de Saúde do ente federado responsável pelas unidades de saúde que prestarem os serviços.

44. Os custos estatais decorrentes do direito ao silêncio são suportados pelo Estado.

Com efeito, embora não se deva compreender como uma extensão do direito ao silêncio, trata-se de uma externalidade. O que o legislador criou, em verdade, é a censura a mais a uma externalidade existente e aferível em uma análise empírica. Ora, o custo ao Sistema Único de Saúde (SUS) é uma decorrência direta do comportamento criminoso que, além de ferir a dignidade da mulher, provoca-lhe lesão como indivíduo e produz outras externalidades, a exemplo da dilaceração familiar e dos altos custos ao serviço público essencial de saúde. Diante disso, essa é uma externalidade que não poderia estar incluída no risco e na decisão da prática criminosa.

O certo é que não existe uma solução pronta, acabada, de maneira que, com a expansão dos mecanismos dialógicos do sistema de justiça criminal, pode surgir mais opções para o rompimento do ciclo de violência. Essa ação vai ao encontro das disposições do art. 9º da Lei nº 11.340/2006 (Brasil, 2006), ao determinar que a assistência à mulher em situação de violência doméstica e familiar será prestada de forma articulada e conforme os princípios e as diretrizes previstos na Lei Orgânica da Assistência Social, no Sistema Único de Saúde, no Sistema Único de Segurança Pública, entre outras normas e políticas de proteção.

Esse custo da violência doméstica inclui, dentre outros, o custo social – órfãos do feminicídio; custo econômico – ressarcimento de gastos com tratamento médico e custo geracional – impacto no patrimônio geracional familiar. E, assim como na criminalidade organizada e nos crimes empresariais, o aspecto econômico pode contribuir na repressão da violência doméstica, em tempos de anormalidade, a partir da leitura da Lei Maria da Penha, extrai-se do art. 9º, § 4º (Brasil, 2006), a possibilidade de medida de repressão financeira, ainda não rotineira nas investigações criminais.

Considerando que a maioria dos casos são subnotificados ou a mulher não revela as verdadeiras causas durante o atendimento médico — informações que surgem apenas no bojo da persecução penal —, decorre daí um poder-dever de a investigação criminal (dialógica) suprir essa lacuna. Isso pode acontecer com a consequente provocação, via notificação, pelo que denominamos Formulário de Comunicação de Custos da Violência Doméstica (FCCVD) ao SUS e às Secretarias de Saúde dos entes municipais e estaduais, assim como à União, às Cortes de Contas, às Fazendas Públicas e às Procuradorias de Estado dos entes responsáveis pelo financiamento público de saúde.

Obviamente, a conclusão não é linear, de maneira a cotejar o efetivo pagamento com a realidade familiar, para não importar ônus de qualquer natureza ao patrimônio da mulher e dos seus dependentes.

O dispositivo, quando aplicado, não enseja atenuante ou possibilidade de substituição da pena aplicada, conforme disciplina o § 6º do art. 9º da Lei nº 11.340/2006 (Brasil, 2006). Uma alternativa a mais a barrar a barbárie[45].

45. Outras medidas dialógicas, de responsabilidade da persecução, são necessárias, como o encaminhamento do agressor a programas de reeducação e recuperação e atendimento psicossocial, com uma leitura de Justiça restaurativa, conforme artigo 22, incisos VI e VII, da Lei Maria da Penha (Brasil, 2006); notificação da ocorrência à instituição responsável pela concessão do registro ou da emissão do porte de armas, correspondente ao artigo 12, inciso VI-A, da citada lei, dentre outros instrumentos que necessitam ser manejados pela investigação criminal. Embora a investigação criminal e o sistema de justiça encontrem seus contornos na Constituição e na legislação ordinária, uma análise sistemática impõe a adoção imediata, enquanto persistir esse estado extraordinário de graves violações aos direitos humanos no país (feminicídios), de reflexão sobre o conteúdo de letras de músicas ou de publicações que disseminam o ódio contra a mulher. Longe de constituir controle ou censura prévia, o estudo prudentino identificou pelo menos cinco músicas no país cujos textos, na linha das propostas nazistas ou de absurda discriminação racial, determinam a segregação, a agressão ou a morte de mulheres, o que nem de longe constitui liberdade de expressão, com a possibilidade de associações ou entidades de proteção de direitos das mulheres encamparem, de imediato, essa bandeira. Considerando que as funções da investigação criminal dialógica extrapolam os aspectos humanitários, sociais, culturais e econômicos, as ações exemplificativas

Importante recordar, ademais, a proibição de aplicação do acordo de não persecução penal nos crimes praticados no âmbito de violência doméstica ou familiar ou praticados contra a mulher por razões da condição de sexo feminino em favor do agressor, nos termos do art. 28-A, § 2º, inciso IV, do Código de Processo Penal, incluído pela Lei nº 13.964/2019 (Brasil, 1941).

O que o legislador acaba de realizar no Brasil é a compreensão de que também as externalidades diretas ou normais devam ser indenizadas, o que possibilita um novo olhar para comportamentos abusivos e custo da investigação[46].

---

elencadas constituem simples medidas de urgência, como a voz no deserto que pretende o desvelar o véu de La Catrina, de José Guadalupe Posada, o ilustrador da morte e de seu principal incentivador, Diego Rivera, em busca de identificar e acolher os órfãos dessa criminalidade e de estancar os feminicídios e as veias que, sob o viés da indiferença, continuam abertas e expondo famílias de todo o país.

46. Essa é uma discussão que, aos poucos, encontrará espaço na doutrina e na jurisprudência, como o prenúncio dessa etapa de discussão por meio do REsp nº 1.431.150-RS (Brasil, 2016c). É possível o ajuizamento de ação regressiva pela autarquia previdenciária com o objetivo de ressarcimento dos valores pagos a título de pensão por morte aos filhos da segurada, vítima de homicídio praticado por seu ex-companheiro. Cinge-se a controvérsia a definir se a autarquia previdenciária faz jus ao ressarcimento dos benefícios previdenciários cuja origem é diversa daquela prevista nos arts. 120 e 121 da Lei nº 8.213/1991 (Brasil, 1991), qual seja, acidente de trabalho. Com efeito, referidas normas são claras em autorizar o ajuizamento de ação regressiva em face da empresa empregadora causadora de dano à autarquia previdenciária em razão de condutas negligentes. Os referidos dispositivos, contudo, devem ser lidos à luz dos arts. 186 e 927 do Código Civil (Brasil, 2002). Como se observa do cotejo dos dispositivos retromencionados, deve ser reconhecido ao Instituto Nacional do Seguro Social (INSS) o direito de regresso – com base nos arts. 120 e 121 da Lei nº 8.213/1991 (Brasil, 1991) – em casos nos quais se demonstre a ocorrência de ato ilícito – art. 186 do Código Civil (Brasil, 2002) – e a consequente necessidade de reparação – art. 927 do Código Civil. Restringir os casos de ressarcimento ao INSS somente às hipóteses estritas de incapacidade ou a morte por acidente do trabalho nos quais há culpa do empregador induziria a negativa de vigência dos dispositivos do Código Civil. Assim, resta evidente que, apesar de o regramento fazer menção específica aos acidentes de trabalho, é a origem em uma conduta ilegal que possibilita o direito de ressarcimento da autarquia previdenciária. Isso fica mais evidente quando se verifica que o art. 121 da Lei de Benefícios (Brasi, 1991), que prevê que o pagamento das prestações

E a relevância da discussão sobre as externalidades começam a alcançar os tribunais. Embora com outras denominações, já que ainda não identificada a categoria jurídica, estão recebendo a correta compreensão e adequação ao instituto que estimula comportamentos desejáveis em termos sociais.

Na linha desta pesquisa, basta verificar a também recente decisão do STF na ADI 4.017 Distrito Federal (Brasil, 2022c), em julgamento ocorrido no dia 19 de maio de 2022, ao assentar a constitucionalidade dos arts. 165-A e 277, §§ 2º e 3º, todos do Código de Trânsito Brasileiro, e dos arts. 2º, 3º e 4º da Lei nº 11.705/2008, em análise da redução do limite de alcoolemia (zero) e das sanções impostas à recusa do condutor em submeter-se ao teste do bafômetro. O STF compreendeu a questão como categoria distinta e que a natureza administrativa das punições e das sanções estabelecidas pelas leis hostilizadas afasta as alegações de incompatibilidade do art. 277, § 3°, do Código de Trânsito Brasileiro com o art. 5°, inciso LXIII, da Constituição Federal (Brasil, 1988), conforme se observa a seguir (Brasil, 2022c, p. 1):

> Ementa: Ações diretas de inconstitucionalidade e recurso extraordinário com repercussão geral reconhecida. Código de Trânsito Brasileiro. Artigo 165-a e artigo 277, §§ 2° e 3°. Lei Seca (Lei Federal n° 11.705/08), arts. 2°, 4° e 5°, III, IV e VIII. Lei Federal n° 12.760/2012, art. 1°. Constitucionalidade da redução do limite da alcoolemia para zero e das sanções impostas à recusa do condutor em submeter-se ao teste do bafômetro. Natureza administrativa das sanções. Inexistência de ofensa ao

por acidente do trabalho pela Previdência Social, não excluirá a responsabilidade civil da empresa ou de outrem. Dessa forma, isso se traduz na possibilidade de cumulação de um benefício previdenciário com a reparação civil oriunda de um ato ilícito e, portanto, na abertura ao ressarcimento da autarquia. Em síntese, mostra-se acertada a tese de que é possível a ação regressiva da autarquia previdenciária contra o recorrente com o objetivo de ressarcimento dos valores pagos a título de pensão por morte aos filhos de segurada vítima de homicídio cometido por seu ex-companheiro.

> princípio da não auto-incriminação e da individualização da pena. CF/88, arts. 5°, *caput*, II, XXXVI e XLVI; 144; e 170. Inconstitucionalidade da proibição de comércio de bebidas alcoólicas às margens das rodovias federais e da fiscalização pela polícia rodoviária. Afronta aos princípios da isonomia, do devido processo legal, da razoabilidade, da proporcionalidade. Violação às liberdades econômicas e individuais. Inconstitucionalidade da proibição de comércio de bebidas alcoólicas às margens das rodovias federais e da fiscalização pela polícia rodoviária. Afronta aos princípios da isonomia, do devido processo legal, da razoabilidade, da proporcionalidade. Violação às liberdades econômicas e individuais. Ações de inconstitucionalidade julgadas parcialmente procedentes. Recurso extraordinário provido, com fixação de tese.

Ao enfrentar o assunto princípio da não autoincriminação na ADI 4.017 Distrito Federal, embora reconheça sua importância e previsão internacional pelo Pacto Internacional de Direitos Civis e Políticos de 1966 e pela Convenção Americana de Direitos Humanos de 1969, a Corte ressalta que é assegurada a prerrogativa de seu titular não ser obrigado a produzir prova ou de não contribuir, de qualquer modo, para a própria condenação no âmbito criminal (*nemo tenetur se detegere*). No entanto, aponta-se, no o resumo do julgamento (Brasil, 2022c, p. 5):

> 13. *In casu*, a natureza administrativa das punições e sanções estabelecidas pelas leis hostilizadas afasta as alegações de incompatibilidade do artigo 277, § 3°, do CTB, com o art. 5°, LXIII, da Constituição Federal. 14. A recusa do condutor em realizar os testes referidos não importará a presunção da prática de delito ou na imposição de pena criminal, mas apenas um incentivo instituído pelo Código de Trânsito Brasileiro para que os condutores cooperem com a fiscalização do trânsito, cabível penalização administrativa em caso de não cumprimento como único meio de conferir efetividade à norma e estimular o bom comportamento. 15. Deveras, a medida visa a contribuir para a exequibilidade

> da proibição de ingestão de álcool em qualquer nível. A toda evidência, se não houvesse consequência legal para o motorista que deixasse de realizar o teste do etilômetro, a proibição do consumo de álcool antes de dirigir seria inócua. A fim de se desincentivar essa conduta, é necessário que a recusa produza efeitos no âmbito administrativo, operando-se a restrição de direitos de modo independente da incidência das normas penais. Ausente transbordamento, pelo legislador, do espaço de conformação outorgado constitucionalmente à sua competência para o desenho de políticas públicas voltadas à segurança no trânsito, à proteção da integridade física, da vida e de outros bens protegidos em nosso ordenamento, cabendo deferência do Poder Judiciário ante a razoabilidade do juízo de adequação, necessidade e proporcionalidade em sentido estrito das medidas e sanções legalmente estabelecidas.

Desse modo, as externalidades normais, de primeira categoria ou simples decorrência da interferência do direito, não violam o princípio *nemo tenetur se detegere*[47], quando a natureza da restrição é submetida e aprovada ao teste da proporcionalidade e da razoabilidade.

No entanto, o mais importante é a observação de que as denominadas externalidades diretas, em sua maioria, por desafiarem as garantias constitucionais, como o direito ao silêncio, dependem, além da análise de proporcionalidade e de razoabilidade, de restrição por meio de lei, realidade que não se observa nas externalidades de segunda categoria ou indiretas.

47. *Leading case* RE 1.224.374 (Brasil, 2022d), em que o STF editou o tema 1079 - constitucionalidade do art. 165-A do Código de Trânsito Brasileiro, incluído pela Lei nº 13.281/2016, o qual estabelece como infração autônoma de trânsito a recusa de condutor de veículo a ser submetido a teste que permita certificar a influência de álcool.

6.11.2 Externalidades indiretas

As externalidades indiretas decorrem de uma decisão livre e consciente do sujeito ativo que, ao executar o núcleo do tipo durante o *iter criminis*, decide não apenas se afastar da responsabilidade criminal – decorrência natural do ser humano –, mas opta por um comportamento abusivo criminal com significativos impactos quando se realiza uma análise empírica, porém, ainda desconhecida, da ciência jurídica, dos economistas e dos tomadores de decisões estatais.

Esses comportamentos podem ser identificados e valorados mesmo que ocorram antes ou após o *iter criminis*, porquanto não se lhe aplicam os requisitos da conduta criminosa.

Quem decide praticar uma infração penal faz uma escolha dos meios e realiza um comportamento humano voluntário consciente. Bitencourt (2009, p. 231-232) ensina, ao abordar a teoria finalista da ação, que:

> Segundo Welzel, a vontade é a espinha dorsal da ação final, considerando que a finalidade baseia-se na capacidade de vontade de prever, dentro de certos limites, as consequências de sua intervenção no curso causal e de dirigi-lo, por conseguinte, conforme a um plano, à consecução de um fim. Sem a vontade, que dirige o suceder causal externo, convertendo-o em uma ação dirigida finalisticamente, a ação ficaria destruída em sua estrutura e seria rebaixada a um processo causal cego. A vontade final, sustentava Welzel, como fator que configura objetivamente o acontecer real, pertence, por isso, à ação. Nesses termos, ação é o comportamento humano voluntário conscientemente dirigido a um fim. A ação compõe-se de um comportamento exterior, de conteúdo psicológico, que é a vontade dirigida a um fim, da representação ou antecipação mental do resultado pretendido, da escolha dos meios e a consideração dos efeitos concomitantes ou necessários e o movimento corporal dirigido ao fim proposto. A direção final de uma ação realiza-se em duas fases: 1ª) subjetiva

> (ocorre na esfera intelectiva): a) antecipação do fim que o agente quer realizar (objetivo pretendido); b) seleção dos meios adequados para a consecução do fim (meios de execução); c) consideração dos efeitos concomitantes relacionados à utilização dos meios e o propósito a ser alcançado (consequências da relação meio/fim); 2ª) objetiva (ocorre no mundo real): execução da ação real, material, efetiva, dominada pela determinação do fim e dos meios na esfera do pensamento. Em outros termos, o agente põe em movimento, segundo um plano, o processo causal, dominado pela finalidade, procurando alcançar o objetivo proposto. Se, por qualquer razão, não se consegue o domínio final ou não se produz o resultado, a ação será apenas tentada.

A decisão para a realização da ação decorre da psicologia do pensamento e implica uma intencionalidade de sentido ou, como prefere Welzel de acordo com Bitencourt, de finalidade, uma atividade final e não apenas causal.

Ao se afirmar que a finalidade é vidente e a causalidade é cega, significa que a finalidade, conforme Bitencourt (2023, p. 725) é "dirigida conscientemente em função do fim, enquanto o acontecer causal não está dirigido em função do fim, mas é a resultante causal da constelação de causas existentes em cada caso". Essa vontade é direcionada para as consequências penais decorrentes de atos classificados como de executórios.

Mas a arquitetura dessas escolhas acaba sendo influenciada pela política criminal razoável, que envolve comportamentos que, embora reprováveis, integram, em termos de adequação, a autonomia individual acerca da decisão final criminal. E suas consequências – preceito secundário – servem como reprovação, prevenção geral e repressão que limitam e desestimulem comportamentos socialmente indesejáveis.

Esses comportamentos são realizados nos limites de normas incriminadoras que estabelecem um *modus faciendi* que oculta a norma imperativa. Apesar disso, não exigem comportamentos desproporcionais ou violadores da liberdade decisória ao estabelecer as causas de antijuridicidade (Thaler; Sunstein; Balz, 2010), o que possibilita um leque de opções para que o sujeito exerça seu direito de escolha na decisão de delinquir. Esse comportamento, no entanto, gera o ônus de sofrer sanções de natureza não penais (Sunstein; Thaler, 2003).

A opção por ultrapassar de maneira abusiva os limites já extraordinários da convivência social, impostos e abarcados pela norma penal incriminadora, é denominada externalidade de segunda categoria ou indireta.

O sujeito ativo que assim age opta por interferir no convívio social duplamente. Em primeiro lugar, porque praticou um comportamento que vai ao encontro da norma penal incriminadora – adequação da infração criminal – para, na sequência, com a externalidade, violar de forma consciente o orçamento público que, inevitavelmente, gera efeitos sociais. Apesar da possibilidade de violar o tipo penal, o que já resulta em perturbação social, o sujeito ativo opta por avançar esse limite, o que demanda valoração não penal diante do comportamento abusivo e que subverte o sistema de justiça criminal.

Essa valoração não penal, por evidente, ocorre fora da esfera do Direito Penal. Dessa forma, a identificação de externalidades por meio de uma devida investigação criminal dialógica funciona como mecanismo de identificação de custos para o estabelecimento de nexo de causalidade entre o comportamento abusivo na investigação criminal e o resultado prático equivalente – responsabilidade patrimonial do Estado. Dessa forma, as externalidades indiretas exigem, sim, um comportamento abusivo, o nexo de causalidade e o resultado.

Identificados os custos da investigação criminal e os deveres dos sujeitos (a exemplo de indiciado ou investigado), o levantamento prospectivo do Estado-investigação poderá demonstrar o nexo de causalidade no direito material civil, possibilitando, então, a adoção de medidas necessárias e suficientes pelas Fazendas Públicas, Procuradorias de Estado ou órgãos representativos da União e das Cortes de Contas.

Mas a quem cabe a responsabilidade nesse momento? Esse não assunto que pode contribuir com ingresso de recursos públicos ainda não é aplicado ou estudado, um dos motivos deste trabalho.

A motivação para o debate sobre as externalidades indiretas está no fato de que comportamentos abusivos por particulares na investigação criminal não podem perpetuar uma lacuna jurídica. O orçamento público e a necessidade de garantir um mínimo existencial em outras áreas não admitem um direito absoluto de defesa em detrimento de outros interesses públicos, como saúde e educação. A ausência de controle formal pelas instâncias de poder (polícia de fiscalização) das externalidades indiretas pode gerar consequências perceptíveis na criminologia, com a aproximação de ausência de atuação do sistema penal – porquanto outras instâncias de poder não se atentaram para esse fenômeno.

A estabilização das relações por meio de um Poder Judiciário independente e imparcial possibilita considerar as vulnerações estatais que ocorrem quando os próprios mecanismos do Estado, que servem para proteger a sociedade, são utilizados em face do próprio Estado. A crise do Direito Penal e o limite do preceito secundário da norma penal incriminadora demonstram a incapacidade em resolver problemas decorrentes da conduta humana indesejada (infrações criminais) e não foram pensadas para superar o problema das externalidades indiretas.

Em termos históricos, não se poderia pensar em externalidades indiretas no período absolutista, exatamente porque o arbítrio estatal era tamanho, e a simplicidade dos métodos de investigação tornava inexistentes – ou menos perceptíveis – os fatores epistemológicos para a discussão que se propõe. A complexidade das novas relações sociais e a potencialização tecnológica na prática criminosa exigem medidas imediatas, sob pena de um incremento geométrico dos custos da investigação criminal, que, em breve tempo, não poderão ser suportados, com exclusividade, pelo orçamento estatal. Além disso, como consequência, exigirão uma reflexão sobre a necessidade de compartilhamento das externalidades indiretas para a sustentabilidade orçamentária[48].

6.11.2.1 Externalidades indiretas e a administrativização do Direito Penal

As externalidades indiretas têm a função neutralizadora e prejudicial decorrente do fenômeno da administrativização do Direito Penal. Conforme demonstrado, a escolha e a proteção de bens jurídicos relevantes são atribuições do Direito Penal. Em decorrência da insuficiência do uso da sanção penal para controlar as externalidades indiretas, um dos caminhos pela lógica tradicional de expansionismo penal é a opção pela tipificação.

Com efeito, a análise dos tipos de ilícitos indica que o abuso de direito criminal na investigação não encontra amparo legal no Direito Penal ou no Direito Processual Penal[49]. Ao se analisar a litigância de má-fé, verifica-se que o comportamento abusivo da investigação criminal não encontra resposta nas disposições processuais penais. Ademais, ainda conforme análise, as externalidades indiretas não afrontam o direito constitucional, pela distinção com o princípio *nemo tenetur se detegere*, de maneira a restar a procura por respostas no Direito Administrativo.

---

48. Conforme Relatório de Conjuntura nº 4, da Secretaria Especial de Assuntos Estratégicos da Presidência da República (Brasil, 2018b, p. 10), ao tratar dos custos econômicos da criminalidade: "Num contexto de limitação orçamentária, é essencial balizar as escolhas futuras de políticas públicas de segurança por análises de custo-benefício, priorizando aquelas que tragam maior retorno social para cada real investido".

49. Esse é um debate alheio ao Direito Material (Penal) ou ao Direito Processual Penal, embora encontre possibilidade de mitigação pelo incentivo da investigação criminal (dialógica), tema de interesse processual penal.

Verifica-se, no entanto, que respostas encontradas no Direito Administrativo são diferentes de administrativização do Direito Penal. Nesse sentido, aspectos que poderiam ser sancionados pelo Direito Administrativo estão migrando para o Direito Penal, o que desafia o filtro da relevância do bem jurídico tutelado. Por outro turno, temas que, na atualidade, alguns confundem como previstos no Direito Penal e Processual Penal – as externalidades indiretas – podem retornar a encontrar sua natureza, dentro dos limites epistemológicos, a exemplo da aplicabilidade por meio de sanção administrativa tributária.

Com isso se extrai uma espécie de função garantia das externalidades indiretas ao identificar sua verdadeira epistemologia, que funciona como um contrafluxo a corrente de administrativização do Direito Penal[50].

6.12 ESTUDO DE IMPACTO DE SEGURANÇA PÚBLICA

O despertar de um custo da investigação criminal tem por finalidade fomentar outros debates e políticas criminais também de enfrentamento da criminalidade, bem como a compreensão de que não apenas o comportamento criminoso, mas a forma de funcionamento do sistema de justiça criminal, influencia na repressão e na prevenção de novas infrações criminais.

A economia acaba influenciando praticamente todos os tipos penais, mesmo os não patrimoniais. Note-se, não é a atividade econômica que gera crimes, mas essa atividade pode fomentar a prática criminosa, ocasionando consequências gravíssimas para a sociedade.

50. Enquanto assuntos que mereceriam simples análise do Direito Administrativo migram para o núcleo do tipo, problemas não criminais, como as externalidades indiretas, deixam de ser consideradas questões criminais – embora de forma epistemológica nunca tenham identificação penal – para encontrar adequação em outros ramos do direito, como o Direito Administrativo ou o Direito Tributário.

Nesse contexto, e assim como os empreendimentos potencialmente poluidores demandam um estudo de impacto ambiental, os empreendimentos, em particular aqueles fornecidos aos consumidores com potencial de risco criminal exacerbado, devem ser precedidos de um estudo de impacto de segurança pública (EISP) e do relatório de impacto em segurança pública (RISP).

Castells (2016, p. 32), ao discorrer sobre o tempo atemporal, identifica a simultaneidade perene como uma possibilidade de acreditar que é possível realizar tudo ao mesmo tempo, o tempo como uma forma social e que produz seus impactos na sociedade atual:

> O tempo do relógio da era industrial está sendo gradualmente substituído pelo que conceituei como *tempo atemporal*: o tipo de tempo que acontece quando há uma perturbação sistêmica na ordem sequencial das práticas sociais desempenhas no âmbito de um determinado contexto, como a sociedade em rede.

Ainda Castells (2016, p. 33), sob outra perspectiva, identifica o tempo glacial para realizar significativa comparação com a preservação do meio ambiente como uma declaração de solidariedade intergeracional:

> No entanto, existem formas alternativas de concepção e prática do tempo ligadas a projetos alternativos de organização da sociedade. A expressão alternativa do tempo mais importante que identifiquei neste livro é o que chamei, usando uma conceito de Scott Lash e John Urry, de *tempo glacial*. Trata-se de um tempo em câmera lenta que a percepção humana atribui à evolução do planeta. É um tempo sequencial, mas que se move tão lentamente, na percepção de nossa breve vida, que nos parece ser eterno. E, de fato, é, pois só podemos seguir a sequência planetária quando voltamos a nos unir à natureza na eternidade. Essa é a concepção de tempo presente no movimento ambiental quando os ativistas declaram solidariedade intergeracional. Nossa

> tentativa de evitar a piora do aquecimento global é uma prática compartilhada com os netos dos nossos netos: uma prática que precisamos adotar para desfazer o que as gerações anteriores fizeram, e o que ainda estamos fazendo, negligenciando totalmente o planeta dos nossos filhos. [...] O tempo atemporal e o tempo glacial corporificam a luta fundamental que está sendo travada na sociedade em rede entre a domesticação das forças tecnológicas desencadeadas pela engenhosidade humana e nossa submissão coletiva ao autômato que fugiu do controle de seus criadores.

Utilizando os conceitos de Castells, de tempo atemporal e tempo glacial, é possível afirmar que o custo da investigação criminal de hoje não pode ser comparado com o custo da investigação criminal da década de quarenta do século passado, no entanto, com poucos ajustes, a complexidade da sociedade de rede atual não é um assunto ao sistema de justiça criminal. Em outros termos, os juristas insistem em esgotar a responsabilidade criminal ao comando de uma sentença penal condenatória, enquanto a sociedade de rede produz novas complexidades e custos para as investigações.

Custos que estão concentrados em curto espaço de tempo, em organismos ou instituições ainda não adaptadas aos novos espaços, com locais de consumação a serem definidos pelo processo penal, mas com impactos intergeracionais em dois sentidos. Os custos financeiros das investigações atuais serão compartilhados com os netos de nossos netos, mas o que é mais deletério, a aceitação do abuso de direito criminal normalizando relações sociais, com impacto direto na queda do nível de confiança da sociedade, o que exige, doravante, não apenas uma investigação criminal dialógica, mas também uma investigação criminal em rede, daí a necessidade premente de criação no país de estudos de impactos de segurança pública, em especial quando o fornecedor do serviço for o sistema financeiro e suas criações em que a lucratividade tem única via.

Evidente que o país é campeão em exigências excessivas, burocráticas e que dificultam a abertura de empresas e o fornecimento de serviços, mas, ao mesmo tempo, principalmente as instituições financeiras não podem continuar a impactar os cofres públicos, lançando produtos como o Pix, capitaneado pelo próprio Governo Federal, sem o mínimo de análise de risco da prática criminal. E isso inclui os custos normais da prática de crimes e eventuais mecanismos de compensação com relação aos custos das externalidades quando provocadas pelo próprio fornecedor do serviço ou produto[51].

Iniciada a discussão por este trabalho, o próximo passo será a identificação de uma espécie de paralelo ao princípio do poluidor-pagador do direito ambiental, mas que serve exatamente à proposta apresentada, o abusador-pagador, em que o objetivo não está apenas em ressarcir o prejuízo estatal e reduzir o custo privado e estatal da criminalidade, mas tem um conteúdo preventivo e repressivo.

---

51. Quando uma *startup* ou uma *fintech* solicita operar serviços de entrega de alimentos, forçando os trabalhadores a reduzir o tempo de entrega, com consequente aumento da velocidade, seria viável considerar que eventuais acidentes devam ser ressarcidos por elas ou esse é um problema previdenciário? A pergunta é parecida com o custo abusivo da investigação criminal. Comportamentos abusivos em outros setores podem estar submetidos a idêntico raciocínio acerca das externalidades ensejadores de custos abusivos da investigação criminal. Idêntico raciocínio merece aplicabilidade no sistema previdenciário.

7

CONCLUSÃO

O trabalho acolheu a proposta de identificar custos da investigação criminal em uma discussão que, sem desafiar o princípio *nemo tenetur se detegere*, pugna pela existência de externalidades da investigação criminal provocadas de maneira emulativa e deliberada.

De um estável Estado Democrático de Direito, extraiu-se, alinhando-o à doutrina de administração pública dialógica, suporte para afirmar um dever do Estado de eficiência investigativa em âmbito comunicacional para a manutenção de uma política criminal participativa visando o controle adequado e proporcional da criminalidade atual – especialmente a organizada, de massa e cibernética.

Do estruturalismo funcionalista, produziu-se a necessidade da investigação criminal dinâmica, na correspectivo função em face de estrutura, em superação a um funcionalismo clássico de sobrevalorização desta.

Tratando-se de trabalho direcionado a solucionar um gargalo importante do sistema de justiça criminal, partiu-se da análise de uma investigação criminal constitucional, pressuposto de preservação, avançando-se para a compreensão de todo o sistema jurídico, a fim de identificar a liquidez da sociedade e apresentar uma análise autopoiética para compreensão racional de sistemas e comunicação.

Reafirmando a investigação criminal constitucional, o operador do direito deverá transitar por uma premissa de Estado dialógico ou por uma Administração Pública dialógica em busca do estabelecimento da eficiência do sistema de justiça criminal.

Além da colaboração entre sujeitos, o estudo estabeleceu a aplicação da teoria circular dos planos na instrumentalidade investigativa, a alcançar soluções que restabeleçam a legitimidade do Estado-investigação nesse processo de persecução.

A partir da teoria circular dos planos, apontou-se que a instrumentalidade não se circunscreve ao direito material civil ou penal ou processual, mas que existe uma relação de imbricamento examinada por meio da instrumentalidade constitucional.

Contudo, com a identificação da crise de efetividade e legitimidade do Direito Penal, com repercussão na persecução criminal e diante do colapso decorrente de formalismo exacerbado, mister um olhar teórico a partir de uma análise que identifique o dever-poder do Estado de eficiência em âmbito comunicacional para a manutenção de uma política criminal participativa.

O Estado depende da investigação criminal para a devida prestação e cumprimento da promessa de fornecimento de segurança pública adequada à sociedade. Sempre que uma infração penal não é investigada de forma adequada ou não é preservada a dignidade da pessoa humana investigada, o peso dessa ineficiência recai sobre a sociedade.

O espaço público em que está inserida a investigação criminal, instrumentalizada por meio do inquérito policial, desperta a sensação de segurança jurídica aos interessados no resultado da persecução, inclusive aos que integrarão eventual relação jurídica processual.

Contudo, a investigação criminal deve observar um agir comunicativo que possibilite não somente maior participação popular, mas que também permita que posturas dialógicas impulsionem a investigação na participação de novos arranjos, com imprescindível interoperabilidade de informações interinstitucionais em busca de um inquérito policial de resultados, no qual a eficiência somente se completa diante da preservação de direitos fundamentais.

Ao reconhecer a investigação criminal dialógica como um serviço público, a reflexão necessária está na reflexão sobre em que medida é possível pensar em custo da investigação e por que, ultrapassados 83 anos da entrada em vigor do Código de Processo Penal, nunca se pensou em avaliar os custos desses serviços – embora nem sempre se reconheça como um verdadeiro serviço público.

O Custo da Investigação Criminal identifica que esse serviço público *sui generis* tem custo e que deve ser suportado pelo Estado, detentor do monopólio da aplicação da lei penal, mas que pode ser compartilhado entre determinados particulares, sempre que diante de um abuso de direito criminal, naquilo que não vá de encontro ou gere *bis in idem* em eventual dosimetria, separando-se as diversas categorias de ilícitos.

Além de examinar a necessidade de pensar no custo global e individual da investigação, objetivou-se identificar externalidades não incluídas entre a responsabilidade penal e não penal e dotar o ordenamento jurídico de uma teoria de abuso de direito criminal, em que se busca reconhecer limites seguros do comportamento abusivo na investigação criminal.

Com efeito, há consequências na investigação diante do não compartilhamento de responsabilidades pela atual manutenção de um direito fundamental absoluto, resultado da quase ausência de diálogo no sistema de justiça criminal e das consequências da neutralidade na discussão quanto aos aspectos econômicos e orçamentários.

Nota-se que essa crise do sistema de justiça criminal, decorrência da dogmática jurídico-penal e de um sistema de política criminal, por vezes se valendo de um *lawfare* criminal e dos abusos cometidos pelo Estado, tem impulsionado o formalismo exacerbado e a parcialidade desmedida. Desse modo, atua como fonte, até mesmo, de nulidades, inexistência processual e limitador da investigação criminal como função transformadora da sociedade e de contenção da criminalidade, sem descurar o alto custo intergeracional para a sociedade e aos cofres públicos, já que não há espaço para a reflexão sobre abuso pelo particular, quando o próprio Estado não dá o exemplo e viola diariamente direitos humanos.

Como resultado, a pesquisa apresentou alternativas e técnicas para a valoração, nos sistemas de justiça criminais, do custo da investigação, uma comunicação eficiente para o enfrentamento de todos os tipos penais, mas especialmente do crime organizado e cibernético. Com isso, permitiu estabelecer uma frente para ampla discussão pública, identificando a complexidade dos fenômenos criminais, em particular em delitos de patamar estruturado e empresarial cujos resultados imediatistas das sociedades atuais não são acompanhados de forma satisfatória pelas políticas criminais e pelo distanciamento direito-processo.

A pesquisa sobre o Custo da Investigação Criminal, dessa forma, abre um espaço não preenchido para a discussão orçamentária, a partir da proposta do trabalho de cálculo de custos econômicos por meio de estimativa das externalidades indiretas.

Existe, portanto, um dever-poder de investigação colaborativa dos agentes do Estado para produção de modelos processuais, redução de custos e formação de um ciclo dialógico de polícia, a partir dos elementos para dialogicidade da investigação criminal, com consequente identificação de externalidades. Isso fomenta questões críticas do serviço público denominado investigação criminal que, nessa condição, gera externalidades indiretas que podem ocasionar responsabilidades com impacto direto no Estado e na sociedade.

Após trazer à luz a discussão sobre o custo da investigação criminal e da possibilidade e proposta de valoração por estimativa dos custos, tem-se que a formulação de uma teoria de abuso de direito para a investigação criminal é a única maneira de financiar as externalidades e os custos decorrentes de mero deleite do particular, com consequente compartilhamento, no ponto que não caminhe de encontro ao princípio *nemo tenetur se detegere*.

Diante da complexidade do tema, optou-se por aguardar as primeiras respostas da comunidade científica sobre este estudo para, na sequência, em trabalho diverso, apresentar de forma detalhada os mecanismos de compartilhamento dessas responsabilidades decorrentes de custos estimados, o que somente ocorrerá se as premissas custos, abuso e externalidades estiverem corretas e não afrontarem quaisquer direitos fundamentais, porquanto necessitamos de avanços e não de retrocessos.

POSFÁCIO

A obra de Everson Aparecido Contelli denominada O Custo da Investigação Criminal é originária da sua tese de doutorado perante o programa de Doutorado em Ciência Jurídica na Universidade Estadual do Norte do Paraná – UENP, Campus de Jacarezinho, com a qual obteve o título de Doutor. Tive a alegria de ter sido professor e orientador na formação de mestre do autor, na mesma universidade, e agora de posfaciar a sua obra atual.

O Custo da Investigação Criminal é tema relevante e pouco abordado pela doutrina, nesta fase inicial da persecução penal, o que é fator de importância para as pesquisas acadêmicas e econômicas. A maioria das dissertações e teses da esfera processual penal tem preocupação com institutos e sistemas processuais penais, sem muita atenção para a questão econômica, dentro da linha do custo do direito.

Inegavelmente, a investigação criminal depende de estrutura pessoal e material adequada para o melhor desenvolvimento do trabalho, cada vez mais dependente de novas técnicas e tecnologias apropriadas para o desvendamento do fato delituoso, autoria e materialidade. Muitos delitos atualmente são realizados no ambiente virtual, com uso de tecnologia, e a sua descoberta exige mecanismos e instrumentos tecnológicos compatíveis para o bom desempenho do trabalho policial. Para tanto, crescentes investimentos com treinamento de pessoal e estruturação tecnológica são essenciais, o que exige alocação de recursos para as despesas dentro do sistema orçamentário estatal.

As chamadas externalidades da investigação criminal podem trazer um custo adicional ao Estado por comportamento abusivo da defesa, por inverdades e teses absurdas, em exemplo do autor de diligências para encontro de arma jogada em rio ou lago por inverdade referida pelo réu, gerando gastos e custos extraordinários, o que ele entende que deveria ser pago pelo ofensor ou réu, pelo critério de estimativa dos gastos, fazendo um paralelo com o abuso por impacto ambiental, no princípio poluidor-pagador.

Nesta linha, a despeito da polêmica inerente à tese, o tema poderia provocar estudos legislativos e doutrinários e posições jurisprudenciais, para reprovação de condutas abusivas e excessivas por parte da defesa, que fossem além do âmbito do direito de defesa, como um equivalente a dano moral difuso ou ilícito provocado pelo réu ou indiciado por abuso do direito, já constante do princípio da reparação do dano por abuso ou excesso do exercício do direito (artigos. 186 e 187, do Código Civil); o abuso seria passível de reparação de danos, na indenização pelos custos excedentes e anormais da investigação, sem exculpação do ato ilícito e abusivo por não constituir verdadeiro exercício regular de direito (art. 188, I, do Código Civil).

O trabalho do autor é rico em informações para proporcionar melhores dados na continuidade de estudos sobre o custo da investigação criminal, dentro da ótica de análise econômica do direito e do aumento de reprovação por abuso do direito de defesa, por externalidades inverídicas que provoquem custos extras ao Estado na sua atuação de persecução processual penal, em especial na fase de investigação criminal. O seu conteúdo doutrinário tem densidade e utilidade para servir de apoio jurídico e instrumental para desencadear outras pesquisas, e de parâmetro doutrinário, no desenvolvimento e aprimoramento da pesquisa jurídica nacional sobre a investigação criminal e o seu custo financeiro.

Valter Foleto Santin

Professor de graduação e dos programas de Mestrado e Doutorado em Ciência Jurídica da Universidade Estadual do Norte do Paraná (UENP, Jacarezinho/PR). Doutor em Processo pela Universidade de São Paulo (USP). Pós-doutor pelo *Ius Gentium Conimbrigae*, de Coimbra, Portugal. Procurador de Justiça em São Paulo e líder do Grupo de Pesquisas Políticas Públicas e efetivação dos direitos sociais (UENP).

REFERÊNCIAS

AGUIAR, Roberto A.R. de. **Os filhos da flecha do tempo**: pertinências e rupturas. Brasília: Letraviva, 2000.

ALEXY, Robert. **Teoria dos direitos fundamentais**. 2. ed. Tradução: Virgílio Afonso da Silva. São Paulo: Malheiros, 2012.

ALEXY, Robert. Zum Begriff des Rechtsprinzips. *In*: ALEXY, Robert. **Recht, Vernunft, Dishurs**: Studien zur Rechtsphilosophie. Frankfurt: Suhrkamp, 1995. p. 177-212.

ALTO COMISSARIADO DAS NAÇÕES UNIDAS PARA OS DIREITOS HUMANOS. **Direitos e aplicação da lei**: manual de formação em direitos humanos para as forças policiais. Genebra: Nações Unidas, 2001. Disponível em: http://www.conseg.pr.gov.br/arquivos/File/manual_direitos_humanos.pdf. Acesso em: 25 set. 2019.

ALVES, Fernando de Brito. **Constituição e participação popular**: a construção histórico-discursiva do conteúdo jurídico-político da democracia como direito fundamental. Curitiba: Juruá, 2013.

ARISTÓTELES. **Ética a Nicômaco**. Tradução: Leonel Vallandro e Gerd Bornheim. São Paulo: Nova Cultural, 1991.

ARTEIRO, Rodrigo Lemos. **Agir comunicativo na investigação criminal: Uma via democrática para a inclusão social**. 2012. Dissertação (Mestrado em Ciências Jurídicas) – Faculdade de Direito, Universidade Estadual do Norte do Paraná (UENP), Jacarezinho, 2012.

BASTOS, Celso Ribeiro. **Curso de direito financeiro e de direito tributário**. 7. ed. São Paulo: Saraiva, 1999.

BATISTA, Carlos Alberto. **Crescimento da criminalidade e atuação estatal**. Curitiba: Juruá, 2007.

BAUMAN, Zygmunt. **Modernidade líquida**. 1. ed. Rio de Janeiro: Zahar, 2001.

BERCOVICI, Gilberto. **Soberania e Constituição**: para uma crítica do constitucionalismo. 2. ed. São Paulo: Quartier Latin, 2013.

BITENCOURT, Cezar Roberto. **Tratado de direito penal**. São Paulo, Saraiva, 2009. v. 1.

BOBBIO, Norberto. **A era dos direitos**. Tradução: Carlos Nelson Coutinho. Apresentação: Celso Lafer. Rio de Janeiro: Elsevier, 2004.

BOTELHO, Marcos César. **A legitimidade da jurisdição constitucional do pensamento de Jürgen Habermas**. São Paulo: Saraiva, 2010.

BRASIL. Banco Central do Brasil. **Circular nº 3.978, de 23 de janeiro de 2020**. Dispõe sobre a política, os procedimentos e os controles internos a serem adotados pelas instituições autorizadas a funcionar pelo Banco Central do Brasil visando à prevenção da utilização do sistema financeiro para a prática dos crimes de "lavagem" ou ocultação de bens, direitos e valores, de que trata a Lei nº 9.613, de 3 de março de 1998, e de financiamento do terrorismo, previsto na Lei nº 13.260, de 16 de março de 2016. Brasília, DF: BACEN, 2020a. Disponível em: https://normativos.bcb.gov.br/Lists/Normativos/Attachments/50905/Circ_3978_v3_P.pdf. Acesso em: 25 out. 2023.

BRASIL. Banco Central do Brasil. **Resolução BCB nº 1, de 12 de agosto de 2020**. Institui o arranjo de pagamentos Pix e aprova o seu Regulamento. Brasília, DF: Bacen, 2020b. Disponível em: https://www.bcb.gov.br/estabilidadefinanceira/exibenormativo?tipo=Resolu%C3%A7%C3%A3o%20BCB&numero=1. Acesso em: 25 out. 2023.

BRASIL. [Constituição (1988)]. **Constituição da República Federativa do Brasil de 1988**. Brasília, DF: Presidência da República, 1988. Disponível em: http://www.planalto.gov.br/ccivil_03/constituicao/constituicaocompilado.htm. Acesso em: 23 out. 2023.

BRASIL. **Decreto nº 5.015, de 12 de março de 2004**. Promulga a Convenção das Nações Unidas contra o Crime Organizado Transnacional. Brasília, DF: Presidência da República, 2004ª. Disponível em: http://www.planalto.gov.br/ccivil_03/_ato2004-2006/2004/decreto/d5015.htm. Acesso em: 15 jun. 2019.

BRASIL. **Decreto nº 9.319, de 21 de março de 2018**. Institui o Sistema Nacional para a Transformação Digital e estabelece a estrutura de governança para a implantação da Estratégia Brasileira para a

Transformação Digital. Brasília, DF: Presidência da República, 2018. Disponível em: https://www.planalto.gov.br/ccivil_03/_ato2015-2018/2018/decreto/D9319.htm. Acesso em: 25 out. 2023.

BRASIL. **Decreto nº 10.332, de 28 de abril de 2020**. Institui a Estratégia de Governo Digital para o período de 2020 a 2022, no âmbito dos órgãos e das entidades da administração pública federal direta, autárquica e fundacional e dá outras providências. Brasília, DF: Presidência da República, 2020c. Disponível em: https://www.planalto.gov.br/ccivil_03/_ato2019-2022/2020/decreto/d10332.htm. Acesso em: 25 out. 2023.

BRASIL. **Decreto-Lei nº 2.848, de 7 de dezembro de 1940**. Código Penal. Brasília, DF: Presidência da República, 1940. Disponível em: https://www.planalto.gov.br/ccivil_03/decreto-lei/del2848compilado.htm. Acesso em: 25 out. 2023.

BRASIL. **Decreto-Lei nº 3.689, de 3 de outubro de 1941**. Código de Processo Penal. Brasília, DF: Presidência da República, 1941. Disponível em: https://www.planalto.gov.br/ccivil_03/decreto-lei/del3689.htm. Acesso em: 25 out. 2023.

BRASIL. **Emenda Constitucional nº 19, de 04 de junho de 1998**. Modifica o regime e dispõe sobre princípios e normas da Administração Pública, servidores e agentes políticos, controle de despesas e finanças públicas e custeio de atividades a cargo do Distrito Federal, e dá outras providências. Brasília, DF: Presidência da República, 1998a. Disponível em: https://www.planalto.gov.br/ccivil_03/constituicao/Emendas/Emc/emc19.htm. Acesso em: 25 out. 2023.

BRASIL. **Lei nº 7.210, de 11 de julho de 1984**. Institui a Lei de Execução Penal. Brasília, DF: Presidência da República, 1984. Disponível em: https://www.planalto.gov.br/ccivil_03/leis/l7210.htm. Acesso em: 25 out. 2023.

BRASIL. **Lei nº 8.069, de 13 de julho de 1990**. Dispõe sobre o Estatuto da Criança e do Adolescente e dá outras providências. Brasília, DF: Presidência da República, 1990a. Disponível em: http://www.planalto.gov.br/ccivil_03/leis/l8069.htm. Acesso em: 27 jun. 2019.

BRASIL. **Lei nº 8.072, de 25 de julho de 1990**. Dispõe sobre os crimes hediondos, nos termos do art. 5º, inciso XLIII, da Constituição Federal, e determina outras providências. Brasília, DF: Presidência da República, 1990b. Disponível em: http://www.planalto.gov.br/ccivil_03/leis/l8072.htm. Acesso em: 21 jun. 2019.

BRASIL. **Lei nº 8.078, de 11 de setembro de 1990**. Dispõe sobre a proteção do consumidor e dá outras providências. Brasília, DF: Presidência da República, 1990c. Disponível em: http://www.planalto.gov.br/ccivil_03/leis/l8078.htm. Acesso em: 21 jun. 2019.

BRASIL. **Lei nº 8.137, de 27 de dezembro de 1990**. Define crimes contra a ordem tributária, econômica e contra as relações de consumo, e dá outras providências. Brasília, DF: Presidência da República, 1990d. Disponível em: https://www.planalto.gov.br/ccivil_03/leis/l8137.htm. Acesso em: 6 nov. 2023.

BRASIL. **Lei nº 8.213, de 24 de julho de 1991**. Dispõe sobre os Planos de Benefícios da Previdência Social e dá outras providências. Brasília, DF: Presidência da República, 1991. Disponivel em: https://www.planalto.gov.br/ccivil_03/leis/l8213cons.htm. Acesso em: 9 nov. 2023.

BRASIL. **Lei nº 9.034, de 03 de maio de 1995**. Dispõe sobre a utilização de meios operacionais para a prevenção e repressão de ações praticadas por organizações criminosas. Brasília, DF: Presidência da República, 1995a. Disponível em: http://www.planalto.gov.br/ccivil_03/LEIS/L9034.htmimpressão.htm. Acesso em: 15 jun. 2019.

BRASIL. **Lei nº 9.296, de 24 de julho de 1996**. Regulamenta o inciso XII, parte final, do art. 5° da Constituição Federal. Brasília, DF: Presidência da República, 1996. Disponível em: http://www.planalto.gov.br/ccivil_03/leis/l9296.htm. Acesso em: 15 jun. 2019.

BRASIL. **Lei nº 9.613, de 3 de março de 1998**. Dispõe sobre os crimes de "lavagem" ou ocultação de bens, direitos e valores; a prevenção da utilização do sistema financeiro para os ilícitos previstos nesta Lei; cria o Conselho de Controle de Atividades Financeiras – COAF, e dá outras providências. Brasília, DF: Presidência da República, 1998b. Disponível em: http://www.planalto.gov.br/ccivil_03/leis/L9613compilado.htm. Acesso em: 25 out. 2023.

BRASIL. **Lei nº 9.784, de 29 de janeiro de 1999**. Regula o processo administrativo no âmbito da Administração Pública Federal. Brasília, DF: Presidência da República, 1999a. Disponível em: http://www.planalto.gov.br/ccivil_03/leis/l9784.htm. Acesso em: 19 jun. 2019.

BRASIL. **Lei nº 9.807, de 13 de julho de 1999**. Estabelece normas para a organização e a manutenção de programas especiais de proteção a vítimas e a testemunhas ameaçadas, institui o Programa Federal de Assistência a Vítimas e a Testemunhas Ameaçadas e dispõe sobre a proteção de acusados ou condenados que tenham voluntariamente prestado efetiva colaboração à investigação policial e ao processo criminal. Brasília, DF: Presidência da República, 1999b. Disponível em: https://www.planalto.gov.br/ccivil_03/leis/l9807.htm. Acesso em: 25 out. 2023.

BRASIL. **Lei nº 10.406, de 10 de janeiro de 2002**. Institui o Código Civil. Brasília, DF: Presidência da República, 2002. Disponível em: https://www.planalto.gov.br/ccivil_03/leis/2002/l10406compilada.htm. Acesso em: 25 out. 2023.

BRASIL. [Lei Maria da Penha]. **Lei nº 11.340, de 7 de agosto de 2006**. Cria mecanismos para coibir a violência doméstica e familiar contra a mulher, nos termos do § 8º do art. 226 da Constituição Federal, da Convenção sobre a Eliminação de Todas as Formas de Discriminação contra as Mulheres e da Convenção Interamericana para Prevenir, Punir e Erradicar a Violência contra a Mulher; dispõe sobre a criação dos Juizados de Violência Doméstica e Familiar contra a Mulher; altera o Código de Processo Penal, o Código Penal e a Lei de Execução Penal; e dá outras providências. Brasília, DF: Presidência da República, 2006. Disponível em: https://www.planalto.gov.br/ccivil_03/_ato2004-2006/2006/lei/l11340.htm. Acesso em: 25 out. 2023.

BRASIL. **Lei nº 12.830, de 20 de julho de 2013**. Dispõe sobre a investigação criminal conduzida pelo delegado de polícia. Brasília, DF: Presidência da República, 2013a. Disponível em: http://www.planalto.gov.br/ccivil_03/_ato2011-2014/2013/lei/l12830.htm. Acesso em: 14 ago. 2019.

BRASIL. **Lei nº 12.846, de 1º de agosto de 2013**. Dispõe sobre a responsabilização administrativa e civil de pessoas jurídicas pela prática de atos contra a administração pública, nacional ou estrangeira, e dá outras providências. Brasília, DF: Presidência da República, 2013b. Disponível em: http://www.planalto.gov.br/ccivil_03/_Ato2011-2014/2013/Lei/L12846.htm. Acesso em: 23 out. 2023.

BRASIL. **Lei nº 12.850, de 2 de agosto de 2013**. Define organização criminosa e dispõe sobre a investigação criminal, os meios de obtenção da prova, infrações penais correlatas e o procedimento criminal; altera o Decreto-Lei nº 2.848, de 7 de dezembro de 1940 (Código Penal); revoga a Lei nº 9.034, de 3 de maio de 1995; e dá outras providências. Brasília, DF: Presidência da República, 2013c. Disponível em: http://www.planalto.gov.br/ccivil_03/_Ato2011-2014/2013/Lei/L12850.htm. Acesso em: 23 out. 2023.

BRASIL. **Lei nº 13.245, de 12 de janeiro de 2016**. Altera o art. 7º da Lei nº 8.906, de 4 de julho de 1994 (Estatuto da Ordem dos Advogados do Brasil). Brasília, DF: Presidência da República, 2016a. Disponível em: https://www.planalto.gov.br/ccivil_03/_ato2015-2018/2016/lei/l13245.htm. Acesso em: 22 jun. 2019.

BRASIL. **Lei nº 13.431, de 4 de abril de 2017**. Estabelece o sistema de garantia de direitos da criança e do adolescente vítima ou testemunha de violência e altera a Lei nº 8.069, de 13 de julho de 1990 (Estatuto da Criança e do Adolescente). Brasília, DF: Presidência da República, 2017a. Disponível em: https://www.planalto.gov.br/ccivil_03/_ato2015-2018/2017/lei/l13431.htm. Acesso em: 25 out. 2023.

BRASIL. **Lei nº 13.869, de 5 de setembro de 2019**. Dispõe sobre os crimes de abuso de autoridade; altera a Lei nº 7.960, de 21 de dezembro de 1989, a Lei nº 9.296, de 24 de julho de 1996, a Lei nº 8.069, de 13 de julho de 1990, e a Lei nº 8.906, de 4 de julho de 1994; e revoga a Lei nº 4.898, de 9 de dezembro de 1965, e dispositivos do Decreto-Lei nº 2.848, de 7 de dezembro de 1940 (Código Penal). Brasília, DF: Presidência da República, 2019a. Disponível em: https://www.planalto.gov.br/ccivil_03/_ato2019-2022/2019/lei/l13869.htm. Acesso em: 25 out. 2023.

BRASIL. **Lei nº 13.964, de 24 de dezembro de 2019**. Aperfeiçoa a legislação penal e processual penal. Brasília, DF: Presidência da República, 2019b. Disponível em: https://www.planalto.gov.br/ccivil_03/_ato2019-2022/2019/lei/l13964.htm. Acesso em: 25 out. 2023.

BRASIL. Presidência da República. Secretaria Especial de Assuntos Estratégicos. **Custos econômicos da criminalidade no Brasil**. Brasília, DF: Secretaria Especial de Assuntos Estratégicos, 2018b. Relatório de Conjuntura nº 4. Disponível em: https://www.bibliotecadeseguranca.com.br/wp-content/uploads/2018/10/custos-economicos-da-criminalidade-no-brasil.pdf. Acesso em: 30 nov. 2023.

BRASIL. Senado Federal. **Projeto de Lei nº 1419, de 2022**. Altera a Lei nº 8.137, de 27 de dezembro de 1990, a Lei nº 12.846, de 1º de agosto de 2013, e dá outras providências, a fim de prever medidas de combate à prática do lawfare no âmbito societário em prejuízo à economia e a pessoas jurídicas nacionais.Brasília, DF: Senado Federal, 2022a. Disponível em: https://www25.senado.leg.br/web/atividade/materias/-/materia/153333. Acesso em: 25 out. 2023.

BRASL. Superior Tribunal de Justiça (5. Turma). ***Habeas Corpus* nº 116.909 Rondônia**. *Habeas corpus*. Oitiva de testemunhas deprecadas. Ausência de defensor. Nulidade absoluta. Trânsito em julgado. Preclusão. Utilização dos depoimentos para condenação pelo tribunal do júri. Improcedência. Condenação com base em outros meios de prova. Falta de materialidade. Inexistência de exame de corpo de delito. Prescindibilidade. Ausência de vestígios. Cadáver não encontrado. Meios indiretos de prova. Ordem denegada. [...]. Relator: Min. Marco Aurélio Bellizze, 12 de janeiro de 2012a. Disponível em: https://processo.stj.jus.br/SCON/GetInteiroTeorDoAcordao?num_registro=200802155740&dt_publicacao=13/03/2012. Acesso em: 6 nov. 2023.

BRASIL. Superior Tribunal de Justiça (2. Turma). **Recurso Especial nº 1.088.866 São Paulo**. Recurso especial. Ação de indenização. Danos morais e materiais. Gravíssimas acusações formuladas por delegado de polícia em entrevistas dadas. Abuso sexual de crianças de quatro anos e quadrilha destinada a exploração de vídeos pornográficos. Inquérito policial arquivado por absoluta falta de mínimos elementos contrárias aos investigados. Procedência parcial. Danos materiais não concedidos. Sucumbência parcial em relação a um dos autores e mínima quanto aos demais. Ônus da sucumbência. Excessividade do valor dos danos morais não caracterizada. [...]. Relator: Min. Castro Meira, 4 de dezembro de 2012b. Disponível em: https://processo.stj.jus.br/SCON/GetInteiroTeorDoAcordao?num_registro=200802003550&dt_publicacao=04/02/2013. Acesso em: 25 out. 2023.

BRASIL. Superior Tribunal de Justiça (3. Seção). **Recurso Especial nº 1.362.524 Minas Gerais**. Recurso especial repetitivo. Representativo da controvérsia. Direito penal. Art. 307 do CP. Prisão em flagrante. Falsa identificação perante autoridade policial. Autodefesa. Inexistência. Tipicidade da conduta de falsa identidade. Submissão ao rito previsto no art. 543-C do CPC e na resolução n. 8/2008 do STJ. [...]. Relator: Min. Sebastião Reis Júnior, 23 de outubro de 2013d. Disponível em: https://processo.stj.jus.br/SCON/GetInteiroTeorDoAcordao?num_registro=201300216964&dt_publicacao=02/05/2014. Acesso em: 6 nov. 2023.

BRASIL. Superior Tribunal de Justiça (6. Turma). **Recurso Especial nº 1.377.150 Minas Gerais**. Recurso Especial. Estupro. Continuidade Delitiva. Patamar de aumento. Número de crimes cometidos. Súmula n. 7 do STJ. Afastamento. Fração de 2/3. Imposição. Recurso provido. 1. Relativamente à exasperação da reprimenda procedida em razão do crime continuado, é imperioso salientar que esta Corte Superior de Justiça possui o entendimento consolidado de que, cuidando-se aumento de pena referente à continuidade delitiva, aplica-se a fração de aumento de 1/6 pela prática de 2 infrações; 1/5, para 3 infrações; 1/4, para 4 infrações; 1/3, para 5 infrações; 1/2, para 6 infrações e 2/3, para 7 ou mais infrações. [...]. Relator: Min. Rogerio Schietti Cruz, 21 de fevereiro de 2017b. Disponível em: https://processo.stj.jus.br/SCON/GetInteiroTeorDoAcordao?num_registro=201301232961&dt_publicacao=06/03/2017. Acesso em: 6 nov. 2023.

BRASIL. Superior Tribunal de Justiça (4. Turma). **Recurso Especial nº 1.842.613 São Paulo**. Recurso especial. Ação de indenização por danos morais. Entrevista coletiva para informar o oferecimento de denúncia criminal. Ex-presidente da república entre os denunciados. Divulgação comandada por procurador da república. Entrevista destacada por narrativa ofensiva e não técnica. Utilização de powerpoint.

Declaração de crimes que não constavam da peça acusatória. Alegação de cerceamento de defesa. Ilegitimidade passiva do agente público causador do dano. Matéria de ordem pública decidida e não impugnada oportunamente. Preclusão. Assistência simples. Atuação em conformidade com a do assistido e nos seus limites. Acessoriedade. Teoria da asserção. Ilegitimidade alegada em contestação. Determinação após instrução probatória. Decisão meritória. STF. Tema n. 940. Conduta danosa que se identifica com a atividade funcional. Conduta danosa irregular, fora das atribuições funcionais. Agente pode ser o legitimado passivo. [...]. Relator: Min. Luis Felipe Salomão, 22 de março de 2022b. Disponível em: https://processo.stj.jus.br/SCON/GetInteiroTeorDoAcordao?num_registro=201902356367&dt_publicacao=10/05/2022. Acesso em: 25 out. 2023.

BRASIL. Supremo Tribunal Federal (Tribunal Pleno). **Ação Direta de Inconstitucionalidade nº 1.182-1 Distrito Federal**. Ação Direta de Inconstitucionalidade. Artigo 117, incisos I, II, III e IV, da Lei Orgânica do Distrito Federal. Órgãos incumbidos do exercício da segurança pública. Organização administrativa. Matéria de iniciativa reservada ao chefe do Poder Executivo. Modelo de harmônica tripartição dos poderes. Inconstitucionalidade. [...]. Relator: Min. Eros Grau, 24 de novembro de 2005. Disponível em: https://redir.stf.jus.br/paginadorpub/paginador.jsp?docTP=AC&docID=266686. Acesso em: 25 out. 2023.

BRASIL. Supremo Tribunal Federal (Plenário). **Ação Direta de Inconstitucionalidade nº 2.827 Rio Grande do Sul**. Ação direta de inconstitucionalidade. 2 Emenda Constitucional nº 19, de 16 de julho de 1997, à Constituição do Estado do Rio Grande do Sul; expressão "do Instituto-Geral de Perícias" contida na Emenda Constitucional nº 19/1997, à Constituição do Estado do Rio Grande do Sul; e Lei Complementar nº 10.687/1996, com as alterações introduzidas pela Lei Complementar nº 10.998/1007, ambas do Estado do Rio Grande do Sul. 3 Criação do Instituto-Geral de Perícias e inserção do órgão no rol daqueles encarregados da segurança pública. [...]. Relator: Min. Gilmar Mendes, 16 de setembro de 2010. Disponível em: https://redir.stf.jus.br/paginadorpub/paginador.jsp?docTP=AC&docID=621461. Acesso em: 25 out. 2023.

BRASIL. Supremo Tribunal Federal (Plenário). **Ação Direta de Inconstitucionalidade nº 4.017 Distrito Federal**. Ações diretas de inconstitucionalidade e recurso extraordinário com repercussão geral reconhecida. Código de trânsito brasileiro. Artigo 165-A e artigo 277, §§ 2º e 3º. Lei Seca (Lei Federal nº 11.705/08), arts. 2º, 4º e 5º, III, IV e VIII. Lei Federal nº 12.760/2012, art. 1º. Constitucionalidade da redução do limite da alcoolemia para zero e das sanções impostas à recusa do condutor em submeter-se ao teste do bafômetro. Natureza administrativa das sanções. Inexistência de ofensa ao princípio da não autoincriminação e da individualização da pena. CF/88, arts. 5º, *caput*, II, XXXVI e XLVI; 144; e 170. [...]. Relator: Min. Luiz Fux, 19 de maio de 2022c. Disponivel em: https://redir.stf.jus.br/paginadorpub/paginador.jsp?docTP=TP&docID=763310363. Acesso em: 6 nov. 2023.

BRASIL. Supremo Tribunal Federal (Plenário). **Arguição de Descumprimento de Preceito Fundamental nº 779 Distrito Federal**. Arguição de descumprimento de preceito fundamental. Interpretação conforme à Constituição. Artigo 23, inciso II, e art. 25, *caput* e parágrafo único, do Código Penal e art. 65 do Código de Processo Penal. "Legítima defesa da honra". Não incidência de causa excludente de ilicitude. Recurso argumentativo dissonante da dignidade da pessoa humana (art. 1º, inciso III, da CF), da proteção à vida e da igualdade de gênero (art. 5º, *caput*, da CF). Procedência parcial da arguição. [...]. Relator: Min. Dias Toffoli, 1 de agosto de 2023. Disponível em: https://portal.stf.jus.br/processos/downloadPeca.asp?id=15361685556&ext=.pdf. Acesso em: 29 out. 2023.

BRASIL. Supremo Tribunal Federal (2. Turma). **Ag. Reg. no Recurso Extraordinário nº 559.646 Paraná**. Direito constitucional. Segurança Pública. Agravo Regimental recurso extraordinário. Implementação de políticas públicas. Ação civil pública. Prosseguimento de julgamento. Ausência de ingerência no poder discricionário do Poder Executivo. Artigos 2º, 6º e 144 da Constituição Federal. [...]. Relatora: Min. Ellen Grace, 7 de junho de 2011. Disponível em: https://redir.stf.jus.br/paginadorpub/paginador.jsp?docTP=AC&docID=624471. Acesso em: 25 out. 2023.

BRASIL. Supremo Tribunal Federal (1. Turma). **Ag. Reg. no Recurso Extraordinário com Agravo nº 654.823 Rio Grande do Sul**. Agravo regimental no recurso extraordinário com agravo. Constitucional. Poder Judiciário. Determinação para implementação de políticas públicas. Segurança pública. Atendimento de policiais em regime de plantão. Violação do princípio da separação dos poderes. Não ocorrência. Precedentes. [...]. Relator: Min. Dias Toffoli, 12 de novembro de 2013e. Disponível em: https://redir.stf.jus.br/paginadorpub/paginador.jsp?docTP=TP&docID=4978259. Acesso em: 25 out. 2023.

BRASIL. Supremo Tribunal Federal (2. Turma). **Ag. Reg. nos Emb. Decl. no *Habeas Corpus* nº 198.911 São Paulo**. Agravo regimental em *Habeas corpus*. Processo penal. Impetração formalizada contra decisão que não conheceu recurso especial. Impossibilidade do reexame dos requisitos de admissibilidade de recurso especial em sede de *habeas corpus*. Condenação pela conduta prevista no art. 1º, parágrafo único da Lei 8.137/90. Ausência de violação ao princípio da nemo tenetur se detegere. Entendimento consagrado em sede de repercussão geral (tema 907). Conduta já sancionada civilmente. Ausência de óbice à persecução penal. Independência de instâncias. Precedentes. Não conhecimento. Inexistência de ilegalidade evidente ou teratologia. [...]. Relator: Min. Edson Fachin, 3 de maio de 2021. Disponível em: https://redir.stf.jus.br/paginadorpub/paginador.jsp?docTP=TP&docID=756058963. Acesso em: 6 nov. 2023.

BRASIL. Supremo Tribunal Federal (1. Turma). ***Habeas Corpus* nº 72.815 Mato Grosso do Sul**. *Habeas corpus*. O comportamento do réu durante o processo na tentativa de defender-se não pode ser levado em consideração para o efeito de aumento da pena, sendo certo, também, que o réu não está obrigado a dizer a verdade (art. 5., LXIII, da Constituição) e que as testemunhas, se mentirosas, devem elas, sem reflexo na fixação da pena do réu em favor de quem depuseram, ser punidas, se for o caso, pelo crime de falso testemunho. *Habeas corpus* deferido em parte, estendida a concessão, "ex officio", ao co-réu. [...]. Relator: Min. Moreira Alves, 5 de setembro de 1995b. Disponível em: https://jurisprudencia.stf.jus.br/pages/search/sjur110581/false. Acesso em: 25 out. 2023.

BRASIL. Supremo Tribunal Federal (2. Turma). ***Habeas Corpus* nº 134.193 Goiás**. *Habeas corpus*. Penal. Tráfico de drogas (art. 12 da Lei nº 6.368/76). Pena. Redimensionamento. Questões não examinadas pelo Superior Tribunal de Justiça. Supressão de instância. Precedentes. Não conhecimento da impetração. Possibilidade de concessão, de ofício, do *writ*, nas hipóteses de flagrante ilegalidade. Pena-base. Fixação de forma conglobada. Ausência de especificação do quantum atribuído a cada vetor negativo considerado. Irrelevância. Possibilidade de controle de sua legalidade pelas instâncias superiores. Inexistência de ofensa aos princípios da individualização da pena e da motivação das decisões judiciais (arts. 5º, XLVI, e 93, IX, CF). [...]. Relator: Min. Dias Toffoli, 26 outubro de 2016b. Disponivel em: https://redir.stf.jus.br/paginadorpub/paginador.jsp?docTP=TP&docID=12105188. Acesso em: 25 out. 2023.

BRASIL. Superior Tribunal de Justiça (3. Turma). **Recurso Especial nº 922.462 São Paulo**. Recurso especial. Direito civil e processual. Danos materiais e morais. Alimentos. Irrepetibilidade. Descumprimento do dever de fidelidade. Omissão sobre a verdadeira paternidade biológica de filho nascido na constância do casamento. Dor moral configurada. Redução do valor indenizatório. [...]. Relator: Min. Ricardo Villas Bôas Cueva, 4 de abril de 2013f. Disponível em: https://processo.stj.jus.br/SCON/GetInteiroTeorDoAcordao?num_registro=200700301624&dt_publicacao=13/05/2013. Acesso em: 6 nov. 2023.

BRASIL. Supremo Tribunal Federal (2. Turma). **Recurso Especial nº 1.431.150 Rio Grande do Sul**. Previdenciário e processual civil. Inexistência de violação do art. 535 do CPC. Ação regressiva. Assassinato de segurada pelo ex-marido. Ressarcimento ao INSS pelos valores pagos a título de pensão por morte aos beneficiários. Reparação civil por ato ilícito que causar dano a outrem. Possibilidade. [...]. Relator: Min. Humberto Martins, 23 de agosto de 2016c. Disponível em: https://processo.stj.jus.br/SCON/GetInteiroTeorDoAcordao?num_registro=201303881718&dt_publicacao=02/02/2017. Acesso em: 6 nov. 2023.

BRASIL. Supremo Tribunal Federal (1. Turma). **Recurso Extraordinário nº 548.181 Paraná**. Recurso extraordinário. Direito penal. Crime ambiental. Responsabilidade penal da pessoa jurídica. Condicionamento da ação penal à identificação e à persecução concomitante da pessoa física que não encontra amparo na constituição da república. [...]. Relatora: Min. Rosa Weber, 6 de agosto de 2013g. Disponível em: https://redir.stf.jus.br/paginadorpub/paginador.jsp?docTP=TP&docID=7087018. Acesso em: 29 jan. 2024.

BRASIL. Supremo Tribunal Federal (Tribunal Pleno). **Recurso Extraordinário nº 1.224.374 Rio Grande do Sul**. Ações diretas de inconstitucionalidade e recurso extraordinário com repercussão geral reconhecida. Código de Trânsito Brasileiro. Artigo 165-A e artigo 277, §§ 2º e 3º. Lei Seca (Lei Federal nº 11.705/08), arts. 2º, 4º e 5º, III, IV e VIII. Lei Federal nº 12.760/2012, art. 1º. Constitucionalidade da redução do limite da alcoolemia para zero e das sanções impostas à recusa do condutor em submeter-se ao teste do bafômetro. Natureza administrativa das sanções. Inexistência de ofensa ao princípio da não autoincriminação e da individualização da pena. CF/88, arts. 5º, *caput*, II, XXXVI e XLVI; 144; e 170. [...]. Relator: Min. Luiz Fux, 19 maio de 2022d. Disponível em: https://portal.stf.jus.br/processos/downloadPeca.asp?id=15353715881&ext=.pdf. Acesso em: 25 out. 2023.

BRASIL. Supremo Tribunal Federal. **Recurso Ordinário em *Habeas Corpus* nº 111.044 Distrito Federal**. Recurso ordinário em *habeas corpus*. Penal. Crimes de receptação (art. 180 do Código Penal). Bens de pequeno valor. Paciente reincidente e com personalidade voltada à pratica delitiva. Inaplicabilidade do postulado da insignificância. Paciente primário e sem máculas na vida pregressa. Mínimo grau de lesividade. Ausência de periculosidade social da ação. Inexpressividade da lesão jurídica causada. Aplicação do princípio da insignificância. Possibilidade. Recurso provido em parte. [...]. Relator: Min. Dias Toffoli, 24 de abril de 2012c. Disponível em: https://redir.stf.jus.br/paginadorpub/paginador.jsp?docTP=TP&docID=2038562. Acesso em: 29 jan. 2024.

BRASIL. Supremo Tribunal Federal. **Súmula Vinculante 14**. É direito do defensor, no interesse do representado, ter acesso amplo aos elementos de prova que, já documentados em procedimento investigatório realizado por órgão com competência de polícia judiciária, digam respeito ao exercício do direito de defesa. Brasília, DF: STF, 2009. Disponível em: https://portal.stf.jus.br/jurisprudencia/sumariosumulas.asp?base=26&sumula=1230. Acesso em: 25 out. 2023.

BULOS, Uadi Lammêgo. **Constituição Federal anotada**. 4. ed. São Paulo: Saraiva, 2002.

BUSATO, Paulo César. Apresentação. *In*: PÉREZ, Carlos Martínez-Buján. **A concepção significativa da ação**: T.S. Vives e sua correspondência sistemática com as concepções teleológico-funcionais do delito. Tradução: Paulo César Busato. Rio de Janeiro: Lumen Juris, 2007. p. VII-XV.

CARNELUTTI, Francesco. **Diritto e processo**. Napoli: Morano, 1958.

CASTELLS, Manuel. **A sociedade em rede**: a era da informação: economia, sociedade e cultura. 17. ed. São Paulo: Paz&Terra, 2016. v. 1.

CAVALIERI FILHO, Sergio. **Programa de responsabilidade civil**. 9. ed. São Paulo: Atlas, 2010.

COASE, Ronald. The nature of the firm. **Economica**, [*s. l.*], p. 386-405, November 1937. Disponível em: https://onlinelibrary.wiley.com/doi/full/10.1111/j.1468-0335.1937.tb00002.x. Acesso em: 6 nov. 2023.

COASE, Ronald. The problem of social cost. **The Journal of Law & Economics**, [*s. l.*], v. 3, p. 1-44, Oct. 1960. Disponível em: https://www.law.uchicago.edu/lawecon/coaseinmemoriam/problemofsocialcost. Acesso em: 4 dez. 2021.

COELHO, Emerson Ghirardelli. **Investigação criminal constitucional**. Belo Horizonte: Del Rey, 2017.

CONTELLI, Everson Aparecido. **Acesso à Justiça Criminal**: NECRIM's – Núcleos Especiais Criminais como alternativa consensual, restaurativa e dialógica na persecução criminal. 2. ed. Rio de Janeiro: Lumen Juris, 2019.

CONTELLI, Everson Aparecido. **Arca restaurativa**: Mikhael em busca do patrimônio familiar geracional. Uberlândia: Flyve, 2022.

CONTELLI, Everson Aparecido. **Modernas técnicas de investigação criminal e suas inovações legislativas**. 2016. (Monografia) – Processo seletivo para professor temporário de investigação policial, Academia de Polícia "Dr. Coriolano Nogueira Cobra", Polícia Civil do Estado de São Paulo, São Paulo, 2016b.

CONTELLI, Everson Aparecido; COSTA, Ilton Garcia da. A investigação criminal e o princípio constitucional implícito da dialogicidade no enfrentamento de fenômenos criminais complexos. **Global Dialogue**, [*S. l.*], v. 6, n. 1, p. 35-53, 2023. Disponível em: https://doi.org/10.53660/GDIA.114.111. Acesso em: 4 out. 2023.

CONTELLI, Everson Aparecido; COSTA, Ilton Garcia da. Teoria da ação de direito material no processo penal e a proteção eficiente da vítima. *In*: COSTA, Ilton Garcia da (org.). **Direito e Justiça**: aspectos atuais e problemáticos. Curitiba: Juruá, 2015. v. 1. p. 301-320.

CONTELLI, Everson Aparecido; COSTA, Ilton Garcia da; PEDRÃO, Ramon Euclides Guarnieri. Terceiro inocente, chips de celular e o controle de cadastros telefônicos: tipos penais, eficiência da investigação criminal e estudos de casos. *In*: JORGE, Higor Vinícius Nogueira (org.). **Tratado de investigação criminal tecnológica**. Salvador: Juspodivm, 2020. p. 301-318.

CONTELLI, Everson Aparecido; GALVÃO, Rafael Guerreiro. Ruídos da notitia criminis em falsos registros de crimes cibernéticos. **Consultor Jurídico**, São Paulo, 7 nov. 2022. Disponível em: https://www.conjur.com.br/2022-nov-07/contellie-galvao-falsos-registros-crimes-ciberneticos. Acesso em: 9 nov. 2023.

CORTE INTERAMERICANA DE DIREITOS HUMANOS. **Caso Favela Nova Brasília vs. Brasil**. [*S. l.*]: Corte IDH, 2017. Sentença notificada ao Estado em 12 de maio de 2017. Disponível em: https://www.corteidh.or.cr/docs/casos/articulos/seriec_333_esp.pdf. Acesso em: 30 jul. 2023.

COSTA, Ilton Garcia da; REZENDE, Rita de Cassia. Liberdade, igualdade e democracia: o trabalho humano como liberdade e suas implicações para a democracia. **Revista Em Tempo**, v. 18, n. 1, p. 272-299, 2019. Disponível em: https://revista.univem.edu.br/emtempo/article/view/3218. Acesso em: 25 out. 2023.

COSTA, Ilton Garcia; GONÇALVES, Aline M. Da sociedade antiga à sociedade política e a funcionalidade do direito. **Nomos**, Fortaleza, v. 36, n. 2, p. 205-224, jul./dez. 2016. Disponível em: https://repositorio.ufc.br/bitstream/riufc/28200/1/2016_art_igcosta.pdf. Acesso em: 25 out. 2023.

COSTA, Ilton Garcia; ZOLANDECK, Willian Cleber. A responsabilidade civil do estado por erro judiciário. **Revista Jurídica do Centro Universitário Curitiba**, Curitiba, v. 1, n. 28, p. 210-229, 2012. Disponível em: http://dx.doi.org/10.26668/revistajur.2316-753X.v1i28.426. Acesso em: 25 out. 2023.

DI PIETRO, Maria Sylvia Zanella. **Direito administrativo**. 21. ed. São Paulo: Atlas, 2008.

DINAMARCO, Cândido Rangel. **A instrumentalidade do processo**. São Paulo: Malheiros, 2003.

DINIZ, Maria Helena. **Curso de Direito Civil Brasileiro**: teoria geral do direito civil. 26. ed. São Paulo: Saraiva, 2009. v. 1.

DOWIE, Mark. Pinto Madness. **Mother Jones**, San Francisco, CA, Sept./Oct., 1977. Disponível em: http://www.motherjones.com/politics/1977/09/pinto-madness. Acesso em: 25 out. 2023.

DURKHEIM, Émile. **As regras do método sociológico**. São Paulo: Martins Fontes, 1995.

DWORKIN, Ronald. Paternalism. **The Monist**, [*s. l.*], v. 56, n. 1, p. 64-84, 1972.

DWORKIN, Ronald. **Taking rights seriously**. Cambridge: Harvard University Press, 1978.

FERREIRA, Hamanda Rafaela Leite. **O estado como titular de direitos fundamentais**: (im)possibilidade e consequências da atribuição de direitos fundamentais às pessoas jurídicas de direito público. 2014. Dissertação (Mestrado em Direito) – Faculdade de Direito, Universidade de Brasília, Brasília, DF, 2014. Disponível em: https://repositorio.unb.br/bitstream/10482/16106/3/2014_HamandaRafaelaLeiteFerreira.pdf. Acesso em: 3 nov. 2023.

FONTES, José. **Curso sobre o novo código do procedimento administrativo**. 6. ed. Coimbra: Almedina, 2017.

FÓRUM BRASILEIRO DE SEGURANÇA PÚBLICA (FBSP). **Anuário Brasileiro de Segurança Pública 2023**. São Paulo: FBSP, 2023. Disponível em: https://forumseguranca.org.br/wp-content/uploads/2023/07/anuario-2023.pdf. Acesso em: 9 nov. 2023.

FRADA, Manuel António de Castro Portugal Carneiro da. **Teoria da confiança e responsabilidade civil**. Coimbra: Almedina, 2007.

FULLER, Greice Patrícia. Os delitos e as novas tecnologias em face da relação dialógica com os direitos humanos. *In*: SARLET, Ingo Wolfgang; WALDMAN, Ricardo Libel. **Direitos Humanos e fundamentais na era da informação**. Porto Alegre: Fundação Fênix, 2020. p. 215-232.

GOMES, Orlando. **Introdução do direito civil**. 6. ed. Rio de Janeiro: Forense, 1979.

GUERRA, Maria Pia; MACHADO FILHO, Roberto Dalledone. O regime constitucional da segurança pública: dos silêncios da Constituinte às deliberações do Supremo Tribunal Federal. **Revista de Informação Legislativa**, Brasília, DF, v. 55, n. 219, p. 155-181, jul./set. 2018. Disponível em: https://www12.senado.leg.br/ril/edicoes/55/219/ril_v55_n219_p155.pdf. Acesso em: 12 jul. 2019.

HABERMAS, Jürgen. **Direito e democracia**: entre facticidade e validade. 2. ed. Rio de Janeiro: Tempo Brasileiro, 2003. v. 2.

HASSEMER, Winfried. Características e crises do moderno direito penal. **Revista Síntese de Direito Penal e Processual Penal**, [*s. l.*], n. 18, p. 144-157, 2003.

HOLMES, Stephen; SUNSTEIN, Cass R. **O custo dos direitos**: por que a liberdade depende dos impostos. São Paulo: Martins Fontes, 2019.

ITÁLIA. Regio Decreto 19 ottobre 1930, n. 1398. Approvazione del testo definitivo del Codice Penale. **Gazzetta Ufficiale della Repubblica Italiana**, Itália, 1 jul. 1931. Disponível em: https://www.gazzettaufficiale.it/dettaglio/codici/codicePenale/241_1_1. Acesso em: 30 jan. 2024.

JORGE, Higor Vinicius Nogueira; SOUZA JÚNIOR, Mauro Roberto de; CONTELLI, Everson Aparecido. **Drones, investigação criminal e segurança pública**: aplicações práticas, aspectos jurídicos e legislação sobre aeronaves remotamente pilotadas e enfrentamento da criminalidade. Salvador: Juspodivm, 2022.

KAHNEMAN; Sunstein. **Ruído**: uma falha no julgamento humano. 1. ed. Tradução: Cássio de Arantes Leite. Rio de Janeiro: Objetiva, 2021.

KUHN, Thomas. **A estrutura da revoluções científicas**. 5. ed. São Paulo: Perspectiva, 1998.

LÉVY, Pierre. **Cibercultura**. Tradução: Carlos Irineu da Costa. São Paulo: Editora 34, 1999.

LIMA, Raimundo Márcio Ribeiro. **Administração pública dialógica**. Curitiba: Juruá, 2013.

LISZT, Franz Von. **Tratado de Direito Penal Alemão**. Tradução: José Hygino Duarte Pereira. Brasília, DF: Senado Federal: Superior Tribunal de Justiça, 2006. v. 1.

LOPES JR., Aury. **Fundamentos do direito processual penal**: introdução crítica. São Paulo: Saraiva, 2015.

MALATESTA, Nicola Framarino Dei. **A lógica das provas em matéria criminal**. Tradução: Waleska Girotto Silverberg. São Paulo: Conan, 1995.

MIRANDA, Pontes de. **Tratado de direito privado**: parte especial. 3. ed. Rio de Janeiro: Borsoi, 1971. v. 7.

MOREIRA NETO, Diogo de Figueiredo. **Mutações do direito administrativo**. 2. ed. Rio de Janeiro: Renovar, 2001.

MÜLLER, Friedrich. **Teoria estruturante do direito**. São Paulo: Revista dos Tribunais, 2008. v. 1.

OPERAÇÃO *Per Saltum* é realizada contra organização criminosa responsável por ataques cibernéticos a prefeituras do Oeste Paulista. **G1 Presidente Prudente**, Presidente Prudente, 18 out. 2022. Disponível em: https://g1.globo.com/sp/presidente-prudente-regiao/noticia/2022/10/18/operacao-per-saltum-e-realizada-contra-organizacao-criminosa-responsavel-por-ataques-ciberneticos-a-prefeituras-do-oeste-paulista.ghtml. Acesso em: 9 nov. 2023.

OPERAÇÃO policial desmantela grupo criminoso responsável por desvio de cargas avaliadas em R$ 100 milhões. **G1 Presidente Prudente**, Presidente Prudente, 23 jun. 2021. Disponível em: https://g1.globo.com/sp/presidente-prudente-regiao/noticia/2021/06/23/operacao-policial-desmantela-grupo-criminoso-responsavel-por-desvio-de-cargas-avaliadas-em-r-100-milhoes.ghtml. Acesso em: 25 out. 2023.

OLIVEIRA, Bruna Pinotti Garcia; LAZARI, Rafael de. **Manual de direitos humanos**. Salvador: Juspodivm, 2014.

PÉREZ, Carlos Martínez-Buján. **A concepção significativa da ação**: T.S. Vives e sua correspondência sistemática com as concepções teleológico-funcionais do delito. Tradução: Paulo César Busato. Rio de Janeiro: Lumen Juris, 2007.

PRADO, Luiz Regis. **Curso de direito penal brasileiro**: parte geral - arts. 1º a 120. 5. ed. São Paulo: Revista dos Tribunais, 2005.

PROJETO Aton indicia 100 pessoas por uso indevido de CPF para registro de chips de celulares. **G1 Presidente Prudente**, Presidente Prudente, 8 abr. 2019. Disponível em: https://g1.globo.com/sp/presidente-prudente-regiao/noticia/2019/04/08/projeto-aton-indicia-100-pessoas-por-uso-indevido-de-cpf-para-registro-de-chips-de-celulares.ghtml. Acesso em: 25 out. 2023.

PORTUGAL. Ministério das Finanças. **Orçamento do Estado**: relatório 2022. Lisboa: Ministério das Finanças, 2022. Disponível em: https://www.dgo.gov.pt/politicaorcamental/OrcamentodeEstado/2022/Proposta%20do%20Or%C3%A7amento/Documentos%20do%20OE/OE2022_1_Relatorio.pdf. Acesso em: 25 out. 2023.

PRADO, Geraldo. **Sistema acusatório**: a conformidade constitucional das leis processuais penais. 4. ed. Rio de Janeiro: Lumen Juris, 2006.

PROPOSTA orçamentária do Poder Judiciário para 2023 é aprovada pelo CNJ. **Agência CNJ de Notícias**, Brasília, DF, 23 set. 2022. Disponível em: https://www.cnj.jus.br/proposta-orcamentaria-do-poder-judiciario-para-2023-e-aprovada-pelo-cnj/#:~:text=As%20dota%C3%A7%C3%B5es%20n%C3%A3o%20incluem%20o,em%20rela%C3%A7%C3%A3o%20ao%20ano%20anterior. Acesso em: 30 out. 2022.

QUEIJO, Maria Elizabeth. **O princípio *nemo tenetur se detegere* e suas decorrências no processo penal**. 2002. Tese (Doutorado) – Faculdade de Direito, Universidade de São Paulo, São Paulo, 2002.

RODRIGUES, Leo Peixoto; NEVES, Fabrício Monteiro. **Niklas Luhmann**: a sociedade como sistema. Porto Alegre: EDIPUCRS, 2012.

RODRIGUES, Silvio. **Direito Civil**. 25. ed. São Paulo: Saraiva, 1995. v. 1.

SANNINI, Francisco. **Delegado de polícia e o direito criminal**: teoria geral do direito de polícia judiciária. 1 ed. São Paulo: Mizuno, 2021.

SANTIN, Valter Foleto. Característica de direito ou interesse difuso da segurança pública. **Argumenta Journal Law**, Jacarezinho, n. 5, p. 208-216, fev. 2005. Disponível em: https://doi.org/10.35356/argumenta.v5i5.48. Acesso em: 31 out. 2022.

SANTIN, Valter Foleto. **Controle Judicial da Segurança Pública**: Eficiência do serviço na prevenção e repressão ao crime. São Paulo: Revista dos Tribunais, 2004.

SANTIN, Valter Foleto. **Crime Econômico no Comércio de Combustível Adulterado**. São Paulo: Verbatim, 2012.

SARLET, Ingo Wolfgang. **A eficácia dos direitos fundamentais**. 11. ed. Porto Alegre: Livraria do Advogado, 2012.

SGARBOSSA, Luís Fernando. **Crítica à Teoria dos Custos dos Direitos**. Volume I: Reserva do possível. Porto Alegre: Sergio Antonio Fabris Editor, 2010.

SILVA, De Plácido e. Classificação. *In*: SILVA, De Plácido e. **Vocabulário Jurídico**: 12. ed. Rio de Janeiro: Forense, 1996. v. 1.

SILVA, José Afonso da. **Curso de direito constitucional positivo**. 36. ed. São Paulo: Malheiros Editores, 2023.

SILVA, Virgílio Afonso da. **Direitos fundamentais**: conteúdo essencial, restrições e eficácia. 2. ed. São Paulo: Malheiros, 2017.

SILVA, Virgílio Afonso da. Princípios e regras, mitos e equívocos acerca de uma distinção. Revista Latino-Americana de Estudos Constitucionais, [s. l.], n. 1, p. 607-630, 2013. Disponível em: https://constituicao.direito.usp.br/wp-content/uploads/2003-RLAEC01-Principios_e_regras.pdf. Acesso em: 25 out. 2023.

SMITH, Adam. **Riqueza das nações**. São Paulo: Hemus, 1981.

SUNSTEIN, Cass R.; THALER, Richard H. **Libertarian paternalism is not an oxymoron**. The University of Chicago Law Review, Chicago, v. 70, n. 4, 1159-1202, 2003. Disponível em: https://doi.org/10.2307/1600573. Acesso em: 25 out. 2023.

THALER, Richard; SUNSTEIN, Cass R.; BALZ, John P. **Choice Architecture**. SSRN, [s. l.], April 2010. Disponível em: https://papers.ssrn.com/sol3/papers.cfm?abstract_id=1583509. Acesso em: 25 out. 2023.

TOURINHO FILHO, Fernando da Costa. **Processo penal**. 26. ed. rev. e atual. São Paulo: Saraiva, 2004. v. 1.

UNITED NATIONS OFFICE ON DRUGS AND CRIME (UNODC). **Prevenção ao rime e justiça criminal**: campanhas. [*S. l.*]: UNODC, c2023. Disponível em: https://www.unodc.org/lpo-brazil/pt/crime/campanhas.html. Acesso em: 25 out. 2023.

VARELA, Antunes. **Das obrigações em geral**. 8. ed. Coimbra: Almedina, 2017. v. 1.

WELZEL, Hans. **Derecho penal alemán**. 4. ed. Tradução: J. Bustos Ramirez e S. Yañez Perez. Santiago de Chile: Editorial Jurídica de Chile, 1993.

ZANIN, Cristiano; MARTINS, Valeska; VALIM, Rafael. ***Lawfare***: uma introdução. São Paulo: Contracorrente, 2019.

EDITORA
JusPODIVM
www.editorajuspodivm.com.br

Impresso por:

Docuprint

CNPJ 01.036.332/0001-99

JUS3546